新　視　野
中華經典文庫

新 視 野

中華經典文庫

漢書

名譽主編 饒宗頤
導讀及譯注 馬彪

中華書局

新視野中華經典文庫

漢書

□

導讀及譯注

馬彪

□

出版

中華書局（香港）有限公司

香港北角英皇道 499 號北角工業大廈一樓 B

電話：(852) 2137 2338　傳真：(852) 2713 8202

電子郵件：info@chunghwabook.com.hk

網址：http：//www.chunghwabook.com.hk

□

發行

香港聯合書刊物流有限公司

香港新界大埔汀麗路 36 號

中華商務印刷大廈 3 字樓

電話：(852) 2150 2100　傳真：(852) 2407 3062

電子郵件：info@suplogistics.com.hk

□

印刷

深圳中華商務安全印務股份有限公司

深圳市龍崗區平湖鎮萬福工業區

□

版次

2014 年 1 月初版

□

規格

大 32 開（205 mm × 143 mm）

□

ISBN：978-988-8263-43-1

出版說明

為甚麼要閱讀經典？道理其實很簡單——經典正正是人類智慧的源泉、心靈的故鄉。也正是因此，在社會快速發展、急劇轉型，因而也容易令人躁動不安的年代，人們也就更需要接近經典、閱讀經典、品味經典。

邁入二十一世紀，隨着中國在世界上的地位不斷提高，影響不斷擴大，國際社會也越來越關注中國，並希望更多地了解中國、了解中國文化。另外，受全球化浪潮的衝擊，各國、各地區、各民族之間文化的交流、碰撞、融和，也都會空前地引人注目，這其中，中國文化無疑扮演着十分重要的角色。相應地，對於中國經典的閱讀自然也就有不斷擴大的潛在市場，值得重視及開發。

於是也就有了這套立足港臺、面向海外的「新視野中華經典文庫」的編寫與出版。希望通過本文庫的出版，繼續搭建古代經典與現代生活的橋樑，引領讀者摩挲經典，感受經典的魅力，進而提升自身品位，塑造美好人生。

本文庫收錄中國歷代經典名著近六十種，涵蓋哲學、文學、歷史、醫學、宗教等各個領域。編寫原則大致如下：

（一）精選原則。所選著作一定是相關領域最有影響、最具代表性、最值得閱讀的經典作品，包括中國第一部哲學元典、被尊為「群經之首」的《周易》，儒家代表作《論語》、《孟子》，道家代表作《老子》、《莊子》，最早、最有代表性的兵書《孫子兵法》，最早、最系統完整的醫學典籍《黃帝內經》，大乘佛教和禪宗最重要的經典《金剛經》、《心經》、《六祖壇經》，中國第一部詩歌總集《詩經》，第一部紀傳體通史《史記》，第一部編年體通史《資治通鑒》，中國最古老的地理學著作《山海經》，中國古代最著名的遊記《徐霞客遊記》，等等，每一部都是了解中國思想文化不可不知、不可不讀的經典名著。而對於篇幅較大、內容較多的作品，則會精選其中最值得閱讀的篇章。使每一本都能保持適中的篇幅、適中的定價，讓普羅大眾都能買得起、讀得起。

（二）尤重導讀的功能。導讀包括對每一部經典的總體導讀、對所選篇章的分篇（節）導讀，以及對名段、金句的賞析與點評。導讀除介紹相關作品的作者、主要內容等基本情況外，尤強調取用廣闊的「新視野」，將這些經典放在全球範圍內、結合當下社會生活，深入挖掘其內容與思想的普世價值，及對現代社會、現實生活的深刻啟示與借鑒意義。通過這些富有新意的解讀與賞析，真正拉近古代經典與當代社會和當下生活的距離。

（三）通俗易讀的原則。簡明的注釋，直白的譯文，加上深入淺出的導讀與賞析，希望幫助更多的普通讀者讀懂經典，讀懂古人的思想，並能引發更多的思考，獲取更多的知識及更多的生活啟示。

（四）方便實用的原則。關注當下、貼近現實的導讀與賞析，相信有助於讀者「古為今用」、自我提升；卷尾附錄「名句索引」，更有助讀者檢索、重溫及隨時引用。

（五）立體互動，無限延伸。配合文庫的出版，開設專題網站，增加朗讀功能，將文庫進一步延展為有聲讀物，同時增強讀者、作者、出版者之間不受時空限制的自由隨性的交流互動，在使經典閱讀更具立體感、時代感之餘，亦能通過讀編互動，推動經典閱讀的深化與提升。

這些原則可以說都是從讀者的角度考慮並努力貫徹的，希望這一良苦用心最終亦能夠得到讀者的認可、進而達致經典普及的目的。

「弘揚中華文化」是中華書局的創局宗旨，二〇一二年又正值創局一百週年，「承百年基業，傳中華文明」，本局理當更加有所作為。本文庫的出版，既是對百年華誕的紀念與獻禮，也是在弘揚華夏文明之路上「傳承與開創」的標誌之一。

需要特別提到的是，國學大師饒宗頤先生慨然應允擔任本套文庫的名譽主編，除表明先生對本局出版工作的一貫支持外，更顯示先生對倡導經典閱讀、關心文化傳承的一片至誠。在此，我們要向饒公表示由衷的敬佩及誠摯的感謝。

倡導經典閱讀，普及經典文化，永遠都有做不完的工作。期待本文庫的出版，能夠帶給讀者不一樣的感覺。

中華書局編輯部

二〇一二年六月

目錄

唯一一部出自家學的斷代史「正史」

——《漢書》導讀

馬彪

歷代學者喜將《史記》與《漢書》進行「馬班異同」的比較，而且多持褒馬貶班的態度。其實，《史》《漢》之間有可比之處，也有不可比之處；至少從前者為中國第一部通史，後者是中國第一部斷代史的角度來講，二者並列第一，各有所長，很難論定孰優孰劣！

所謂斷代史，是以朝代為斷限的史書，即記述一個朝代歷史的史書。東漢著名的史學家班固等人編纂的這部《漢書》（又稱《前漢書》）就是中國第一部斷代史，而且是二十四史中唯一一部出自家學的斷代史著作，其價值不容低估。

一、續寫《史記》風潮中成書的斷代史《漢書》

自古以來中國人喜歡記述歷史，這一習慣形成的原因可能有很多，但是無論如何與司馬遷創立《史記》（嚴格地說魏晉以前叫《太史公書》）的成功是分不開的。至少，司馬遷的《史記》一經問世就製造了大批的「粉絲」。又因為《史記》只寫到漢武帝太初年間，而且很快出現缺失，所以在西漢那些愛好《史記》的「粉絲」中有一位元帝、成帝之間的博士褚少孫已經開始續寫《史記》了。從此以後續寫《史記》者不斷，如成帝時的揚雄及劉歆、陽城衡、史考山等。

後來班彪也起了續寫《史記》的動念，他認為當時雖然有着各種對《史記》的續寫，但多為鄙俗之作，缺乏繼承太史公的文才，所以他要親自續寫《史記》。然而，到了他兒子班固的時候，開始那種續寫《史記》後篇的想法發生了變化，最終寫出了《漢書》。也就是說班彪的時候確實是希望寫《史記》的續篇，但是班固則上自漢高祖下至前漢結束，將這二百三十年間的史事撰述為《漢書》。《漢書》雖說大體沿襲《史記》的體例，但是最大的不同在於：與《史記》的通史體例相反，《漢書》是斷代史。

二、《漢書》是學問世襲制時代的家學撰述

《漢書》本是班彪、班固作為家學開始編纂的，這一點與《史記》作為司馬談、司馬遷的家學創作而成書是同樣的，這是古代學問世襲制時代的必然產物。雖說中途加入朝廷的干預，還有馬續等人的幫助，但從撰述旨趣到主要執筆人來說，《漢書》無疑仍是一部家學的撰述。當然，《漢書》所記漢武帝以前的部分來自於《史記》，但那也是史家司馬氏的家學作品。二十四史中唯有《史》、《漢》出自家學，正是周代至兩漢的中國古代學問大多出自家學的具體寫照。

無論如何班固是《漢書》的主要作者，所以就像通常以司馬遷為《史記》作者一樣，人們提到《漢書》的作者時單稱班固。班固（公元三十二至九十二年），字孟堅，扶風安陵（今陝西咸陽）人，自幼聰敏。九歲能作文章，誦讀詩賦，博通群籍。他二十三歲決心繼承父業，在班彪生前所撰《史記後傳》六十五篇的基礎之上編纂了《漢書》。然而，公元六十二年因有人誣告他「私作國史」而被捕入獄，書稿被查抄。後來他的弟弟班超上書漢明帝，為其兄申辯。明帝由此閱讀了書稿，十分欣賞班固的才能，任命他為宮廷圖書館的蘭臺作令史，負責校勘宮廷圖書館藏書，還讓他繼續撰寫《漢書》。前後經過三十年左右，正當班固就要完成《漢書》之際，他又因為將軍竇憲事件受到牽連，再度被捕並且死於獄中。班固去世後，尚未完成的八

表和《天文志》，由其妹班昭（曹大家）續成。班昭也因此成為二十四史作者中唯一的女性。

三、《漢書》在體例上對《史記》的模仿與創新

通行本《漢書》是唐代顏師古的注本，共一百卷，但因為有些卷又分為幾卷，所以總計一百二十卷，即《本紀》十三卷、《表》十卷、《志》十八卷、《傳》七十九卷。

《漢書》的體例是模仿《史記》而又有所發展的。《史記》有本紀、表、書、世家、列傳，《漢書》則有帝紀、表、志、傳。如果說《漢書》把《史記》的「書」改稱為「志」，還只是名稱更換的話，那麼班固未像司馬遷那樣設立「世家」，而是將所有功勳世家一律列入人物「傳」之中，則不能不說反映出東漢人的世卿世祿觀念，較西漢人已經大為淡薄了。

《漢書》的創新很多，比如新設的《刑法志》不僅記述了漢代刑法，還概括了漢以前的刑法源流。他的這一筆法雖然遭到過後代史學評論家的非議，但是從今天的史學概念來看，這種追根溯源的敘事方法不妨說更具合理性。《漢書》將《史記》的《貨殖列傳》和《平準書》合二為一，創立了《食貨志》，將人口數量、耕地面積、糧食產量等重要的國家經濟數據按照「食」

與「貨」即今日我們說的農業與工商業分類的做法，為後來歷代史家所認同並予以繼承。班固還根據西漢末年劉向、劉歆父子的《七略》圖書分類法，創立《藝文志》並由此開闢了後代史書設立《藝文志》或《經籍志》的先聲。此《志》的創造，無疑是中國所以能夠一直保持世界圖書之最地位的重要原因之一。另外《地理志》的創立也是後代史書紛紛效法，並設立《地理志》、《郡縣志》、《州郡志》、《地形志》的樣板。

就《傳》而言，《漢書》新設了《史記》所沒有的《宗室傳》、《皇后傳》、《外戚傳》；在《表》中增設了《古今人表》。《王莽傳》的篇幅很長，是史書中記載新朝的唯一史料，其價值不可低估。特別值得一提的是，《漢書》中增補了許多民族史和中亞、南亞史的內容。這反映出漢武帝之後中國人越來越具有國際化的眼光了。

《漢書》多載西漢皇帝詔文，為後世留下寶貴的第一手史料，極有助於學者的研究。比如漢武帝對賢良的「下詔策問」的內容，如果沒有《漢書．董仲舒傳》的記載，我們將很難如此詳細地了解漢武帝下詔求賢的具體情節和心情。

四、《漢書》研究成果及其代表性觀點

由於《漢書》與《史記》的繼承關係，歷代學者對《漢書》的研究僅次於《史記》。比如唐代劉知幾評論所謂紀傳體時，就指出雖然這一體例始於《史記》，並成為後代正史的楷模，但是斷代史卻開始於班固，後代的史書大體都繼承了班固的體例。與劉知幾的稱讚相反，南宋鄭樵認為史書本應以通史為正常體例，他批評班固著斷代史是不明《史記》本意，沒有明白歷史自有其古今沿革相因的意義（《通志．總序》）。

鄭樵還對《漢書》的「表」予以了強烈的抨擊，他認為「表」本來是作成「旁行邪上」形式，在其中按照時代、年代、國家、事件填入事實，以便一目了然的方法。但是班固不通「旁行邪上」，像《古今人表》那樣將人物劃分等級的表格沒有任何意義。劉知幾也認為《漢書》既然是寫漢一代之事，像《古今人表》那樣從上古開始記載古今名人的方式是不合體例的。不過，清代章學誠卻認為，的確此表從史書體例來講並不得當，但是作為史料是有利用價值的（《文史通義．史篇別錄例議》）。

清代方苞認為《漢書》中寫得最好的是《霍光傳》，將霍光侍奉武帝二十餘年概括以為人謹慎的結論；而對其身為昭帝丞相的經歷，僅概括為百姓充實，四夷賓服寥寥數語，記述言簡

意賅。對霍光死後的宣帝時，霍氏一族雖蒙難而亡，卻詳細寫出了其遇難的原因。他認為這樣的記載詳略適宜，相當出色。方苞還認為《王莽傳》可謂班固用力最深者，其中對王莽陰謀篡位之始末的巧妙記述，可比司馬遷的筆法。但認為班固對漢代朝廷制度、儀式一般是不予詳述的，而《傳》中卻對王莽設立的官制、地名一一記載則實屬不必。

清代趙翼《廿二史劄記》中指出：從司馬遷的通史一變為班固的斷代史，其間史書的撰寫方法亦為之一變；又加上後代都模仿班固模式，這妨礙了史家自身特點的發揮。在《史記》與《漢書》之間不長的時期內，出現了明顯的時代區分，於是司馬遷的《史記》成為了空前絕後的作品，而班固的《漢書》也為後代著史提供了典範。

五、本書篇章取捨的標準以及所用版本

本書由於僅僅是個節選本，出於文字篇幅的限制，僅選擇了其中有代表性的篇章和段落，以期反映全書的梗概和旨趣。比如，《漢書》記載的武帝之前的部分主要是抄錄《史記》的，為了避免重複這裏僅選譯、注釋了此後的內容。所以，如果是有心了解整部西漢歷史的讀者，建

議最好將這套叢書的《史記》、《漢書》一併閱讀，那樣的話您一定不會失望的。

《本紀》節選了《武帝紀》，是因為作為秦漢帝國的代表人物的「秦皇漢武」之一的漢武帝，他在位五十四年（前一四一至前八十七），佔西漢二百餘年的四分之一，而且是漢帝國領土、制度、文化、思想得以穩定的主要時期，有着承上啓下意義的關鍵年代，是全書的主幹。

在《漢書》諸表中，本書為甚麼選擇了《異姓諸侯王表》、《諸侯王表》、《王子侯表》三表的「序」呢？大家都知道，西漢與秦朝最大的不同，在於部分恢復了諸侯分封制，即以「郡國制」取代了秦的「郡縣制」。而當時的諸侯、封國又不外以名臣將相為代表的異姓諸侯王、劉氏皇族的同姓諸侯王以及王子三類。班固對於這三類「王」與「侯」的概述又集中體現在三表的「序」中，讀者僅用暫短的時間，就能領略到郡縣制與封國制並存的時代特點。

《地理志》是本書所節選的唯一一篇《志》。其中記載了漢帝國的行政區劃、歷史沿革、郡國戶口、山川河流，讀者可以從中體會到上述「郡國制」存在的空間範圍，以及各地風土人情的豐富多彩。《志》中以星空的分野劃定地理區劃的傳統方法，一方面準確地反映了兩千年前的我們祖先天文、地理知識的豐富，一方面對現代人的環境意識也不乏借鑒的意義。

紀傳體中的「傳」都是圍繞「紀」的展開，讀者從《武帝紀》中領會了漢朝盛世的歷史大綱之後，肯定希望對當時為漢朝做出貢獻的名臣武將有更加深入的了解。《蘇武傳》描述蘇武身陷異國囹圄十九年，持節不屈、不辱使命的悲壯經歷。《董仲舒傳》詳細記載了漢武帝為建設新型帝國求賢若渴，董仲舒三上對策為日後文人治政開闢新途的歷史情節。通過《張騫傳》的內容，讀者可以了解古人跋涉千山萬水，開拓絲綢之路的艱辛壯舉。《朱買臣傳》通過一個實例告訴讀者：當時只要努力，讀書──入仕──致富的路徑對任何人都是敞開的。《主父偃傳》、《東方朔傳》、《霍光傳》三篇從不同的側面，記載了武帝身邊匯集了各種各色官僚的生動場景。

漢武帝過度消耗國力之後，漢帝國進入了西漢後期。漢昭帝、宣帝時期（前八十七至前四十八年）是一個恢復穩定發展的階段，即所謂的「昭宣中興」時代。《趙廣漢傳》通過一名以「廉潔」出名努力爬至高位，最終被處以「腰斬」之京官自我經營的一生，記述了當時一幕亦廉潔、亦骯髒的官場現形記。此文想必現代人看後也會多有感觸。《張禹傳》講述了張禹這位西漢後期讀書人中的佼佼者。從他身上讀者定會領悟出當時社會上所流傳「遺子黃金滿籯，不如教子一經」（《漢書・韋賢傳》）的諺語所表達的意義。

所謂《列傳》就是將幾個有相同性格的人物列為一組，藉以凸現一個時代的某種時代風格。《循吏傳》、《游俠傳》、《佞幸傳》雖說都是對《史記》同類傳的模仿之作，但其中補進的漢武帝中期以後的那些人物，使我們得以對西漢各類官場、民間人物有了較全面的了解。比如，從《龔遂傳》中渤海郡太守號召人民賣刀劍、買牛羊，發展農業，全郡大治的事跡，讀者可以明白，任何時代的官僚中雖然會有腐敗分子的出現，也不乏優秀的地方官。從《原涉傳》中西漢末豪俠原涉的事跡，讀者從原涉身上看到漢代活躍於地方的英雄豪俠們的那些行俠仗義的俠士風範。從《董賢傳》中漢哀帝與佞臣美少年董賢之間離奇的君臣關係，任何讀者都會發出這樣的哀歎：國家掌握在如此愚君、佞臣手中，不滅亡才怪！

西漢末年，權臣王莽以不流血的「攝政」方式取代了劉氏政權，我相信任何一個不以姓氏論正統的現代人，都會對《王莽傳》中的記載給出自己的看法。這不但是《漢書》中最長的《傳》，而且採用了編年體例，所以這實際上是一篇《紀》。事實上，後世欲了解王莽新朝的歷史，全憑此篇文字。可見，這一篇記載的重要價值。

如上所述，《漢書》自成書之時起就有人感到閱讀艱難。為此，從東漢末至唐以前為《漢書》做注的就有二三十家。唐初顏師古的注能夠廣攬兼收、糾謬補缺，可謂歷代注釋《漢書》的佼佼者。清末王先謙的《漢書補注》則更是對前人各注的集大成之作。若希望深度閱讀《漢書》的話，這兩部注解是極好的本子。現代學者對《漢書》的研究代表作，例如楊樹達《漢書窺管》從文獻學的角度多有定謬訂正之處；陳直《漢書新證》則是利用漢簡、銅器、漆器、陶器、封泥、漢印、貨幣、石刻資料考訂、印證《漢書》的力作。

本書採用了中華書局的點校本《漢書》，這個版本以王先謙《漢書補注》本為底本，參校了其他較好的版本，吸取了前人的考訂成果，是一個便於閱讀的本子。

六、閱讀《漢書》時應該注意些甚麼

《漢書》從來被認為是史書難讀的一部，作者喜歡用古字、難字的風格為閱讀者平增了很多不便。就連東漢時期的學者也「多未能通者」（《後漢書·班昭傳》）。所以，歷代學者在注釋《漢書》的字義、讀音方面，沒少下功夫。作為現代讀者的我們，讀此書時就更是離不開注釋的「拐杖」了。但是，由於其結構模仿《史記》，即對司馬遷所創「紀傳體」忠實地予以了繼承，所以從全書構架上《漢書》也有容易理解的一面。對這一點，讀者只要抓住《帝紀》十二卷之「經」，《表》八卷、《志》十卷、《傳》七十卷為「緯」的特點，稍稍參考注解和翻譯閱讀的話，其實並不很難，甚至多有引人入勝之處。正如范曄所論：「（班）固文贍而事詳。若固之序事，不激詭，不抑抗，贍而不穢，詳而有體，使讀之者亹亹而不猒，信哉其能成名也。」（《後漢書·班彪列傳》）

還有一點值得注意的是，班固畢竟不像司馬遷是當代人記載當代史，所以有時會出現考證不嚴謹，甚至以後代之事竄入前代的情況。比如，西漢時期的標準容器或容量單位是「桶」和「石」而不是「斛」。「斛」作為容器或容量單位，本是王莽改制時的復古之舉，在西漢時期並未作為標準「量」使用。但是《漢書》作者卻將西漢的「桶」和「石」一律寫為「斛」，其影像至今仍殘留不去。又如，秦憲公本秦文公之孫，而《漢書・古今人表》誤為文公子，疏於考證。另外，《漢書・楚元王傳》中載「牧者持火照求羊，失火燒其臧槨」，說秦始皇陵的棺槨被牧羊童燒毀的說法雖然現在尚不能肯定一定有誤，但根據目前考古學者對秦始皇陵的勘查來看，還是存疑為妥。

若以《漢書》的《序傳》與司馬遷《史記》的《自序》相比，是有不合體例之處。比如像他把自己的作品《幽通賦》、《答賓戲》這些與著述《漢書》毫無關係的辭賦寫入了《序傳》，相反對其父班彪以來作為家學的史學主張則沒有予以充分表示。因此，從今日的立場來看，《後漢書・班彪傳》的記載比班固的《序傳》其實更能反映《漢書》的著述主旨。班固的《序傳》在這一點來說，僅僅是一種裝飾，沒有充分地表達自己著作的宗旨。

紀

武帝紀

本篇導讀——

由於《史記》今上本紀原文已佚失，現在所見到的《史記·孝武本紀》是褚先生（少孫）根據《封禪書》補出的，所以《漢書·武帝紀》是非常重要的文獻資料。其中記載了漢武帝劉徹，公元前一四一年繼位，公元前八十七年去世，在位五十四年的主要經歷。諸如他加強皇權，頒行推恩令，制定左官律，削奪諸侯王權力；下詔令全國各郡縣向朝廷推舉賢才，以策問等方式選拔人才，起用董仲舒、公孫弘等賢才入朝。他改革幣制，官營鹽鐵，實行均輸、平準制度，並重視水利，治理黃河。他罷黜百家，尊崇儒家，「興太學，修郊祀，改正朔，定曆數，協音律，作詩樂，建封禪，禮百神，紹周後，號令文章」，促進了漢文化的繁盛，奠定了儒家思想在我國傳統社會的正統地位。對外，武帝征伐並趕走匈奴，解決了北胡侵擾之患；派張騫通使西域，正式開通了漢朝與西域的聯繫；他征服閩越、東甌與南越，經營西南夷，在朝鮮半島設置郡縣，創造了空前的大一統帝國。漢武帝有功有過，功勞之一是他敢於宣佈承認錯誤《輪臺罪己詔》（見本書《漢書・西域傳》節選）。

孝武皇帝[1]，景帝中子也，母曰王美人[2]。年四歲立為膠東王。七歲為皇太子，母為皇后。十六歲，後三年正月，景帝崩。甲子，太子即皇帝位，尊皇太后竇氏曰太皇太后[3]，皇后曰皇太后。三月，封皇太后同母弟田蚡、勝皆為列侯。

注釋

1 **孝武皇帝**：劉徹，景帝之子，王氏所生。2 **王美人**：其母臧兒，初為王鐘妻，生男信及兩女（王美人氏及其姊），後改嫁田氏，生男蚡、勝。3 **竇氏**：漢武帝劉徹的祖母，好黃老之言。

譯文

孝武皇帝，在景帝諸子中排行居中，母親是王美人。他四歲立為膠東王。七歲立為皇太子，母為皇后。十六歲時，景帝後三年正月，景帝駕崩。甲子日，太子即皇帝位，尊皇太后竇氏為太皇太后，皇后為皇太后。三月，封皇太后的同母弟田蚡、田勝為列侯。

建元元年冬十月[1]，詔丞相、御史、列侯、中二千石、二千石、諸侯相舉賢良方正直言極諫之士。丞相綰奏：「所舉賢良，或治申、商、韓非、蘇秦、張儀[2]之言，亂國政，請皆罷。」奏可。

注釋

1建元元年冬十月：即公元前一四〇年。漢武帝劉徹即位後，開始使用年號「建元」，古代帝王自此始有年號。一說，武帝初年並無年號，「建元」是即位二十三年之後始建年號時追命的。以「冬十月」為歲首的曆法繼承了秦制。2申、商、韓非、蘇秦、張儀：戰國時期的法家、縱橫家的代表。

譯文

建元元年冬十月，下詔命丞相、御史大夫、列侯、秩中二千石及二千石的高官、諸侯的相國推舉品德賢良、行為方正、直言極諫的人才。丞相衛綰上奏說：「推舉出來的賢良之士，有人主張申不害、商鞅、韓非、蘇秦、張儀的學說，擾亂國政，請一律廢除。」武帝准奏。

春二月，赦天下，賜民爵一級。年八十復二算[1]，九十復甲卒[2]。行三銖錢[3]。

注釋

1復二算：免除二口的人口稅。復，免除徭役或賦稅。2甲卒：披甲士卒。一說，革車之賦。3三銖錢：重量為三銖，且鑄「三銖」銘文的銅幣。

譯文

春二月，向全國發佈赦令，賞賜人民爵位一級。對年滿八十歲的老人，免除二口人的賦稅，對年滿九十的老人免除軍賦。發行三銖錢。

夏四月己巳，詔曰：「古之立教，鄉里以齒[1]，朝廷以爵，扶世導民，莫善於[2]德。然則於鄉里先耆艾[3]，奉高年，古之道也。今天下孝子順孫願自竭盡以承其親，外迫公事，內乏資財，是以孝心闕焉。朕甚哀之。民年九十以上，已有受鬻法[4]，為復子若孫[5]，令得身帥妻妾遂其供養之事。」

注釋

1齒：指年齒，年齡。2善於：大於。3耆（粵：棋；普：qí）艾：六十歲為耆，五十歲為艾。4受鬻（粵：祝；普：zhōu）法：官府供應米粟給民眾做粥飯的制度。5若：猶「或」。

譯文

夏四月己巳，下詔曰：「古代樹立教化，在鄉里由年長者，在朝廷由爵位高者輔助世道、教導民眾，沒有甚麼比道德更重要了。如此可見，在鄉里尊重長者，奉養老人，乃自古以來的道理。現在，天下的孝子賢孫雖自願竭盡全力贍養親人，卻因對外迫於公務，在內缺乏資財，以致孝心缺乏。朕對此很是哀傷。百姓年齡在九十以上的，已有領取糜粥的制度，還要免除其子或孫的傜役，讓他們能帶領妻妾履行贍養老人之事。」

五月，詔曰：「河海潤千里，其令祠官修山川之祠，為歲事，曲[1]加禮。」

赦吳、楚七國帑[2]輸在官者。

秋七月，詔曰：「衞士轉置送迎二萬人，其省萬人。罷苑馬，以賜貧民。」

議立明堂。遣使者安車蒲輪，束帛加璧，徵魯申公。

注釋

1 曲：周遍，詳盡。2 帑（粵：奴；普：nú）：通「孥」，妻子。

譯文

五月，下詔說：「河海潤澤千里，茲令祭祀官整修山川之神的祠廟，每年舉行祭祀活動，詳盡增加祭禮。」

赦免吳、楚七國叛亂者妻子沒入為官奴婢的人。

秋七月，下詔說：「衞士新舊交替，常置兩萬人，省去一萬人。廢除禁苑養馬制，以其牧場賜予平民放牧採樵。」

商議建立明堂事宜。派遣使者駕駛以蒲草裹輪的安車，帶上帛與璧，徵召魯國的申培公。

二年冬十月，御史大夫趙綰坐請毋奏事太皇太后[1]，及郎中令王臧皆下獄，自殺。丞相嬰、太尉蚡免。

春二月丙戌朔，日有蝕之。夏四月戊申，有如日夜出。

初置茂陵邑[2]。

注釋

1漢武帝十六歲（十五周歲）即皇帝位，大臣有事須奏請掌握實權的竇太皇太后。2茂陵：武帝自作之陵。邑：漢代在長安城附近皇帝陵墓處所設陵城。

譯文

二年冬十月，御史大夫趙綰因請求奏事不必奏請太皇太后而獲罪，與郎中令王臧都入獄，後自殺。丞相竇嬰、太尉田蚡被罷免。

春二月初一，日食。夏四月戊申日，有如太陽出現於夜晚。

新設茂陵邑。

三年春，河水溢於平原，大飢，人相食。

賜徙茂陵者戶錢二十萬，田二頃。初作便門橋。

（秋七月）閩越[1]圍東甌[2]，東甌告急。遣中大夫嚴助持節發會稽兵，浮海救之。未至，閩越走，兵還。

九月丙子晦，日有蝕之。

注釋

1閩越：漢高祖劉邦所封王國，在今福建。2東甌：漢高祖劉邦所封侯國，後升格為王國，在今浙江。

譯文

三年春，黃河水在平原郡（今山東）泛濫，大饑荒，人吃人。

賞賜遷居茂陵的每戶錢二十萬、田二頃。開始修建橫跨渭水通往茂陵的便門橋。

（秋七月），閩越圍攻東甌，東甌向漢朝廷告急。武帝派中大夫嚴助持符節徵調會稽郡駐軍，經海路救援。未到東甌，閩越逃走，漢軍返回。

五年春，罷三銖錢，行半兩錢[1]。

置《五經》博士[2]。

注釋　1半兩錢：重半兩（十二銖），有「半兩」銘文的銅錢。2《五經》：指《易經》、《尚書》、《詩經》、《春秋》、《儀禮》。

譯文　五年春，廢三銖錢，發行半兩錢。設置《五經》博士。

（六年）五月丁亥，太皇太后崩。閩越王郢攻南越[1]。遣大行王恢將兵出豫章[2]，大司農[3]韓安國出會稽，擊之。未至，越人殺郢降，兵還。

注釋　1南越：王國名，國都位於番禺（今廣州市），秦末趙佗建立，漢武帝元鼎六年（前一一一年）滅亡。2大行：官名，後改名大鴻臚，掌接待賓客（相當於今天的外交官）。豫章：郡名，治南昌（今江西南昌）。3大司農：官名，掌租稅錢穀鹽鐵及國家財政收支。大司農官名始於武帝太初元年，在此三十年之後，此時當稱「大農令」。《漢書》時有以後代名稱竄入前代之誤，此其一例。

譯文　（六年）五月丁亥，竇太皇太后去世。

閩越王郢攻打南越。武帝派大行王恢率兵出豫章，令大司農韓安國領兵出會稽，出擊閩越。尚未到達，越人殺王郢降漢，漢軍返回。

元光元年冬十一月，初令郡國舉孝廉[1]各一人。

注釋　1孝廉：漢代選拔官吏的科目。孝，指孝悌之人；廉，指清廉之士。

譯文　元光元年冬十一月，開始令郡國推舉孝廉各一人。

五月，詔賢良曰：「朕聞昔在唐虞，畫象而民不犯[1]，日月所燭，莫不率俾[2]。周之成康，刑錯不用，德及鳥獸，教通四海。海外肅昚，北發渠搜，氐羌徠服[3]。星辰不孛，日月不蝕，山陵不崩，川谷不塞；麟鳳在郊藪，河洛出圖書。嗚虖，何施而臻此與！今朕獲奉宗廟，夙興以求，夜寐以思，若涉淵水，未知所濟。猗與偉與！何行而可以章先帝之洪業休德，上參堯舜，下配三王！朕之不敏，不能遠德，此子大夫之所睹聞也。賢良明於古今王事之體，受策察問，咸以書對，

著之於篇，朕親覽焉。」於是董仲舒[4]、公孫弘等出焉。

注釋

1此句出自《尚書．虞書．堯典》，是說上古不用肉刑，僅以「象刑」作為一般刑罰。《荀子．正論》：「治古無肉刑而有象刑」。楊倞注：「象刑，異章服，恥辱其形象，故謂之象刑也。」2率俾（粵：彼；普：bǐ）：順從。率，遵循。俾，使。3此句出自《大戴禮記》，肅昚（慎）、北發、渠搜、氐、羌皆為西北部族名稱。一說，「北發」為動詞，即向北征發。4董仲舒：西漢著名的思想家、政治家。漢武帝元光元年（前一三四年），董仲舒在著名的《舉賢良對策》中建議「推明孔氏，抑黜百家」。

譯文

五月，下詔策問賢良說：「朕聽說過去在唐虞之世，僅用與衆不同的服飾加之犯人以示辱，百姓就不犯罪，日月所照之處，沒有不服從管理的。周朝的成、康二王之世，刑罰擱置不用，天子恩德及於鳥獸，教令到達四海。海外的肅慎、渠搜、氐族、羌族都來臣服。星辰沒有逆行，日、月沒有侵蝕，山陵沒有崩潰，河谷沒有堵塞；麒麟、鳳凰棲息在郊外的草澤中，黃河、洛水出現河圖、洛書。啊，究竟實施了甚麼方法而達到如此境界的呀！如今，朕承接宗廟，早起許願，夜寢思慮，猶如欲涉深淵，卻不知如何過渡。美好啊！偉大啊！怎樣才能弘揚先帝大業美德，向上與堯舜媲美，往下與三王比肩呢！朕稟性愚鈍，不能遠施恩德，這是諸位大夫所耳聞目見的。賢良之士通曉古今王事興衰之大體，仔細審察朕的策問試題，都請用文字作答，撰寫成篇，朕親自閱覽答卷。」於是，董仲舒、公孫弘等人憑藉對策脱穎而出。

賞析與點評

武帝十五歲即位，朝政實權掌控於祖母太皇太后竇氏手中。竇氏喜好黃帝、老子之學，強制推行黃老之學。但輔佐年輕武帝的丞相竇嬰，雖説是竇氏一族成員，卻有推崇儒學表現出異端傾向。他與皇太后王氏的異父弟太尉田蚡等一同推舉儒者，由此策劃上奏不經太皇太后竇氏。此舉觸怒太皇太后，不但造成丞相竇嬰、太尉田蚡被罷免，從武帝日後推行崇儒政策的角度來看，也可以説是他即位伊始所遭受最初的挫折。所以説太皇太后竇氏死後的翌年，武帝就迅速推出詔令賢良對策，可謂他獨自掌權之後的第一舉措。

二年冬十月，行幸雍，祠五時[1]。

春，詔問公卿曰：「朕飾子女以配單于，金幣文繡賂之甚厚，單于待命加

嫚[2]，侵盜亡已。邊境被害，朕甚閔之。今欲舉兵攻之，何如？」大行王恢建議宜擊。夏六月，御史大夫韓安國為護軍將軍，衛尉李廣為驍騎將軍，太僕公孫賀為輕車將軍，大行王恢為將屯將軍，太中大夫李息為材官將軍，將三十萬眾屯馬邑谷中，誘致單于，欲襲擊之。單于入塞，覺之，走出。六月，軍罷。將軍王恢坐首謀不進[3]，下獄死。

注釋

1五時：指漢高祖劉邦建立北時後，在雍縣分別祭祀青帝、白帝、赤帝、黃帝、黑帝的五時場所：密時、鄜時、下時、上時、北時。2待命：承受詔命。嫚（粵：慢；普：màn）：同「慢」，輕侮。3首謀不進：首為此謀，而臨陣反懼而不進擊。

譯文

元光二年冬十月，武帝駕臨雍縣（今陝西鳳翔南），祭祀五帝。

春，下詔詢問公卿大臣：「朕修飾子女許配予單于，金幣繡帛贈與豐厚，而單于對待詔命卻更加傲慢，侵盜漢朝不絕，邊境人民深受其害，朕對此甚為憂慮。現在打算發兵討伐匈奴，如何？」大行王恢建議應該出擊。夏六月，御史大夫韓安國為護軍將軍、衛尉李廣為驍騎將軍、太僕公孫賀為輕車將軍、大行王恢為將屯將軍、太中大夫李息為材官將軍，共率領三十萬兵眾屯紮在馬邑（今山西朔縣）山谷中，引誘單于，欲以伏擊。單于入塞，有所發覺，逃出。六月，撤軍。將軍王恢犯「首謀不進」罪，下獄而死。

三年春，河水徙，從頓丘東南流入勃海。夏五月，封高祖功臣五人後為列侯。河水決濮陽，泛郡十六。發卒十萬救決河。起龍淵宮。

譯文

元光三年春，黃河改道，從頓丘（今河南清豐西）東南流入渤海。夏五月，封高祖功臣五人的後代為列侯。黃河水在濮陽（今河南濮陽西南）決口，淹沒十六郡。調士卒十萬堵決口救災。興建龍淵宮（位於長安西的宮殿）。

（元光六年春）匈奴入上谷，殺略吏民。遣車騎將軍衛青出上谷，騎將軍公孫敖出代，輕車將軍公孫賀出雲中，驍騎將軍李廣出雁門。青至龍城[1]，獲首虜七百級。廣、敖失師而還。詔曰：「夷狄無義，所從來久。間者匈奴數寇邊境，故遣將撫師。古者治兵振旅，因遭虜之方入，將吏新會，上下未輯[2]，代郡將軍敖、雁門將軍廣所任不肖，校尉又背義妄行，棄軍而北，少吏犯禁。用兵之法：不勤不教，將率之過也；教令宣明，不能盡力，士卒之罪也。將軍已下廷尉，使理[3]正之，而又加法於士卒，二者並行，非仁聖之心。朕閔眾庶陷害，欲刷恥改行，復奉正義，厥路亡繇[4]。其赦雁門、代郡軍士不循法者。」

注釋

1 龍城：匈奴單于祭天的地方。2 輯：和睦，協調。3 理：處置。4 亡：同「無」。繇（粵：由；普：yóu）：通「由」，從此行走。

譯文

（六年）匈奴侵入上谷郡（今河北懷來東南），殺害掠奪官吏、百姓。派遣車騎將軍衛青從上谷出擊，騎將軍公孫敖從代郡（今河北蔚縣東南），輕車將軍公孫賀從雲中郡（在今內蒙古呼和浩特西南），驍騎將軍李廣從雁門郡（在今山西右玉縣南）各自出擊。衛青到達龍城，獲敵首級、俘虜了七百人。李廣、公孫敖損兵而還。皇帝下詔說：「夷狄無信義，由來已久。近來匈奴屢屢侵犯我邊境，因此派遣將領撫慰軍隊。古代講究訓練軍隊、出兵作戰。如今由於遭到寇虜突然入侵，將軍與軍吏剛會聚不久，上下尚不協調。從代郡出擊的將軍公孫敖、從雁門出擊的將軍李廣對於所承擔任務不稱職，校尉違背道義而擅自行動，棄軍而逃，小吏犯禁。

用兵之法：不勤勉、不教導，是將帥的過錯；教令宣佈得很明確，而不能盡力照辦，是士卒的罪過。將軍已交掌刑獄的廷尉依法處置，如果再對士卒施加刑法的話，二者並行，那不是仁義聖人之心。朕所擔憂的是：眾人陷於禍害，即使想洗刷恥辱、改正錯誤、重返正道，卻無路可走。因此，赦免雁門、代郡士卒未守法者。」

元朔元年冬十一月，詔曰：「公卿大夫，所使總方略，壹統類[1]，廣教化，美風俗也。夫本仁祖義，褒德祿賢，勸善刑暴，五帝三王[2]所繇昌也。朕夙興夜寐，嘉與宇內之士臻於斯路。故旅耆老，復孝敬，選豪俊，講文學，稽參政事，祈進民心，深詔執事，興廉舉孝，庶幾成風，紹休聖緒。夫十室之邑，必有忠信；三人並行，厥有我師。今或至闔郡而不薦一人，是化不下究，而積行之君子雍[3]於上聞也。二千石官長紀綱人倫，將何以佐朕燭幽隱，勸元元，厲蒸庶[4]，崇鄉黨之訓哉？且進賢受上賞，蔽賢蒙顯戮，古之道也。其與中二千石、禮官、博士議不舉者罪。」有司奏議曰：「古者，諸侯貢士，壹適謂之好德，再適謂之賢賢，三適謂之有功，乃加九錫[5]；不貢士，壹則黜爵，再則黜地，三而黜爵地畢矣。

夫附下罔上者死，附上罔下者刑，與聞國政而無益於民者斥，在上位而不能進賢者退，此所以勸善黜惡也。今詔書昭先帝聖緒，令二千石舉孝廉，所以化元元，移風易俗也。不舉孝，不奉詔，當以不敬論。不察廉，不勝任也，當免。」奏可。

注釋

1 統類：綱紀與條例。《荀子．非十二子》：「若夫總方略，齊言行，壹統類，而群天下之英傑而告之以大古，教之以至順。」楊倞注：「統，謂綱紀；類，謂比類。大謂之統，分別謂之類。」2 五帝：伏羲、神農、黃帝、堯、舜。三王：指夏、商、周三代之君。一般為夏禹、商湯、周武王（或周文王）。3 雍：通「壅」，閉塞。4 元元：人民。《戰國策．秦策一》：「制海內，子元元，臣諸侯，非兵不可！」高誘注：「元，善也，民之類善故稱元。」蒸庶：眾多庶民。5 九錫：九種賞賜。錫通賜。即車馬、衣服、樂器、朱戶、納陛（登殿的專用臺階）、虎賁百人、鐵鉞、弓矢、秬鬯（祭神用的佳釀）。

譯文

元朔元年（前一二八）冬十一月，武帝下詔說：「公卿大夫，是用來總括方略，統一綱紀與條例，推廣教化，美化風俗。以仁義為根本，褒揚道德祿給賢人，勸勉善行刑處暴行，此乃五帝、三王所以昌盛的緣由。朕起早貪晚地工作，就是要激勵天下之士走上此道。所以像接待旅客那樣加惠於老人，免除孝敬者的徭役，選拔才智傑出者，宣講文學，考察政事，祈望民心上進，鄭重詔令執事官員，推舉孝行、廉潔之士，或許蔚然成風，繼承先聖美好偉大的業績。即使十戶人家的小鎮，也必有忠信的人；三人並排行走，其中就有我的老師。現在有的全郡竟不推薦一人，這是教化不向下貫徹，而積德君子不能為君主所聞知。二千石官長（郡守、國相）是執掌人倫綱紀的，如此將怎樣輔佐朕洞察隱晦，勸勉百姓，激勵庶民，尊重鄉里訓令呢？推薦賢者受獎賞，遮蔽賢者蒙沒顯功處死，是古代的法則。由中二千石與禮官、博士一起討論不舉薦賢人所相當的罪責。」有關部門官吏將建議上奏說：「古代諸侯推薦士人，第一次推舉了恰當人才稱為品德好，第二次推舉了恰當人才稱為有薦賢之賢明，第三次推舉了恰當人才稱為有功，要獎賞九錫（賜）。如不推舉人才的話，第一次降格或廢除爵位，第二次削減領地，第三次爵位和領地全部廢除。依附於下而欺君罔上的處死，依附於上侵凌臣民的處刑，參與國政而不為民謀利者罷斥，在上位而不能推薦賢人者貶退，這是所以能夠勸善懲惡的緣由。現在詔書闡明了先代帝王的聖業傳統，令二千石官（郡守、國相）推薦孝廉賢才，以此教化人民，移風易俗。那些不舉薦孝悌、不執行詔令的官吏，當以不敬罪論處。不能明察廉潔，是不稱職，應該罷免官職。」上奏建議被批准。

賞析與點評

歷代學者對《論語・述而》「三人行必有我師」的解釋有同有異。比如對「三」字有解釋為「衆多」的，也有解釋為數字「三」的；對於「行」字有解釋為「同行」的行走之意，也有解釋為「言行」之「行」的。前者用為動詞，後者用為名詞，都講得通。漢武帝詔文中的「三人並行，厥有我師」，則是説三人並排行走，其中就有我的老師。漢代人對《論語》的解釋由此可見一斑。

秋，匈奴入遼西，殺太守；入漁陽、雁門，敗都尉，殺略三千餘人。遣將軍衞青出雁門，將軍李息出代，獲首虜數千級。東夷薉君[1]南閭等口二十八萬人降，為蒼海郡[2]。魯王餘、長沙王發皆薨。

注釋

1 薉（粵：畏；普：huì）君：東夷的薉貊族之君。薉貊，古代東方少數民族名，在今朝鮮半島。2 蒼海郡：西漢在朝鮮半島東部薉貊地區所設郡。

譯文

秋，匈奴攻入遼西郡，殺死太守；侵入漁陽、雁門，擊敗都尉，殺掠三千餘人。

派遣將軍衛青出兵雁門，將軍李息出兵代郡，斬獲數千人。

東夷薉君南閭等率領臣民二十八萬人降漢，在該地設立蒼海郡。

魯王劉餘、長沙王劉發都去世。

二年冬，賜淮南王、菑川王几杖[1]，毋朝。

春正月，詔曰：「梁王、城陽王親慈同生，願以邑分弟，其許之。諸侯王請與子弟邑者，朕將親覽，使有列位焉。」於是藩國始分，而子弟畢侯矣。

匈奴入上谷、漁陽，殺略吏民千餘人。遣將軍衛青、李息出雲中，至高闕，遂西至符離，獲首虜數千級。收河南地，置朔方、五原郡。

三月乙亥晦，日有蝕之。

夏，募民徙朔方十萬口。又徙郡國豪傑及訾[2]三百萬以上於茂陵。

秋，燕王定國有罪，自殺。

注釋

1几杖：坐几和手杖，皆老者所用，為古代敬老之物。2訾：通「資」，資財。

譯文

元朔二年冬，賜給淮南王、菑川王坐几和手杖，不必朝見皇帝。

春正月，下詔說：「梁王劉襄、城陽王劉延是親兄弟，願以食邑分封其弟，應該允許。諸侯王要將自己的食邑分封給兄弟的，朕將親自過問，使子弟有列侯之位。」於是藩國被分而治之，侯王子弟全部被封為侯。

匈奴侵入上谷、漁陽，殺掠官吏民眾千餘人。派遣將軍衞青、李息出兵雲中，到達高闕，接着西至符離（一說為山名，一說為塞名。今內蒙古自治區鄂爾多斯地區），斬首數千人。收復河套以南地區，設置了朔方郡、五原郡。

三月乙亥月末日，發生了日偏食。

夏，招募民眾十萬人遷徙到朔方郡。又遷移郡國豪富及資產在三百萬錢以上的民戶移居茂陵。

秋，燕王劉定國犯罪，自殺。

三年春，罷蒼海郡。三月，詔曰：「夫刑罰所以防姦也，內長文所以見愛也；以百姓之未洽於教化，朕嘉與士大夫日新厥業，祗而不解[1]。其赦天下。」

夏，匈奴入代，殺太守；入雁門，殺略千餘人。

六月庚午，皇太后崩。

秋，罷西南夷，城朔方城。令民大酺五日。

注釋

1 祇（粵：之；普：zhī）：恭敬。解：通「懈」，懈怠。

譯文

三年春，撤銷蒼海郡。三月，下詔說：「刑罰是為了防止奸惡的，尊崇文德為的是表示仁愛；由於百姓尚未受到教育，朕願與士大夫一同每日創新事業，恭謹而不懈怠。可赦天下。」

夏，匈奴侵入代郡，殺死太守；侵入雁門郡，殺掠千餘人。

六月庚午，王皇太后去世。

秋，停止對西南夷的開通，修築朔方城。下令允許百姓宴飲五天。

四年冬，行幸甘泉[1]。

夏，匈奴侵入代郡、定襄郡、上郡，殺略數千人。

注釋　1甘泉：宮名，在今陝西淳化西北。

譯文　四年冬，皇帝巡幸到甘泉宮。

夏，匈奴侵入代郡、定襄郡（今內蒙古和林格爾西北）、上郡（今陝西榆林、延安及內蒙古自治區烏審旗等地區）三郡，殺掠數千人。

五年春，大旱。大將軍衛青將六將軍兵十餘萬人出朔方、高闕，獲首虜萬五千級。

夏六月，詔曰：「蓋聞導民以禮，風[1]之以樂，今禮壞樂崩，朕甚閔焉。故詳延天下方聞之士[2]，咸薦諸朝。其令禮官勸學，講議洽聞，舉遺興禮，以為天下先。太常[3]其議予博士弟子，崇鄉黨之化，以厲賢材焉。」丞相弘請為博士置弟子員，學者益廣。

秋，匈奴入代，殺都尉。

注釋　1風：教化。2方聞之士：方正博聞之士。3太常：官名。掌宗廟禮儀，九卿之一。

譯文　五年春，大旱。大將軍衛青率六將軍及士兵十餘萬人從朔方、高闕出塞，斬獲一萬五千人。

夏六月，下詔說：「聽說教導人民以禮，陶冶教化人民以樂，如今禮壞樂崩，朕甚憂慮。所以要把天下博聞有識之士全部請來，都舉薦給朝廷。讓禮官勸進學業，講論見聞，舉薦逸文，振興禮學，以為天下榜樣。太常官應商議為博士置弟子之事，由此推崇鄉里教化，獎勵賢才。」丞相公孫弘奏請為博士設置弟子生員，學者的前途日益擴展。

秋，匈奴侵入代郡，殺死都尉。

六年春二月，大將軍衛青將六將軍兵十餘萬騎出定襄，斬首三千餘級。還，休士馬於定襄、雲中、雁門。赦天下。

夏四月，衛青復將六將軍絕幕[1]，大克獲。前將軍趙信軍敗，降匈奴。右將軍蘇建亡軍，獨身脫還，贖為庶人。

六月，詔曰：「朕聞五帝不復相禮，三代不同法，所繇[2]殊路而建德一也。蓋孔子對定公以徠遠[3]，哀公以論臣，景公以節用，非期不同，所急異務也。今中國一統而北邊未安，朕甚悼之。日者大將軍巡朔方，征匈奴，斬首虜萬八千級，諸禁錮及有過者，咸蒙厚賞，得免減罪。今大將軍仍[4]復克獲，斬首虜萬九千級，受爵賞而欲移賣者，無所流貤[5]。其議為令。」有司奏請置武功賞官，以寵戰士。

注釋

1絕幕：穿過沙漠。幕，通「漠」。2繇：通「由」。3徠遠：悦近徠遠。《論語》和《韓非子》皆言葉公問政於孔子，孔子答以「悦近徠遠」。此言定公，與二書不同。徠，同「來」，歸服。4仍：頻。5流貤：轉移，轉贈。貤，通「移」。

譯文

六年春二月，大將軍衛青率領六將軍及十萬餘騎兵從定襄郡出發，斬首三千餘。回師，在定襄、雲中、雁門休整軍隊、馬匹。大赦天下。

夏四月，衛青再次率領六將軍穿過沙漠，大獲全勝。前將軍趙信軍敗，投降匈奴。右將軍蘇建全軍潰散，隻身逃回，贖罪為平民。

六月，下詔説：「朕聽説五帝行禮不相重複，夏、商、周三代的法度各不相同，所經由的道路雖然不同但是所建立的功德卻是一樣的。孔子對魯定公問政答以『悦近徠遠』，對魯哀公問政答以『政在選賢』，對齊景公問政答以『政在節財』，這不是期待有所不同，而是視具體情況而指出何為當務之急。如今中國實現了一統，而北部邊境還不安定，朕很痛心。前不久大將軍巡行朔方郡，征伐匈奴，斬敵首一萬八千級，被禁錮及犯有罪過的各種人，都蒙受了厚賞，得以減免罪行。今大將軍衛青又大獲全勝，戰績輝煌，斬敵首一萬九千級，受爵受賞的人有的願意轉讓出賣，沒有轉賣的辦法。應當商議此事制定相應法規。」有關官員奏請皇上設置武功賞官，以獎勵戰士。

元狩元年冬十月，行幸雍，祠五畤[1]。獲白麟[2]，作《白麟之歌》。

十一月，淮南王安、衡山王賜謀反，誅。党與死者數萬人。

十二月，大雨雪，民凍死。

夏四月，赦天下。

注釋

1畤：祭祀天地五帝的固定處所。2麟：傳說中的仁獸。顏師古說：麟，麋身，牛尾，馬足，黃色，圓蹄，一角，角端有肉。

譯文

元狩（前一二二年）元年冬十月，武帝駕臨雍縣，祭祀五帝畤。獵獲白麒麟，作《白麟之歌》。

十一月，淮南王劉安和衡山王劉賜謀反，被誅殺。處死的黨羽多達數萬人。

十二月，下大雪，平民有人被凍死。

夏四月，大赦天下。

丁卯，立皇太子。賜中二千石爵右庶長[1]，民為父後者一級。詔曰：「朕聞咎繇對禹，曰在知人，知人則哲，惟帝難之。蓋君者心也，民猶支體，支體傷則心憯怛[2]。日者淮南、衡山修文學，流貨賂，兩國接壤，怵於邪說，而造篡弒，此朕之不德。《詩》云：『憂心慘慘，念國之為虐。』已赦天下，滌除與之更始。朕嘉孝弟力田，哀夫老眊[3]孤寡鰥獨或匱於衣食，甚憐湣焉。其遣謁者巡行天下，存問致賜。曰：『皇帝使謁者賜縣三老、孝者帛，人五匹；鄉三老、弟者、力田帛，人三匹；年九十以上及鰥寡孤獨帛，人二匹，絮三斤；八十以上米，人三石。有冤失職，使者以聞。縣、鄉即賜，毋贅聚。』」

五月乙巳晦，日有蝕之。

匈奴入上谷，殺數百人。

注釋

1右庶長：爵名，第十一級。2憯怛（粵：笪；普：dá）：悲傷，慘痛。憯，通「慘」。

3眊：通「耄」，年老。

譯文

丁卯日，立劉據為皇太子（即戾太子）。賜給中二千石官員右庶長爵位，百姓有繼其父之後為家長的人賜爵一級。下詔說：「朕聽說咎繇（即皋陶，東夷族的首領）回答禹的問題時說：重要的在於知人善任，能了解人的才是賢哲，就是帝王也難以做到。大凡君王好比是人的心臟，人民如同肢體，肢體受傷則心臟慘痛。日前淮南王與衡山王修講文學，交流貨物，兩國接壤，被邪說所利誘，而起篡逆之心，這是朕的無德所造成的。《詩經》上說：『憂心慘慘，悼念國家發生的災難。』已經大赦天下，清除餘毒而棄舊圖新。朕獎勵孝悌和致力於耕田的人，哀歎年老鰥寡孤獨，或缺衣少食者，甚感憐憫。應派專使巡視天下，慰問賞賜。說：『皇帝派專使賞賜縣三老、孝子布帛，每人五疋；賞賜鄉三老、尊敬兄長的人、用心耕田的人布帛，每人三疋；賞賜九十歲以上的，以及孤獨無靠者，每人布帛二疋，棉絮三斤；對八十以上的，每人賜米三石。蒙受冤屈失掉常業的，專使要報告。縣鄉要即時就地賞賜，不必繁瑣地召集聚會。』」

五月乙巳為月末日，發生日食。

匈奴侵入上谷，殺數百人。

二年冬十月，行幸雍，祠五畤。

春三月戊寅，丞相弘薨。

遣驃騎將軍霍去病出隴西，至皋蘭，斬首八千餘級。

夏，馬生余吾水中。南越獻馴象、能言鳥。

將軍去病、公孫敖出北地二千餘里，過居延，斬首虜三萬餘級。

匈奴入雁門，殺略數百人。遣衛尉張騫、郎中令李廣皆出右北平。廣殺匈奴三千餘人，盡亡其軍四千人，獨身脫還，及公孫敖、張騫皆後期，當斬，贖為庶人。

江都王建有罪，自殺。膠東王寄薨。

秋，匈奴昆邪王殺休屠王[1]，並將其眾合四萬餘人來降，置五屬國[2]以處之。以其地為武威、酒泉郡。

注釋

1 昆（粵：雲；普：hún）邪王、休屠王：皆是匈奴族部落首領及王號。2 屬國：存其國號或族名而隸屬於漢朝，故名。當時安定、上郡、天水、五原、西河五郡有屬國。

譯文

元狩二年冬十月，武帝巡幸至雍地，祭祀五帝。

春三月戊寅，丞相公孫弘去世。

派遣驃騎將軍霍去病出兵隴西郡（位於隴山即六盤山以西故名，又稱隴右），到達皋蘭山，殺敵八千餘人。

夏，有馬生在余吾水（流經今蒙古國烏蘭巴托市）中。南越進獻馴象和鸚鵡。

將軍霍去病、公孫敖率兵出北地兩千餘里，經過居延縣（今內蒙古額濟納旗東南），殺敵三萬餘人。

匈奴侵入雁門，殺害掠奪數百人。派遣衛尉張騫、郎中令李廣都出兵右北平郡。李廣殺匈奴三千餘人，而自己的軍隊四千人都亡失，隻身脱險逃回；公孫敖、張騫都失約遲到，依法當斬，贖罪為平民。

江都王劉建獲罪，自殺。膠東王劉寄去世。

秋，匈奴昆邪王殺死休屠王，並且率其部眾四萬餘人前來投降，設置五個屬國進行安置。把這些地區劃分為武威郡（今甘肅民勤東北）、酒泉郡（今甘肅酒泉）。

三年春，有星孛於東方。夏五月，赦天下。立膠東康王少子慶為六安王。封故相蕭何曾孫慶為列侯。

秋，匈奴入右北平、定襄，殺略千餘人。

遣謁者[1]勸有水災郡種宿麥[2]。舉吏民能假貸貧民者以名聞。

減隴西、北地、上郡戍卒半。

發謫吏穿昆明池。

注釋

1謁者：官名。掌賓贊受事，傳達天子旨意。2宿麥：隔年才熟的麥子，即冬麥。

譯文

三年春，彗星出現在東方。夏五月，赦天下。立膠東康王少子劉慶為六安王。封故相國蕭何曾孫蕭慶為列侯。

秋，匈奴侵入右北平郡、定襄郡，殺害掠奪一千餘人。

派遣謁者專使到受水災的郡縣勸導民眾種植冬小麥。推舉官員、百姓中能借貸給貧民錢糧的，把名單上報朝廷。

把隴西郡、北地郡、上郡的戍邊兵卒減少一半。

徵調有罪官吏開鑿昆明池（在今陝西西安西南）。

四年冬，有司言關東貧民徙隴西、北地、西河、上郡、會稽凡七十二萬五千口，縣官衣食振業，用度不足，請收銀錫造白金及皮幣[1]以足用。初算緡錢[2]。

春，有星孛於東北。

夏，有長星[3]出於西北。

大將軍衛青將四將軍出定襄，將軍去病出代，各將五萬騎。步兵踵軍後數十萬人。青至幕北圍單于，斬首萬九千級，至闐顏山乃還。去病與左賢王戰，斬獲首虜七萬餘級，封狼居胥山乃還。兩軍士死者數萬人。前將軍廣、後將軍食其皆後期。廣自殺，食其贖死。

注釋

1白金：為銀和錫的合金。皮幣：用白鹿皮一尺，邊沿繚以五彩線，通行以當錢幣。2算緡（粵：民；普：mín）錢：漢時對商人、手工業者、高利貸者和車船所有者徵的稅。每二千錢或四千錢徵一算（一百二十文）。緡，成串的銅錢，一千文為一緡。3長星：古星名，類似彗星，有長形光芒。

譯文

四年冬，官員上報說關東貧民遷移到隴西、北地、西河（今內蒙古準格爾旗西南）、上郡、會稽五郡的共七十二萬五千口，國家提供其衣食並組織生產，費用不足，請求收集銀、錫鑄造白金及皮幣以滿足開支。開始徵收商業稅、手工業資產稅。

春，有彗星出現於東北方。

夏，有長星出現於西北地區。

大將軍衛青率四將軍從定襄出發，將軍霍去病從代郡出發，各統領五萬騎兵。跟隨於騎兵後的步兵有數十萬人。衞青到達大漠以北包圍單于，斬敵一萬九千人，到達闐顏山（在今蒙古國中西部）回師。霍去病與左賢王戰鬥，斬七萬餘敵，登狼居胥山（今蒙古烏蘭巴托市東）祭祀，刻石紀功而回。兩軍戰死者數萬人。前將軍李廣、後將軍趙食其都失約遲到。李廣自殺，趙食其贖免死罪。

五年春三月甲午，丞相李蔡有罪，自殺。天下馬少，平牡馬匹二十萬[1]。罷半兩錢，行五銖錢。徙天下姦猾吏民於邊。

注釋

1平牡馬：統一雄馬價格，獎勵養馬。

譯文

五年春三月甲午，丞相李蔡（李廣之從弟）有罪，自殺。天下馬匹缺少，齊一雄馬價格，每匹馬二十萬錢。廢半兩錢，發行五銖錢。遷徙國內奸猾官、民到邊地。

六年冬十月，賜丞相以下至吏二千石金，千石以下至乘從者[1]帛，蠻夷錦各有差。

雨水亡冰。

夏四月乙巳，廟立皇子閎為齊王，旦為燕王，胥為廣陵王。初作誥[2]。

六月，詔曰：「日者有司以幣輕多姦，農傷而末[3]眾，又禁兼併之塗，故改幣以約之。稽諸往古，制宜於今。廢期有月[4]，而山澤之民未諭。夫仁行而從善，義立則俗易，意奉憲者所以導之未明與？將百姓所安殊路，而撟虔吏因乘勢以侵蒸庶邪？何紛然其擾也！今遣博士大等六人分循行天下，存問鰥寡廢疾，無以自振業者貸與之。諭三老孝弟以為民師，舉獨行之君子，徵詣行在所[5]。朕嘉賢者，樂知其人。廣宣厥道，士有特招，使者之任也。詳問隱處亡位，及冤失職，姦猾為害，野荒治苛者，舉奏。郡國有所以為便者，上丞相、御史以聞。」

秋九月，大司馬驃騎將軍去病薨。

注釋

1乘從者：乘騎的侍從人員。2誥（粵：告；普：gào）：指敕封諸侯王的策文。3末：指工商業者。4廢期有月：指自去年三月改幣以至於今，已一年有餘。5行在所：天子行幸停留之處。

譯文

六年冬十月，賞賜丞相以下至二千石的官員金，千石以下至乘騎侍從帛，蠻夷錦等各不相同。

冬季降水無冰雪。

夏四月乙巳，在祖廟立皇子劉閎為齊王、劉旦為燕王、劉胥為廣陵王。開始作封王策文。

六月，下詔說：「不久前官員認為錢幣重量輕且多有偽造，傷害了農業，而從事手工業和商業的人增加，又為了禁止大家富戶兼併弱小貧民，所以改換錢幣加以制約。考查往古作法，制定適合當前的幣制。廢舊幣已一年多了，而山澤之民仍未知曉告示之意。實行了仁義，人民就會從善；確立了正義，則民俗就會改變，而當前幣制受阻，是地方官吏的宣傳引導不夠呢？還是由於安置百姓的方法不同，而讓那些妄託上命的官吏乘機侵犯百姓的利益呢？為何如此的紛紛擾擾！今派遣博士褚大等六人分別巡察天下，慰問鰥寡殘疾人，對無法自謀職業的給予借貸支持。曉諭天下讓三老、孝悌的人為民師，推舉品行高潔的君子，應徵到朕巡行所到之處。朕尊重賢者，很高興見到和認識這些人。要廣泛宣傳這一道理，使特殊人才得以特招，這是巡察使者的責任。要詳細查問被埋沒而未被任用、蒙受冤屈而失去正常職業的情況，對於奸邪為害，田野荒蕪與苛政害民者，要舉報上奏。

郡國認為可以方便於民眾的做法，要上報給丞相、御史。」

秋九月，大司馬驃騎將軍霍去病去世。

元鼎元年夏五月，赦天下，大酺五日。

得鼎汾水上。

濟東王彭離有罪，廢徙上庸。

譯文

元鼎元年（前一一六年）夏五月，赦天下，允許百姓宴飲五天。

在汾水邊得到古鼎。

濟東王劉彭離有罪，廢除王號遷徙到上庸（今湖北竹山西南）。

二年冬十一月，御史大夫張湯有罪，自殺。十二月，丞相青翟下獄死。

春，起柏梁臺。

三月，大雨雪。夏，大水，關東餓死者以千數。

秋九月，詔曰：「仁不異遠，義不辭難，今京師雖未為豐年，山林池澤之饒與民共之。今水潦移於江南，迫隆冬至，朕懼其飢寒不活。江南之地，火耕水耨[1]，方下巴蜀之粟致之江陵，遣博士中等分循行，諭告所抵，無令重困。吏民有振救飢民免其厄者，具舉以聞。」

注釋

1 火耕水耨（粵：扭；普：nòu）：古時燒去雜草，灌水種稻的一種耕種法。

譯文

二年冬十一月，御史大夫張湯有罪，自殺。十二月，丞相入獄死亡。

春，開始建造柏梁臺。

三月，下大雪。夏，大水災，函谷關以東餓死上千人。

秋九月，下詔說：「仁愛不分遠近，正義不怕艱難。今年京師雖然沒有獲得豐收，但山林池澤的財富資源應與百姓共享。當前水災移到江南，寒冬就要到來，朕擔憂江南百姓飢寒交迫無法生存。江南地區，火耕水耨，剛剛從巴蜀運粟米到江陵（在今湖北江陵），派遣博士中等人分別到各地巡視，所到之處發出告示，不要加重百姓負擔，使他們困苦。官吏和百姓有能救濟災民使災民擺脫飢寒困境的，將其事跡上報朝廷。」

三年冬，徙函谷關於新安。以故關為弘農縣。

十一月，令民告緡[1]者以其半與之。

正月戊子，陽陵園火。夏四月，雨雹，關東郡國十餘飢，人相食。

常山王舜薨。子勃嗣立，有罪，廢徙房陵。

注釋

1 告緡：指告發富戶隱匿財產，逃漏稅款。

譯文

三年冬，把函谷關向東遷移到了新安縣（今河南新安東）。在舊關址設置弘農縣。

十一月，下令凡揭發偷漏賦稅的人以被告之財的一半作為獎賞。

正月戊子，陽陵園失火。夏四月，下冰雹，關東十多個郡國發生饑荒，出現了人吃人的現象。

常山王劉舜去世。其子劉勃繼立，有罪，廢王位並遷徙到房陵縣。

四年冬十月，行幸雍，祠五畤。賜民爵一級，女子百戶牛酒。行自夏陽，東幸汾陰。十一月甲子，立后土祠於汾陰脽上[1]。禮畢，行幸滎陽。還至洛陽，詔曰：「祭地冀州，瞻望河洛，巡省豫州，觀於周室，邈而無祀。詢問耆老，乃得孽子嘉。

其封嘉為周子南君，以奉周祀。」

春二月，中山王勝薨。

夏，封方士[2]欒大為樂通侯，位上將軍。

六月，得寶鼎后土祠旁。秋，馬生渥洼水中。作《寶鼎》、《天馬》之歌。

立常山憲王子商為泗水王。

注釋

1 脽（粵：垂；普：shuí）上：指汾陰脽。位於今山西省萬榮縣。脽，丘阜。2 方士：煉製丹葯以求得道成仙的術士。

譯文

四年冬十月，駕臨雍地，祭祀五帝畤。賞賜百姓爵位一級，受爵者之妻每一百戶宰食牛一頭、賞酒若干斗。從夏陽（今陝西韓城南）出行，向東駕臨汾陰（今山西萬榮西南）。十一月甲子，在汾陰高丘上建后土祠。禮儀完畢後，巡幸滎陽（在今河南滎陽）。返回到洛陽，下詔說：「在冀州（地當今河北省）祭祀土地神，瞻望黃河、洛水，巡視豫州（地當今河南東部及安徽西北部），觀覽周王室舊址（今洛陽市內），那裏荒廢已久，祭祀絕滅。詢問老人，訪得周王室後代姬嘉。封姬嘉為周子南君，以繼承周的祭祀。」

春二月，中山王劉勝去世。

夏，封方士欒大為樂通侯，職位相當於上將軍。

六月，在后土祠旁邊挖出寶鼎。秋，有馬生於渥洼水（在甘肅酒泉）中。遂作《寶鼎》、《天馬》之歌慶祝。

立常山憲王之子劉商為泗水王。

五年冬十月，行幸雍，祠五畤。遂踰隴，登空同，西臨祖厲河[1]而還。

十一月辛巳朔旦，冬至。立泰畤於甘泉[2]。天子親郊見，朝日夕月。詔曰：「朕以眇身託於王侯之上，德未能綏民，民或飢寒，故巡祭后土以祈豐年。冀州脽壤乃顯文鼎，獲薦於廟。渥洼水出馬，朕其御焉。戰戰兢兢，懼不克任，思昭天地，內惟自新。《詩》云：『四牡翼翼，以征不服。』親省邊垂，用事所極。望見泰一[3]，修天文襢[4]。辛卯夜，若景光十有二明。《易》曰：『先甲三日，後甲三日。』朕甚念年歲未咸登，飭躬[5]齋戒，丁酉，拜況[6]於郊。」

注釋

1祖厲（粵：街賴；普：jiē lài）河：流經今甘肅會寧、靖遠等縣，北入黃河。2泰畤：古代皇帝祭天神之處。甘泉：縣名，地處今陝西延安中部。3泰一：亦稱泰壹或太一，天神，居於紫微星宿。4禪（粵：善；普：shàn）：祭天。5飭躬：正己。6況：賜。

譯文

元鼎五年冬十月，皇帝駕臨雍地，祭祀五帝畤。接着越過隴山（位於今陝西與甘肅交界地區），登空同山（一作崆峒山。在今甘肅平涼西北），向西走到祖厲河而返回。

十一月辛巳日黎明，冬至，立泰畤於甘泉縣。天子親往祭祀，早晨向東拜日，晚上向西南拜月。下詔說：「朕以微小之身託於王侯之上，德未能安民，有的人還在遭受飢寒，所以巡查祭祀后土神以祈求豐年，在冀州高丘旁發現刻記銘文的寶鼎，進獻於祖廟，渥洼水中所出之馬，為朕駕用。戰戰兢兢，深恐不能勝任，要想昭明天地之德，必須不斷自省更新。《詩》說：『四馬並駕齊驅，以征討不服之地。』親自巡守邊陲，所到之處也必行祭禮。望見泰一，遂修建天文壇。辛卯日夜間，有像吉祥之光的十二道閃光。《易》說：『初一的前三日應自新（辛），後三日應叮（丁）嚀。』朕甚念今年沒有全部豐收，就嚴肅恭敬地齋戒，初四，舉行郊祭以感激天賜光明。」

夏四月，南越王相呂嘉反，殺漢使者及其王、王太后。赦天下。

丁丑晦，日有蝕之。

秋，鼃、蝦蟆鬥。

遣伏波將軍路博德出桂陽，下湟水；樓船將軍楊僕出豫章，下湞水；歸義越侯嚴[1]為戈船將軍，出零陵，下離水；甲[2]為下瀨將軍，下蒼梧。皆將罪人，江淮以南樓船十萬人，越馳義侯遺[3]別將巴蜀罪人，發夜郎兵，下牂柯江，咸會番禺。

九月，列侯坐獻黃金酎祭[4]宗廟不如法奪爵者百六人，丞相趙周下獄死。樂通侯欒大坐誣罔要斬。

西羌[5]眾十萬人反，與匈奴通使，攻故安，圍枹罕。匈奴入五原，殺太守。

注釋

1嚴：人名，原為越人，降漢，封為歸義侯。2甲：人名，故越人，降漢為將。3遺：越人，歸漢，封為馳義侯。4酎（粵：紂；普：zhòu）祭：漢朝於八月獻酎祭宗廟時，令諸侯獻金助祭（以人口數率千口奉金四兩），皇帝臨受。獻金若斤兩不足，或質量不好，受削邑、奪爵的處分。酎，反覆多次釀成的醇酒。5羌：古族名。漢時活動於今青海、甘肅部分地區，以遊牧為主。

譯文

夏四月，南越王國相呂嘉反叛，殺漢使及南越王、王太后。大赦天下。

四月末日，發生日食。

秋，蛙與蛤蟆爭鬥。

武帝派遣伏波將軍路博德帶兵從桂陽郡（郡治郴縣，今湖南郴縣）出發，順湟水（今廣東北部之洭水）而下；樓船將軍楊僕從豫章郡（郡治南昌，今江西南昌）出發，順湞水（今廣東北部之滃江）而下；歸義越侯嚴為戈船將軍，從零陵郡（郡治泉陵，今湖南零陵）出發，順離水（今廣西境內之灕江和桂江）而下；甲為下瀨將軍，從蒼梧郡（郡治廣信，今廣西梧州市）出發。都率領罪人，江淮以南樓船水軍十萬人。越人馳義侯遺另外率領巴、蜀罪人，徵發夜郎國（在今貴州西部）兵，從牂柯江（今廣西西南部之北盤江）而下，各路大軍會聚於番禺縣（今廣東廣州）。

九月，列侯因進獻奠祭宗廟的黃金成色、分量不夠的罪名，被削爵為民的達一百零六人，丞相趙周入獄死亡。樂通侯欒大因欺君罔上之罪被腰斬。

西羌兵眾十萬人造反，與匈奴聯絡，攻打故安縣（當作「安故」，在今甘肅臨洮南），包圍枹罕縣（在今甘肅臨夏東）。匈奴侵入五原郡，殺死太守。

六年冬十月，發隴西、天水、安定騎士及中尉，河南、河內卒十萬人，遣將軍李息、郎中令徐自為征西羌，平之。

行東，將幸緱氏，至左邑桐鄉，聞南越破，以為聞喜縣。春，至汲新中鄉，得呂嘉首，以為獲嘉縣。馳義侯遺兵未及下，上便令征西南夷，平之。遂定越地，以為南海、蒼梧、鬱林、合浦、交阯、九真、日南、珠厓、儋耳郡。定西南夷，以為武都、牂柯、越巂、沈黎、文山郡。

秋，東越王餘善反，攻殺漢將吏。遣橫海將軍韓說、中尉王溫舒出會稽，樓船將軍楊僕出豫章擊之。又遣浮沮將軍公孫賀出九原，匈河將軍趙破奴出令居，皆二千餘里，不見虜而還。乃分武威、酒泉地置張掖、敦煌郡，徙民以實之。

譯文

元鼎六年冬十月，徵發隴西郡（郡治平襄，在今甘肅通渭西）、天水郡（郡治高平，今寧夏固原）、安定各郡縣騎兵及中尉，河南郡（郡治洛陽，在今河南洛陽東北）、河內郡（郡治懷縣，在今河南武陟西南）兩郡的兵卒十萬人，派遣將軍李息、郎中令徐自為征討西羌，平息了叛亂。

武帝東巡，將要駕臨緱氏縣（在今河南偃師東南），到左邑縣（今山西聞喜縣）桐鄉（原在左邑縣中）時，聞報南越叛兵已被打敗，就改此地為「聞喜縣」。春天，駕至汲縣（在今河南汲縣西）新中鄉（原在汲縣中），得到越叛相呂嘉的首級，就改此地為「獲嘉縣」（在今河南新鄉西）。馳義侯遺帶兵尚未撤回，皇帝即命令他移師征討西南夷，平定了越地。於是劃定南越區域，設置南海（郡治在今廣東廣州）、蒼梧（郡治在今廣西梧州）、鬱林（郡治在今廣西桂平西）、合浦（郡治在今廣西合浦東北）、交阯（郡治在今越南河內）、九真（郡治在今越南清化西北）、日南（郡治在今越南廣治西北）、珠厓（郡治在今海南海口南）、儋耳（郡治在今海南儋縣西北）九郡。西南夷平定後，劃分為武都（郡治在今甘肅武都北）、牂柯（郡治在今貴州貴定東北）、越嶲（郡治在今四川西昌縣東）、沈黎（郡治在今四川漢源東北）、文山（郡治在今四川茂汶羌族自治縣）五郡。

秋，東越王餘善反叛，攻殺漢朝將吏。漢朝派遣橫海將軍韓説、中尉王溫舒帶兵從會稽出發，及樓船將軍楊僕帶兵出豫章共同攻擊東越王。又派遣浮沮將軍公孫賀帶兵從九原郡出發，匈河將軍趙破奴率兵從令居縣（縣治在今甘肅永登西北）出發，都遠征兩千餘里，不見匈奴兵馬而回師。於是分武威、酒泉兩郡的部分地區設置張掖（郡治在今甘肅張掖西北）、敦煌（郡治在今甘肅敦煌西）兩郡，並遷徙內地的人民充實這兩郡。

後元元年春正月，行幸甘泉，郊泰畤，遂幸安定。

昌邑王髆薨。

二月，詔曰：「朕郊見上帝，巡於北邊，見群鶴留止，以不羅罔[1]，靡所獲獻。薦於泰畤，光景並見。其赦天下。」

夏六月，御史大夫商丘成[2]有罪自殺。侍中僕射莽何羅與弟重合侯通謀反，侍中駙馬都尉金日磾、奉車都尉霍光、騎都尉上官桀討之。

秋七月，地震，往往湧泉出。

注釋 1罔：同「網」。2商丘成：複姓商丘，名成。

譯文 後元元年（前八十八年）春正月，巡幸至甘泉，祭祀太一神廟，然後駕臨安定郡。

昌邑王劉髆去世。

二月，武帝下詔說：「朕祭祀天神時見到神，在北邊巡狩時，見群鶴棲息停留，當時不是網羅捕殺之期，就沒有進行射獵。祭祀太一神廟時，靈光與神影同時出現。因此大赦天下。」

夏六月，御史大夫商丘成自殺。侍中僕射莽何羅與弟重合侯通謀反，侍中駙馬都尉金日磾、奉車都尉霍光、騎都尉上官桀合兵攻討。

秋七月，地震，常有叢漿湧出。

二年春正月，朝諸侯王於甘泉宮，賜宗室。二月，行幸盩厔五柞宮[1]。乙丑，立皇子弗陵為皇太子。丁卯，帝崩於五柞宮，入殯於未央宮前殿。三月甲申，葬茂陵。

注釋

1 盩厔：縣名，現寫作「周至」，屬陝西。五柞宮：漢離宮名，在周至縣東南。

譯文

（後元）二年春正月，在甘泉宮朝見各諸侯王，賞賜宗室。二月，駕臨盩厔縣五柞宮。乙丑，立皇子劉弗陵為皇太子。丁卯，武帝駕崩於五柞宮，在未央宮前殿入殯。三月甲申，安葬在茂陵。

贊曰[1]：漢承百王之弊，高祖撥亂反正，文景務在養民，至於稽古禮文之事，猶多闕焉。孝武初立，卓然罷黜百家，表章《六經》[2]。遂疇咨海內[3]，舉其俊茂，與之立功。興太學，修郊祀，改正朔，定曆數，協音律，作詩樂，建封禪，禮百神，

紹周後，號令文章，煥焉可述。後嗣得遵洪業，而有三代之風。如武帝之雄材大略，不改文景之恭儉以濟斯民，雖《詩》《書》所稱，何有加焉！

注釋

1贊曰：作者班固的論贊之語，與《史記》中的「太史公曰」同類。2《六經》：《易》、《詩》、《書》、《春秋》、《禮》、《樂》。3疇：誰。咨：訪問、訪求。

譯文

贊曰：漢承接百王弊政之後，高祖撥亂反正，文帝、景帝重視養民，對於稽考古代禮樂制度方面，還很缺乏。孝武帝初即位，遠見卓識地罷黜百家，表彰《六經》。於是誰能為天下謀策，就舉薦為賢才，給他們建功立業的機會。興太學，修郊祀，改正朔，定曆數，協調音律，作詩樂，建封禪，禮百神，繼承周朝傳統，號令制度，煥然可述。後繼者能遵循此偉業，而有夏、商、周三代之風。以武帝這樣的雄才大略，如能不改文帝、景帝時恭儉以救助百姓的政策，雖是《詩》、《書》上所稱道的帝王也是不能超過他的！

表

異姓諸侯王表（序）

本篇導讀——

此表以時間為經，以王國為緯，立了漢、楚、衡山等二十欄，列述了漢元年一月至文帝後元七年項羽所封十八王和劉邦所封異姓八王的置廢興亡。表的格式及內容都襲取《史記》的《秦楚之際月表》及《漢興以來諸侯王年表》。也是以漢五年劉邦稱帝為分界，分前、後兩部分。前部分按月計事，由其按月、分欄、記事內容；後部分按年記事，自漢元年至文帝後元七年長沙國除為止，續記異姓諸侯王的置廢興亡。這裏所選表序中，簡要地説明立表宗旨及本表主要內容。

昔《詩》、《書》述虞夏之際，舜禹受襢[1]，積德累功，洽於百姓，攝位行政，考之於天，經數十年，然後在位。殷周之王，乃繇卨[2]稷，修仁行義，歷十餘世，至於湯武，然後放殺。秦起襄公，章文、繆，獻、孝、昭、嚴，稍蠶食六國，百有餘載，至始皇，乃併天下。以德若彼，用力如此其囏[3]難也。

注釋　1襢：禪的古字。2卨：「契」的古字。傳說中的商代始祖。3囏：「艱」的古字。

譯文　從前《詩經》、《尚書》裏敍述了虞舜、夏禹交替之際：舜、禹接受禪讓，積累功德，使百姓和睦，代理君主之位執行政務，以此接受天意的考驗，經過數十年，然後夏禹得以即位。殷、周之王，起自於卨、稷，修行仁義，歷經十餘代，到了成湯、周武，然後有了流放夏桀王，弒殺殷紂王之舉。秦起自於襄公，文公、繆公時期興盛，獻公、孝公、昭公、嚴公時期逐漸蠶食六國，歷經百餘年，到了秦始皇，終於兼併天下。像前者那樣以道德，像後者這樣用暴力，都應該是很艱難的。

秦既稱帝，患周之敗，以為起於處士[1]橫議，諸侯力爭，四夷交侵，以弱見奪。於是削去五等[2]，墮城銷刃，箝語燒書，內鋤雄俊，外攘胡粵[3]，用壹威權，為萬世安。然十餘年間，猛敵橫發乎不虞，適戍彊於五伯，閭閻[4]偪於戎狄，嚮應瘖於謗議，奮臂威於甲兵。鄉秦之禁，適所以資豪桀而速自斃也。是以漢亡尺土之階，繇一劍之任，五載而成帝業。書傳所記，未嘗有焉。何則？古世相革，皆承聖王之烈，今漢獨收孤秦之弊。鐫金石者難為功，摧枯朽者易為力，其勢然也。故據漢受命，譜十八王，月而列之，天下一統，乃以年數。訖於孝文，異姓盡矣。

注釋

1 處士：本義指有才德而隱居不仕的人，亦泛指未做過官的士人。2 五等：周制的公、侯、伯、子、男五等爵位。3 粵：「越」的古字。4 閭閻（粵：雷炎；普：lǘ yán）：「閭」是里之門，「閻」是里之內門。

譯文

秦既已稱帝，又擔心周之敗亡的重演，認為周之敗亡起因於士人的恣意議論、諸侯的暴力爭奪、四方夷族的迭相入侵，由於衰弱而被奪走了天下。於是削去五等爵位，墮毀城界，銷毀兵刃，限制言論，焚燒書籍，對內剪除英雄豪傑，對外抵禦胡人、粵人，專心致力威勢與權力，為的是萬世的安寧。然而十餘年之間，兇猛的敵人突發於不料之間，貶謫戍邊的陳勝、吳廣之輩比五霸更為強大，閭巷之民比戎狄還要逼迫，嚮應之聲比謗議的後果更為慘痛，奮起的臂膀比甲兵更有威力。以往秦之禁令，恰恰助長了豪桀而加速了自身的滅亡。所以漢無尺土之憑藉，僅憑一柄劍之威力，五年而建立帝業。可謂典籍記錄所未曾有過的。為何如此呢？自古世代的相互變革，都是繼承聖王之功業，而今漢卻獨自收拾一意孤行之秦的餘弊。鐫刻金石的人很難成功，摧枯拉朽的人容易形成力量，那是時勢所造就的。所以，自漢受天命起，為十八王作譜系，按月排序；天下一統之後，就依照年份排列。至於孝文帝時，異姓就沒有了。

諸侯王表（序）

本篇導讀——

本表記載的是西漢二百年間劉姓諸侯王的置廢興衰。表的形式及內容都與《史記》的表有很大不同。《史記》表以時間為經，以王國為緯，按年代記漢興至太初百年間劉氏政權所封異姓和同姓諸侯王盛衰遞變的情況。本表只摘取《史記》表有關同姓諸侯王的內容，而增加了漢至漢末有關劉姓諸侯王的情況；特別是它以諸侯王為經，以諸侯王的世系為緯。立了號謚、屬、始封、子、孫、曾孫、玄孫、六世、七世等欄，以記劉姓諸侯王的世系及其存亡繼絕，這與《史記》表是大異其趣的。此所選表序，總結漢代分封諸侯的歷史經驗，認為漢初分封同姓諸侯以代替異姓諸侯很有必要，只是矯枉過正，藩國自大，於是要削藩；但削藩也過了頭，以至「本末俱微」，被王莽篡權亡漢。作為史家，他指出「是以究其終始彊弱之變」，是為了「明監（鑒）戒」的道理。

昔周監於二代，三聖制法，立爵五等，封國八百，同姓五十有餘。周公、康叔建於魯、衛，各數百里；太公於齊，亦五侯九伯之地。《詩》載其制曰：「介人惟藩，大師惟垣。大邦惟屏，大宗惟翰。懷德惟寧，宗子惟城。毋俾城壞，毋獨斯畏。」[1]所以親親賢賢，褒表功德，關諸盛衰，深根固本，為不可拔者也。故盛則周、邵相其治，致刑錯[2]；衰則五伯[3]扶其弱，與共守。自幽、平之後，日以陵夷[4]，至虖阸陿[5]河洛之間，分為二周，有逃責之臺[6]，被竊鈇[7]之言。然天下謂之共主，彊大弗之敢傾。歷載八百餘年，數極德盡，既於王赧，降為庶人，用天年終[8]。號位已絕於天下，尚猶枝葉相持，莫得居其虛位，海內無主，三十餘年。

注釋

1 介：「善」之意。藩：「籬」之意。屏：「蔽」之意。垣：「墻」之意。翰：「幹」之意。懷：「和」之意。俾：「使」之意。大宗：宗法分封制以嫡系長房為「大宗」，餘子為「小宗」。2 錯：通「措」，捨棄；置而不用。3 伯：古通「霸」，古代諸侯聯盟的首領。五霸，一說指齊桓公、晉文公、楚莊王、吳王闔閭、越王句踐（《荀子．王霸篇》）。也有列入宋襄公、秦穆公、吳王夫差等人的說法。4 陵夷：由盛到衰，衰頹，衰落。言如山陵之漸平。5 阸：狹窄；陿：崎嶇。6 逃責之臺：洛陽南宮的誃臺。周赧王負債，無以償還，為躲債逃至此臺而得名。責，古通「債」。7 鈇：與「斧」為同音通假字。《列子．說符》：「人有亡鈇者，意其鄰之子。」斧鉞是王權的象徵。被：古同「披」，覆蓋。竊鈇，即竊取王權。8 用：通「以」。天年：自然的壽數。

譯文

從前周鑒於夏、商二代興亡的教訓，文王、武王、周公制定法令，確立公、侯、伯、子、男五等爵位，封八百諸侯國，其中與周室同姓的有五十餘國。周公、康叔受封建國於魯地、衛地，領地方圓各數百里；太公受封於齊地，亦有五等諸侯、九州之長的領地。《詩經》記載其制說：「以善人為藩籬，以大師為垣墻。大國為屏蔽，大宗為主幹。感念恩德為安寧，分封宗子為城防。城不可墮壞，宗不可單獨。單獨、墮壞，則畏懼將至。」所以，親近親族，尊重賢能，褒獎功德，事關盛衰，乃深紮根基、鞏固基礎的大計，是不可改變的。因此，興盛時期則周公、邵公輔佐統治，以致置刑法而不用；衰落時期則有五霸扶持其微弱，與之共同守護。自幽王、平王之後，日漸衰落，以至遷到狹小、危險的河洛地方，分裂為東西二周，甚至有逃債之臺，披着竊取王權的流言。然而天下仍稱之為共同的君主，強大的諸侯也不敢將其滅亡。歷經八百餘年，命數已至極端，德行也到了盡頭，終結於周赧王，他淪為庶人，壽終而亡。王號、王位已斷絕於天下，畢竟尚有枝葉相互扶持，無人得以居其虛位，海內無君主的情況，延續了三十餘年。

秦據勢勝之地，騁狙詐之兵，蠶食山東，壹切取勝。因矜其所習，自任私知，姍[1]笑三代，盪滅古法，竊自號為皇帝，而子弟為匹夫，內亡骨肉本根之輔，外亡尺土藩翼之衛。陳、吳奮其白挺，劉、項隨而斃之。故曰，周過其曆，秦不及期，國勢然也。

注釋

1 姍：古「訕」字，譏笑。

譯文

秦佔據着形勝之地，馳騁狡詐之兵，蠶食山東六國，權且一概取得了勝利。因而以自己的日常所為驕傲，任憑一己私見，譏笑三代的敗亡，洗滌毀滅古法，擅自號為皇帝。然而子弟多為有勇無謀之輩，在內喪失同族骨肉的輔佐，在外沒有分封諸侯的屏障守衛。陳勝、吳廣奮其巨杖，劉邦、項羽追隨其後而滅秦。所以說：周的壽命超過其計算的曆法，秦朝則不及預想的萬世之期，這是國勢所造成的結果。

漢興之初，海內新定，同姓寡少，懲戒亡秦孤立之敗，於是剖裂疆土，立二等之爵[1]。功臣侯者百有餘邑，尊王子弟，大啓九國。自雁門以東，盡遼陽，為燕、代。常山以南，太行左轉，度河、濟，漸於海，為齊、趙。穀、泗以往，奄有龜、蒙[2]，為梁、楚。東帶江、湖，薄會稽，為荊吳[3]。北界淮瀕，略廬、衡，為淮南。波漢之陽，亙九嶷[4]，為長沙。諸侯比境，周匝三垂，外接胡越。天子自有三河、東郡、潁川、南陽，自江陵以西至巴蜀，北自雲中至隴西，與京師內史凡十五郡，公主、列侯頗邑其中。而藩國大者夸州兼郡，連城數十，宮室百官同制京師，可謂撟枉過其正[5]矣。雖然，高祖創業，日不暇給，孝惠享國又淺，高后女主攝位，而海內晏如，亡狂狡之憂，卒折諸呂之難，成太宗之業者，亦賴之於諸侯也。

注釋

1 二等之爵：漢朝分封功臣，大功封王，小功封侯。2 奄：覆蓋。龜、蒙：二山名。3 荊吳：國名。高帝六年為「荊國」，十年更名為「吳國」。4 波：通「陂」，沿。陽：河川的北岸。亙：窮盡。5 撟枉過其正：矯枉過正。是說欲矯正秦孤立之敗而大封子弟，過於強盛，有失中庸之道。

譯文

漢朝興起之初，海內剛剛平定，由於皇室同姓很少，懲戒亡秦孤立之滅亡的教訓，於是分割國土，建立二等之爵位。以功臣受封的侯佔有百餘城邑，尊崇王的子弟，規模大的封立了九個王國：自雁門以東，至遼陽全境，稱為燕國、代國。常山以南，至太行左轉，渡黃河、濟水，擴展至大海，為齊國、趙國。過了穀水、泗水，進入龜山、蒙山地區，為梁國、楚國。東含江、湖，迫近會稽之地，為荊吳國。北方以淮河岸邊為界，經略廬山、衡山地區，為淮南國。沿漢水北岸，直至九嶷山，為長沙國。諸侯國境界比鄰，環繞於北、東、南三邊，外接北胡、南越。天子自身擁有三河、東郡、潁川、南陽，從江陵往西至巴蜀，北方自雲中至隴西，與京師內史共計十五郡，其中又往往有公主、列侯的城邑。大的藩國跨越州際，兼有數郡，連接數十城，宮室、百官與京師同制，可謂矯枉過正了。雖然如此，高祖創業之時，無一日閒暇，孝惠在位短暫，高后以女主攝政，而海內安然無恙，沒有叛亂之憂，最終摧毀諸呂之禍難，成就文帝之帝業的，還是依賴於諸侯之力。

然諸侯原本以大，末流濫以致溢，小者淫荒越法，大者睽孤橫逆，以害身喪國。故文帝采賈生之議分齊、趙，景帝用鼂錯之計削吳、楚。武帝施主父之冊，下推恩之令[1]，使諸侯王得分戶邑以封子弟，不行黜陟，而藩國自析。自此以來，齊分為七，趙分為六，梁分為五，淮南分為三。皇子始立者，大國不過十餘城。長沙、燕、代雖有舊名，皆亡南北邊矣。景遭七國之難，抑損諸侯，減黜其官。武有衡山、淮南之謀，作左官[2]之律，設附益[3]之法，諸侯惟得衣食稅租，不與政事。

注釋

1 推恩之令：漢武帝頒佈的允許諸侯王分戶邑以封子弟的法令。名義上是施恩惠，實際上達到了剖分其國以削弱諸侯王勢力的目的。2 左官：將在諸侯國為官者稱為低於朝官的「左官」（漢代仍尊右貶左），限制他們提升甚至居住的規定為「左官之律」。

3 附益：諸侯越制過限叫做「附益」，對此予以限制的規定為「附益之法」。

譯文

然而，諸侯由於本源很大，所以末流泛濫以致溢滿，小者也荒淫過度，大者更乖戾橫暴，以致害身喪國。因此，文帝採納賈生之議，分割齊國、趙國；景帝使用晁錯之計削弱吳國、楚國；武帝實施主父偃之策，下達推恩之令，使諸侯王得以剖分戶邑以封子弟，由此達到不行賞罰，而藩國自行瓦解的目的。自此以後，齊國一分為七，趙國一分為六，梁國一分為五，淮南國一分為三。皇子開始立為國者，即使大國也不過十餘城邑。長沙、燕、代等國雖有舊名，但都喪失了南北邊境。景帝遭受七國之難，於是抑制、削弱諸侯，減少、罷黜各國官吏。武帝時有衡山、淮南二王的謀反，制定左官之律，設立附益之法，諸侯僅能得到衣食稅租，不得參與政事。

至於哀、平之際，皆繼體苗裔，親屬疏遠，生於帷牆之中，不為士民所尊，勢與富室亡異。而本朝短世，國統三絕，是故王莽知漢中外殫微，本末俱弱，亡所忌憚，生其姦心；因母后之權，假伊周之稱，顓作威福廟堂之上，不降階序而運天下。詐謀既成，遂據南面之尊，分遣五威之吏，馳傳天下，班行符命。漢諸侯王厥角䭫首[1]，奉上璽韍[2]，惟恐在後，或乃稱美頌德，以求容媚，豈不哀哉！是以究其終始彊弱之變，明監戒焉。

注釋

1 厥：頓。角：額角。䭫首：稽首，叩首至地。2 韍（粵：忽；普：fú）：印綬。

譯文

至於哀帝、平帝之際，諸侯都已是繼位先祖的後裔，所以作為親屬與天子關係愈加疏遠，生長於深宮內院，不為士人、百姓所尊重，其勢與富家沒有區別。而當朝天子又都早逝，成、哀、平三世國統無子嗣，因此王莽知漢朝內外衰微，本末俱弱，所以無所忌憚，心生奸意；憑藉姑母太后之權威，假借伊尹、周公之稱號，一味作威作福於廟堂之上，不下殿堂之階而能運作天下。詭計既已成功，就篡奪了皇帝的尊位，分別派遣五威之吏，馳騁驛傳於天下，頒行符命。漢朝的諸侯王皆俯首叩拜，奉還侯王的璽、韍，爭先恐後，有人竟歌功頌德，獻媚取寵，豈不可悲！因此要究其終始強弱之變遷，明確地以此鑒察往事，警戒將來。

王子侯表（序）

本篇導讀——

《王子侯表》分為上下兩表，這是班固的特意編排。由於西漢元帝在位的十六年間未封王子侯，所以《漢書》將此後的情況列為《王子侯表下》，以此提示讀者西漢分封諸侯的制度已經衰微。「居攝」，即因皇帝年幼不能親政，由大臣代居其位處理政務。作者出於正統論的立場，「弗錄」王莽代行皇權的「居攝」三年（公元六至八年）之間所封的王子侯，因而人為地造成史料的空白，甚為可惜！

大哉，聖祖之建業也！後嗣承序，以廣親親。至於孝武，以諸侯王畺土過制，或替[1]差失軌，而子弟為匹夫，輕重不相準，於是制詔御史：「諸侯王或欲推私恩分子弟邑者，令各條上，朕且臨定其號名。」自是支庶畢侯矣。《詩》云「文王孫子，本支百世」，信矣哉！

注釋

1 替：通「僭」字。

譯文

聖明祖先之建業，是多麼的偉大呀！後嗣繼承其統序，以此廣充着對親族的親善。至武帝之時，由於諸侯王的疆土超越了制度，有人僭越失度，而子弟淪為匹夫，輕重失去平衡，於是對御史頒詔曰：「諸侯王中如有人欲推私恩將城邑分予子弟的，讓他們奏報上來，朕將親自確定其名號。」自此支系庶子也都封侯了。《詩》云「文王的孫子，本支百世」，的確可信呀！

孝元之世，亡王子侯者，盛衰終始，豈非命哉！元始[1]之際，王莽擅朝，僞褎宗室，侯及王之孫焉；居攝[2]而愈多，非其正，故弗錄。旋踵亦絕，悲夫！

注釋

1 **元始**：西漢平帝劉衎的年號（公元一至五）。2 **居攝**：西漢皇帝孺子嬰的第一個年號，共計三年（公元六至八）。這時王莽攝政，代行皇權。

譯文

孝元之時，沒有王子封侯的，盛衰與終始，難道不是天命嗎！元始之際，王莽專權朝廷，虛偽地褒獎宗室，侯及王之孫輩亦得以封侯；至居攝年間所封更多，因其非正統分封，所以不錄於此。所封者轉瞬間也就滅絕了，可悲呀！

志

地理志

本篇導讀——

文人讀此篇可知古代人文分佈，商人讀此篇可知當年天下之物流，百姓讀此篇可知家鄉之遠古風土。正如學界所公認的那樣，這是中國第一部以「地理」命名的地理著作。它對西漢郡縣封國的建置，以及各地的山川、戶口、物產、風俗和文化等作了綜述，保存了漢代及其以前的許多珍貴的地理資料。它不但是中國地理學史上一部具有劃時代意義的著作，而且開創了歷代正史都以疆域政區為主體、分錄各區山川物產疆域地理和沿革地理的體例。這裏僅選錄了其中記載西漢疆域、耕地以及各地物產分佈的段落以饗讀者。

（秦）分天下作三十六郡。漢興，以其郡太大，稍復開置，又立諸侯王國。武帝開廣三邊。故自高祖增二十六，文、景各六，武帝二十八，昭帝一，訖於孝平，凡郡國一百三，縣邑千三百一十四，道三十二，侯國二百四十一。地東西九千三百二里，南北萬三千三百六十八里。提封[1]田一萬萬四千五百一十三萬六千四百五頃，其一萬萬二百五十二萬八千八百八十九頃，邑居道路，山川林澤，群不可墾，其三千二百二十九萬九百四十七頃，可墾不可墾，定墾田八百二十七萬五百三十六頃。民戶千二百二十三萬三千六十二，口五千九百五十九萬四千九百七十八。漢極盛矣。

注釋

1 提封：通共，大凡。

譯文

（秦）把天下分為三十六郡。漢朝建立後，由於秦朝郡太大，而逐漸予以重新開設，又建立諸侯王國。武帝時開拓擴展三邊。所以自高祖起增設了二十六個郡，文帝、景帝各增加了六郡，武帝時增加了二十八郡，昭帝時增加了一郡，至於孝平時，共有郡國一百零三個，縣邑一千三百一十四個，道三十二個，侯國二百四十一個。土地東西向九千三百零二里，南北向一萬三千三百六十八里。總共有田地一億四千五百一十三萬六千四百五頃，其中一億二百五十二萬八千八百八十九頃是居邑、道路、山林、川澤，大都不可開墾；其中三千二百二十九萬九百四十七頃，有可墾也有不可墾，確定開墾田地八百二十七萬五百三十六頃。有民戶千二百二十三萬三千六十二，人口五千九百五十九萬四千九百七十八。漢朝達到了極盛。

凡民函五常之性，而其剛柔緩急，音聲不同，繫水土之風氣，故謂之風；好惡取捨，動靜亡常，隨君上之情欲，故謂之俗。孔子曰：「移風易俗，莫善於樂。」言聖王在上，統理人倫，必移其本，而易其末，此混同天下一之虖中和，然後王教成也。漢承百王之末，國土變改，民人遷徙，成帝時劉向略言其地分，丞相張禹使屬潁川朱贛條其風俗，猶未宣究[1]，故輯而論之，終其本末著於篇。

注釋

1 宣究：完備；詳盡。

譯文

大凡百姓都具有五常之本性，而人們的剛柔緩急，音聲又有所不同，這是由於水土之風氣不同所致，所以謂之為風；人們的好惡取捨，動靜沒有常態，則是跟隨君上之情欲變化的，所以稱之為俗。孔子曰：「移風易俗，沒有比音樂更好的了。」

是說聖王在上位，統一治理人間倫理，必定改其本性，而變其末節，這是把天下混同為一，予以中和，然後君王的教化可以成功。漢朝繼承百王之末端，國土變改了，人民遷徙了，成帝時劉向大致說到漢朝土地的劃分，丞相張禹派遣部屬潁川朱贛分條陳述漢朝的風俗，尚未詳備，所以匯總而論述，窮究其本末而寫成篇章。

賞析與點評

孔子提倡「移風易俗」之後，歷代學者對所謂「風俗」的含義多所闡發，東漢應劭還專題撰寫了《風俗通義》。《漢書．王吉傳》稱「百里不同風，千里不同俗」，這是渾言「風俗」即習俗之意。然而，析而言之，究竟何謂「風」，何謂「俗」呢？這裏有說「繫水土之風氣，故謂之風；好惡取捨，動靜亡常，隨君上之情欲，故謂之俗。」但元朝李果《風俗通義》題辭中則說：「上行下效謂之風，眾心安定謂之俗。」二者之間差異明顯，為有心的讀者留下一個小小的疑問。

秦地，於天官[1]東井、輿鬼之分墅也[2]。其界自弘農故關以西，有京兆、扶

風、馮翊、北地、上郡、西河、安定、天水、隴西，南有巴、蜀、廣漢、犍為、武都，西有金城、武威、張掖、酒泉、敦煌，又西南有牂柯、越巂、益州，皆宜屬焉。

秦之先曰柏益，出自帝顓頊，堯時助禹治水，為舜朕虞[3]，養育草木鳥獸，賜姓嬴氏，歷夏、殷為諸侯。至周有造父，善馭習馬，得華騮、綠耳[4]之乘，幸於穆王，封於趙城，故更為趙氏。後有非子，為周孝王養馬汧、渭之間。孝王曰：「昔伯益知禽獸，子孫不絕。」乃封為附庸，邑之於秦，今隴西秦亭秦谷是也。至玄孫，氏[5]為莊公，破西戎，有其地。子襄公時，幽王為犬戎所敗，平王東遷雒邑。襄公將兵救周有功，賜受郊[6]、酆之地，列為諸侯。後八世，穆公稱伯，以河為竟[7]。十餘世，孝公用商君，制轅田，開仟伯[8]，東雄諸侯。子惠公初稱王，得上郡、西河。孫昭王開巴蜀，滅周，取九鼎。昭王曾孫政併六國，稱皇帝，負力怙威，燔書阬儒，自任私智。至子胡亥，天下畔之。

注釋

1天官：天文；天象。2東井：星宿名。即井宿，二十八宿之一。因在玉井之東，故稱。輿鬼：即鬼宿。二十八宿中南方七宿之一。壄：「野」的異體字。指分界，界限。3朕虞：古時管理山澤的職官。4華騮、綠耳：周穆王的駿馬。華騮，毛色如花之赤色。綠耳，耳朵為綠色。5氏：與「是」同，古通假字。6郊：岐。7伯：霸。竟：境。8轅田：更易土地分配的方法。仟伯：田間小道。也作「阡陌」。

譯文

秦國土地，在天官的東井宿、屬於輿鬼宿的分野。其疆界自弘農郡舊函谷關以西，有京兆、扶風郡、馮翊郡、北地郡、上郡、西河郡、安定郡、天水郡、隴西郡，南有巴郡、蜀郡、廣漢郡、犍為郡、武都郡，西有金城郡、武威郡、張掖郡、酒泉郡、敦煌郡，又西南有牂柯郡、越巂郡、益州郡，皆應屬於此分野。

秦的祖先叫柏益（即下文的「伯益」），出自帝顓頊一族，堯時幫助大禹治水，是舜帝的朕虞官，養育草木鳥獸，賜姓為嬴氏，經歷夏、殷二朝時為諸侯。至周朝有造父，善於駕馭訓練馬匹，得到華騮、綠耳等駿馬，受寵於周穆王，被封於趙城，所以改姓為趙氏。後來有非子，為周孝王在汧河、渭河之間的地方養馬。孝王說：「昔日伯益了解禽獸，其子孫至今繁衍不絕。」於是封非子為附庸之國，建食邑於秦地，即今日隴西郡秦亭、秦谷（皆位於今甘肅、天水）之地。至玄孫，即莊公時，打敗西戎，佔有其地。至莊公之子襄公時，幽王被犬戎打敗，平王東遷至雒邑。襄公率兵救周朝有功，被賜給郊、酆的土地，列為諸侯。八代之後，穆公稱霸，以黃河作為邊境。又經過十幾代，孝公任用商君，制定轅田，開闢阡陌，向東稱雄諸侯。兒子惠公剛剛稱王，就得到上郡、西河。孫子昭王開拓巴、蜀，滅掉周室，取得九鼎。昭王曾孫嬴政兼併六國，稱皇帝，依仗威力，焚書坑儒，一意孤行。至兒子胡亥時，天下反叛了秦朝。

故秦地於禹貢時跨雍、梁二州，詩風兼秦、豳兩國。昔后稷封斄，公劉處豳，大王徙郊，文王作酆，武王治鎬，其民有先王遺風，好稼穡，務本業[1]，故豳詩言農桑衣食之本甚備。有鄠、杜竹林，南山檀柘，號稱陸海[2]，為九州膏腴[3]。始皇之初，鄭國穿渠，引涇水溉田，沃野千里，民以富饒。漢興，立都長安，徙齊諸田，楚昭、屈、景及諸功臣家於長陵。後世世徙吏二千石、高訾[4]富人及豪桀併兼之家於諸陵。蓋亦以彊幹弱支，非獨為奉山園也。是故五方雜厝，風俗不純。其世家則好禮文，富人則商賈為利，豪桀則游俠通姦。瀕南山，近夏陽，多阻險輕薄，易為盜賊，常為天下劇。又郡國輻湊[5]，浮食者多，民去本就末，列侯貴人車服僭上，衆庶放效，羞不相及，嫁娶尤崇侈靡，送死過度。

注釋

1本業：農業。2陸海：陸，高出水面的土地；海，巨大的。比喻其地高物產富饒之地。3膏腴：謂（土地）肥沃。4高訾：即高貲。資財雄厚。5輻湊：即輻輳，形容人或物聚集像車輔集中於車轂一樣。

譯文

原來的秦地在《尚書・禹貢》所記載的時代橫跨雍、梁二州，《詩・風》中兼有秦、豳兩國。以前后稷被分封於斄，公劉居於豳，大王遷徙到郊，文王建造酆，武王治理鎬，他們的百姓有先王的遺風，喜好稼穡，致力本業，所以《詩經・豳風》上說農桑衣食之根本相當完備。有鄠、杜的竹林，南山的檀木、柘木，號稱陸海，是九州的肥沃之地。秦始皇之初，鄭國開通溝渠，引涇水溉田，上千里土地成為沃野，百姓因此富饒。漢朝興起，建都長安，遷徙齊國諸多田姓，楚昭、屈、景等姓以及諸多功臣家族到了長陵。後來世世代代遷徙二千石官吏、資財雄厚的富人以及豪桀和兼併弱者的大族到各陵。大概也是為了強幹弱支，並非單獨為了事奉山地園陵。由此五方錯雜，風俗不純。世家喜好禮儀文章，富人以商賈為利，豪桀則與游俠通奸。臨近南山，靠近夏陽，地勢多險阻，人情輕薄，容易產生盜賊，常成為天下動盪之地。又有郡國聚集於此，不事耕作而食者衆多，百姓脫離本業而趨向末業，列侯貴人車服僭越君上，衆多庶民仿效他們，恥於追趕不上，嫁娶之事更是崇尚奢靡，喪葬之事過度操辦。

天水、隴西，山多林木，民以板為室屋。及安定、北地、上郡、西河，皆迫近戎狄，修習戰備，高上氣力，以射獵為先。故秦詩曰「在其板屋」；又曰「王于興師，修我甲兵，與子偕行」。及車轔、四載、小戎之篇，皆言車馬田狩之事。漢興，六郡[1]良家子選給羽林、期門[2]，以材力為官，名將多出焉。孔子曰：「君子有勇而亡誼則為亂，小人有勇而亡誼則為盜。」故此數郡，民俗質木，不恥寇盜。

注釋

1 六郡：指隴西、天水、安定、北地、上郡、西河。2 羽林、期門：禁衞軍名。

譯文

天水、隴西地區，山中多產林木，百姓以木板造室屋。至於安定、北地、上郡、西河，都靠近戎狄，總是演習戰備，崇尚氣力，以射獵為首要。所以《詩經．秦風》說「在他們的板屋裏」；又說「君王起兵，我整備鎧甲、兵器，與子弟同行」。以及《車轔》、《四載》、《小戎》等篇，都說到車馬狩獵之事。漢朝興起，六郡良家子弟被選送至羽林、期門軍，以才能、力氣為官，名將多數出自於此。孔子說：「君子有勇力而無義氣則將會作亂，小人有勇力而無義氣就會成為盜賊。」所以這些郡的人，民俗質樸，不以作盜賊為恥。

自武威以西，本匈奴昆邪王、休屠王地，武帝時攘[1]之，初置四郡，以通西域，鬲[2]絕南羌、匈奴。其民或以關東下貧，或以報怨過當，或以誖逆亡道，家屬徙焉。習俗頗殊，地廣民稀，水屮[3]宜畜牧，故涼州之畜為天下饒。保邊塞，二千石治之，咸以兵馬為務；酒禮之會，上下通焉，吏民相親。是以其俗風雨時節，穀糴常賤，少盜賊，有和氣之應，賢於內郡。此政寬厚，吏不苛刻之所致也。

注釋

1 攘：侵奪，排斥。2 鬲：與「隔」同。3 屮：古「草」字。

譯文

自武威以西，本是匈奴昆邪王、休屠王的地方，武帝時侵奪了這裏，開始設置四郡，以此聯通了西域，隔絕了南羌與匈奴。這裏的百姓有的因為在關東時地位貧賤，有的是因為報仇雪恨過當，有的是因為叛逆無道，攜家屬遷徙至此的。習俗相差頗為懸殊，地廣民稀，水草適宜畜牧，所以涼州之畜產為天下第一。保衛邊塞之事，由二千石官治理，所以官員都以管理兵器、馬匹為要務；經常舉辦禮節性酒會，於是上下得以溝通，官民互相親近。所以這裏的習俗：風雨合於時節，穀價通常低賤，少有盜賊，相應而生的是和諧氣氛，人情比內地各郡賢惠。這是政令寬厚，官吏不苛刻所致。

巴、蜀、廣漢本南夷，秦併以為郡，土地肥美，有江水沃野，山林竹木疏食果實之饒。南賈滇[1]、僰[2]僮，西近邛[3]、莋[4]馬旄牛。民食稻魚，亡凶年憂，俗不愁苦，而輕易淫泆，柔弱褊阸。景、武間，文翁[5]為蜀守，教民讀書法令，未能篤信道德，反以好文刺譏，貴慕權勢。及司馬相如游官京師諸侯，以文辭顯於世，鄉黨慕循其跡。後有王褒、嚴遵、揚雄之徒，文章冠天下。繇文翁倡其教，相如為之師，故孔子曰：「有教亡類。」

注釋

1滇：古族名，在今中國雲南省東部滇池附近地區。2僰（粵：白；普：bó）：西南越族的一支。3邛（粵：窮；普：qióng）：古地名，在今中國四川省西昌市。4莋：古縣名，在今中國四川省漢源縣。5文翁：姓文，名黨，字翁仲。西漢教育家。景帝時任蜀郡太守，在任期間，倡導教化，教民讀書懂法，選拔郡縣小吏十餘人到京都學習儒學，在成都設立學校，選官吏子弟入學。成為當時以及後世地方官吏的模範人物。

譯文

巴郡、蜀郡、廣漢郡本是南夷，秦朝將其吞併作為郡，土地肥美，有江水灌溉田野，有山林竹木疏食果實的富饒。南面滇、僰多出僮僕，西面邛、莋多產馬和旄牛。百姓以稻、魚為食物，沒有災年之憂，習俗不為苦難發愁，因而容易荒淫放縱，體格柔弱，心胸狹窄。景帝、武帝之間，文翁為蜀郡太守，教導百姓讀書、懂法令，未能做到篤信道德，反而喜好以文章進行諷諫，崇尚羨慕權勢。到司馬相如出遊在京師和諸侯那裏為官時，他以文章辭令顯著於當世，鄉里尊慕而追循他的事跡。後來有王褒、嚴遵、揚雄等人，文章是天下一流。這是出於文翁倡導教育，司馬相如做出表率所致，所以孔子說：「施教不分對象。」

武都地雜氐、羌，及犍為、牂柯、越巂，皆西南外夷，武帝初開置。民俗略與巴、蜀同，而武都近天水，俗頗似焉。

故秦地天下三分之一，而人衆不過什三，然量其富居什六。吳札[1]觀樂，為之歌秦，曰：「此之謂夏[2]聲。夫能夏則大，大之至也，其周舊乎？」

自井十度至柳三度，謂之鶉首[3]之次，秦之分也。

注釋

1吳札：吳王壽夢子。2夏：中國，中原。3鶉首：星次名。指朱鳥七宿中的井宿和鬼宿。為秦之分野，指秦地。

譯文

武都郡之地雜居着氐人、羌人，以及犍為郡、牂柯郡、越巂郡，都居住着西南的外部夷族，武帝開始在此開發置郡。民俗大致與巴、蜀相同，而武都郡靠近天水郡，民俗頗為類似。

所以秦地佔天下三分之一，而人口不過天下的十分之三，計算其財富竟佔十分之六。吳國公子季札（在魯）觀賞（周朝）音樂，聽到《秦風》說：「這就叫做夏的音樂！能誦唱夏歌的國家則能盛大，盛大至極致，這大概就是周朝的本來面貌吧！」

從井十度到柳三度，是鶉首星宿的位置，其分野為秦。

魏地，觜觿[1]、參之分野也。其界自高陵以東，盡河東、河內，南有陳留及汝南之召陵、濦彊、新汲、西華、長平，潁川之舞陽、郾、許、傿陵，河南之開封、中牟、陽武、酸棗、卷，皆魏分也。

注釋

1觜觿：星座名。二十八宿之一。

譯文

魏地，是觜觿星、參星的分野。其疆界自高陵以東，一直至河東、河內的盡頭，南面有陳留及汝南的召陵、濦彊、新汲、西華、長平，潁川的舞陽、郾、許、傿陵，河南的開封、中牟、陽武、酸棗、卷，其分野為魏國。

河內本殷之舊都，周既滅殷，分其畿內為三國，詩風邶、庸、衞國是也。鄁，以封紂子武庚；庸，管叔尹之；衞，蔡叔[1]尹之：以監殷民，謂之三監。故書序曰「武王崩，三監畔」，周公誅之，盡以其地封弟康叔，號曰孟侯[2]，以夾輔周室；遷邶、庸之民於雒邑，故邶、庸、衞三國之詩相與同風。邶詩曰「在浚之下」，庸曰「在浚之郊」；邶又曰「亦流于淇」，「河水洋洋」，庸曰「送我淇上」，「在彼中河」，衞曰「瞻彼淇奧」，「河水洋洋」。故吳公子札聘魯觀周樂，聞邶、庸、衞之歌，曰：「美哉淵乎！吾聞康叔之德如是，是其衞風乎？」至十六世，懿公亡道，為狄所滅。齊桓公帥諸侯伐狄，而更封衞於河南曹、楚丘，是為文公。而河內殷虛，更屬於晉。康叔之風既歇，而紂之化猶存，故俗剛彊，多豪桀侵奪，薄恩禮，好生分[3]。

注釋

1武庚：即祿父也。尹：主也。管叔、蔡叔：皆武王之弟。2康叔：武王弟也。孟：長也。言為諸侯之長。3生分：父母生存時兄弟就分家分財產。

譯文

河內本來是商朝的舊都，周滅商之後，將原來的京畿地區分為三國，即《詩．風》中的邶國、庸國、衞國。鄁國，是分封給紂王兒子武庚的；庸國，由管叔管理；衞，由蔡叔管理：作用在於監視商朝遺民，稱之為三監。所以《書》序說「武王崩，三監反叛」，周公誅殺了他們，將其地都封給了周公的弟弟康叔，號為孟侯，讓他從旁輔佐周室；將邶國、鄘國的百姓遷至雒邑，所以邶、鄘、衛三國的詩歌風格相同。《邶風》說「在浚之下」，《鄘風》說「在浚之郊」；《邶風》又說「亦流于淇」，「河水洋洋」，《鄘風》說「送我淇上」，「在彼中河」，《衛風》說「瞻彼淇奧」，「河水洋洋」。所以吳公子札應邀赴魯國觀賞周樂時，聽到邶、鄘、衛之歌，說：「太美太深奧了！我聽說康叔之德就是這樣，這是《衛風》嗎？」至十六代，懿公無道，被狄所滅。齊桓公率領諸侯伐狄人，而將衛改封至河南的曹、楚丘，這是文公。而河內的殷虛，改封屬於晉國。康叔之風範既已停息，而紂王的教化猶存，所以民俗剛強，多出現豪桀侵奪現象，缺少恩惠、禮儀，喜好生分。

河東土地平易，有鹽鐵之饒，本唐堯所居，詩風唐、魏之國也。周武王子唐叔在母未生，武王夢帝謂己曰：「余名而子曰虞，將與之唐，屬之參。」及生，名之曰虞。至成王滅唐，而封叔虞。唐有晉水，及叔虞子燮為晉侯云，故參為晉星。其民有先王遺教，君子深思，小人儉陋。故唐詩蟋蟀、山樞、葛生之篇曰「今我不樂，日月其邁[1]」；「宛其死矣，它人是媮[2]」；「百歲之後，歸于其居[3]」。

皆思奢儉之中，念死生之慮。吳札聞唐之歌，曰：「思深哉！其有陶唐氏之遺民乎？」

注釋

1邁：行也。2媮：同「愉」，樂。說自己儉吝，死亡之後當為他人所樂也。3居：墳墓。說死後回歸墳墓，再不能歡樂。

譯文

河東土地平坦，有豐富的鹽鐵，本來是唐堯居住的地方，是《詩．風》中的唐國、魏國。周武王的兒子唐叔在母親懷孕未生時，武王夢見上帝對自己說：「我給你兒子取名叫虞，將唐這片土地給他，屬於參星。」等他出生時，就取名叫虞。到成王滅掉唐時，將唐地封給了叔虞。唐地有晉水，到叔虞之子燮成為晉侯，所以參星就成為了晉星。那裏的百姓有先王遺留的教化，君子深思熟慮，小人儉樸粗陋。所以《唐風》中的《蟋蟀》、《山樞》、《葛生》各篇說「如今我不行樂，日月也行將老死」；「若是死了，它人歡愉」；「百年之後，回歸墓穴」。都思考奢儉適中，思量死生的憂慮。吳札聽到唐國的歌謠，說：「思想深刻呀！難道是陶唐氏之遺民嗎？」

魏國，亦姬姓也，在晉之南河曲，故其詩曰「彼汾一曲」；「寘[1]諸河之側」。自唐叔十六世至獻公，滅魏以封大夫畢萬[2]，滅耿以封大夫趙夙[3]，及大夫韓武子[4]食采於韓原，晉於是始大。至於文公，伯諸侯，尊周室，始有河內之土。吳札聞魏之歌，曰：「美哉渢渢[5]乎！以德輔此，則明主也。」文公後十六世為韓、魏、趙所滅，三家皆自立為諸侯，是為三晉。趙與秦同祖，韓、趙皆姬姓也。自畢萬後十世稱侯，至孫稱王，徙都大梁，故魏一號為梁，七世為秦所滅。

注釋

1寘：置。2畢萬：畢公高之後，魏犨的祖父。3趙夙：趙衰之兄。4韓武子：韓厥之曾祖也，本與周同姓，食采於韓，更為韓氏。5渢渢（粵：逢；普：fēng）：漂浮的樣子。此形容中庸的狀態，可以為善也可以為惡。

譯文

魏國，也是姬姓，在晉國之南的黃河轉彎處，所以詩上說「那是汾水的一處河灣」；「置之於黃河之側」。自唐叔十六世到獻公，滅掉魏國用來分封大夫畢萬，滅掉耿用來分封大夫趙夙，等到大夫韓武子分封到韓國的平原，晉國於是開始壯大。到了文公時，稱霸諸侯，尊崇周室，開始有河內的土地。吳札聽到《魏》歌，說：「太美了！曲調委婉悠揚！以德為輔佐的，這就是明主。」文公之後十六代被韓、魏、趙所滅，三家都自立為諸侯，這就是三晉。趙國與秦國為同一祖先，韓、趙都是姬姓。從畢萬之後十代稱侯，再至孫子時稱王，遷都大梁，所以魏國也稱為梁國，七代之後被秦國所滅。

周地，柳、七星、張之分野也。今之河南雒陽、穀成、平陰、偃師、鞏、緱氏，是其分也。

昔周公營雒邑，以為在於土中，諸侯蕃屏[1]四方，故立京師。至幽王淫褒姒，以滅宗周，子平王東居雒邑。其後五伯更帥諸侯以尊周室，故周於三代最為長久。八百餘年至於赧王，乃為秦所兼。初雒邑與宗周[2]通封畿，東西長而南北短，短長相覆為千里。至襄王以河內賜晉文公，又為諸侯所侵，故其分墬[3]小。

周人之失，巧偽趨利，貴財賤義，高富下貧，憙為商賈，不好仕宦。

注釋　1蕃屏：藩屏。2雒邑：成周。宗周：鎬京。3墬：古「地」字。

譯文　周地，是柳星、七星、張星的分野。現在的河南雒陽、穀成、平陰、偃師、鞏、緱氏，屬於這一分野。

以前周公營造雒邑，認為雒邑在土地中央，四面有諸侯護衛，所以建立京師。至幽王與褒姒淫亂時，導致宗周滅亡，兒子周平王東遷居住到了雒邑。這以後五霸更替率領諸侯尊崇周室，所以周朝在三代之中最為長久。八百餘年到赧王時，就被秦國所吞兼。當初雒邑與宗周的京畿相通，東西長而南北短，短和長復合為千里。到襄王時以河內賞賜給晉文公，又被諸侯所侵吞，所以其分地縮小。周人的過失，在於取巧詐偽，趨赴利益，重視財富，鄙視義理，抬高富人，貶低窮人，喜歡經商，不好做官。

自柳三度至張十二度，謂之鶉火之次，周之分也。

韓地，角、亢、氐之分野也。韓分晉得南陽郡及潁川之父城、定陵、襄城、潁陽、潁陰、長社、陽翟、郟，東接汝南，西接弘農得新安、宜陽，皆韓分也。及詩風陳、鄭之國，與韓同星分焉。

譯文

自柳星三度至張星十二度，稱為鶉火的位置，是周朝的分野。

韓地，是角星、亢星、氐星的分野。韓星分得晉國的南陽郡和潁川之父城、定陵、襄城、潁陽、潁陰、長社、陽翟、郟，東面與汝南接壤，西面連接弘農，又得到新安、宜陽，是分屬於韓國的地區。而且《詩．風》中的陳國、鄭國，與韓國屬於同一個星座分野。

鄭國，今河南之新鄭，本高辛氏火正祝融之虛也。及成皋、滎陽，潁川之崇高、陽城，皆鄭分也。本周宣王弟友為周司徒，食采於宗周畿內，是為鄭。鄭桓公問於史伯曰：「王室多故，何所可以逃死？」史伯曰：「四方之國，非王母弟甥舅則夷狄，不可入也，其濟、洛、河、潁之間乎！子男之國，虢、會為大，恃勢與險，崈[1]侈貪冒，君若寄帑[2]與賄，周亂而敝，必將背君；君以成周之衆，奉辭伐罪，亡不克矣。」公曰：「南方不可乎？」對曰：「夫楚，重黎之後也，黎為高辛氏火正，昭顯天地，以生柔嘉之材。姜、嬴、荊、芊，實與諸姬代相干[3]也。姜，伯夷之後也；嬴，伯益之後也。伯夷能禮於神以佐堯，伯益能儀[4]百物以佐舜，其後皆不失祠，而未有興者，周衰將起，不可偪也。」桓公從其言，乃東寄帑與賄，虢、會受之。後三年，幽王敗，桓公死，其子武公與平王東遷，卒定虢、會之地，右雒左泲，食溱、洧焉。土陿而險，山居谷汲，男女亟[5]聚會，故其俗淫。鄭詩曰：「出其東門，有女如雲。」又曰：「溱與洧方灌灌兮，士與女方秉菅兮。」

「恂盱且樂，惟士與女，伊其相謔。」[6]此其風也。吳札聞鄭之歌，曰：「美哉！其細已甚，民弗堪也。是其先亡乎？」自武公後二十三世，為韓所滅。

注釋

1崈：古「崇」字。2寄：託付。帑：即孥，指妻子兒女。3代：傳遞。干：侵犯。4儀：與「宜」同。宜，安定。5亟：屢。6灌灌：水的流勢很盛的樣子。菅：蘭花。恂：信任。盱：大。伊：惟。謔：戲言。

譯文

鄭國，即現在河南的新鄭，本來是高辛氏的火正官祝融的廢墟。直至成皋、滎陽，潁川的崇高、陽城，都屬於鄭國的分野。本來周宣王的弟弟友為周朝的司徒，分封在宗周的京畿內，就是鄭。鄭桓公問史伯說：「王室多變故，甚麼地方可以逃避一死呢？」史伯說：「四方的封國，不是王、母、弟、甥、舅的地盤就是夷狄的地方，不可進入，濟水、洛水、黃河、潁水之間可以！子爵和男爵的封國之中，虢國、會國為大國，倚仗地勢與險阻，喜歡奢侈，貪圖錢財，您若將妻子兒女、財產託付給他們，周朝動亂而凋敝時，必將背叛您；您以成周的大軍，奉旨伐罪的話，沒有不能戰勝的。」桓公說：「南方不可以嗎？」答道：「楚國，是重黎的後代，重黎為高辛氏的火正官，光照天地，由此產生出柔和而嘉好的人才。姜、嬴、荊、芈，實事上與諸姬代代相互衝突。姜，是伯夷的後代；嬴，是伯益的後代。伯夷能以敬神之禮輔佐堯，伯益能以安頓百物輔佐舜，他們的後代都能不失祭祀，而沒有興盛的情況，周朝的衰微即將出現，不可以催逼它。」鄭桓公聽從了史伯的話，就把妻子兒女與錢財託付到東方，虢國、會國予以接受。三年後，幽王衰敗，桓公死了，他兒子武公與平王向東遷徙，最終安定於虢國、會國之地，西邊有雒水，東邊有泲水，食封溱水、洧水地區。土地狹窄險阻，居於山中，汲水峽谷，男女常聚會，所以風俗淫蕩。《鄭風》說：「出鄭國東門，有女多如雲。」又說：「溱水、洧水浩浩蕩蕩，男士、女子秉持蘭花。」「互贈互信，男士、女子，彼此戲謔。」這是他們的風俗。吳札聽到鄭之歌，說：「太美了！細弱過甚，百姓不能忍受。這是它將滅亡的先兆嗎？」自武公二十三代之後，被韓國所滅。

陳國，今淮陽之地。陳本太昊之虛，周武王封舜後嬀滿於陳，是為胡公，妻以元女大姬。婦人尊貴，好祭祀，用史巫，故其俗巫鬼。陳詩曰：「坎其擊鼓，宛丘之下，亡冬亡夏，值其鷺羽。」[1] 又曰：「東門之枌，宛丘之栩，子仲之子，婆娑其下。」此其風也。吳札聞陳之歌，曰：「國亡主，其能久乎！」自胡公後

二十三世為楚所滅。陳雖屬楚，於天文自若其故。

注釋 1值：立。樹立鷺鳥之羽所作的翿，用以祭祀鬼神也。

譯文 陳國，是現在淮陽之地。陳國本是太昊之廢墟，周武王把舜的後代嬀滿封於陳國，就是胡公，將長女大姬作為他的妻子。婦人受尊敬，喜好祭祀，任用史官、巫官，所以其風俗崇尚巫鬼。《陳風》說：「鏗鏘擊鼓於宛丘之下，無冬無夏樹立鷺羽。」又說：「東門有白榆，宛丘有栩樹，陳國大夫子仲的兒子，在樹下婆娑起舞。」這是那裏的風俗。吳札聽了陳之歌，說：「國無君主，能長久嗎？」自胡公二十三代之後，陳被楚國所滅。陳國雖屬於楚國了，但在天文上仍延續舊樣。

潁川、南陽，本夏禹之國。夏人上忠，其敝鄙朴。韓自武子後七世稱侯，六世稱王，五世而為秦所滅。秦既滅韓，徙天下不軌之民於南陽，故其俗夸奢，上氣力，好商賈漁獵，藏匿難制御也。宛，西通武關，東受江、淮，一都之會也。宣帝時鄭弘、召信臣為南陽太守，治皆見紀。信臣勸民農桑，去末歸本，郡以殷富。潁川，韓都。士有申子、韓非，刻害餘烈[1]，高仕宦，好文法，民以貪遴[2]爭訟生分為

失。韓延壽為太守，先之以敬讓；黃霸繼之，教化大行，獄或八年亡重罪囚。南陽好商賈，召父富以本業；潁川好爭訟分異，黃、韓化以篤厚。「君子之德風也，小人之德草也」，信矣。

注釋 1烈：業。2遴：吝嗇。

譯文 潁川、南陽，本是夏禹的國家。夏人崇尚忠誠，其敝端在於粗俗質樸。韓國自武子之後第七代稱侯，又過了六代稱王，五代之後被秦所滅。秦既已滅韓，遷徙天下不守法之民到南陽，所以那裏的風俗喜歡炫耀奢侈，崇尚氣力，喜好商賈和漁獵，善於藏匿而難以控制。宛，西面通武關，東面承受江水、淮水，是一個都會。宣帝時鄭弘、召信臣為南陽太守，治理的功績都見於記載。召信臣勉勵百姓從事農桑，離開末業，回歸本業，南陽郡因此富裕。潁川，是韓國的都城。士人中有申不害、韓非，他們留下了刻薄厲害的餘業，使人崇尚仕宦，喜好文法，百姓迷失於貪吝、爭訟、分家之中。韓延壽為太守，先倡導尊敬與謙讓；黃霸予以繼承，使得教化大行，牢獄曾有過八年無重罪囚犯的情況。南陽喜好商賈，召信臣倡導本業使其致富；潁川喜好爭訟、離異，黃霸、韓延壽用篤厚使百姓能夠得以教化。「君子之德行像風，小人的德行像草」，的確如此。

自東井六度至亢六度，謂之壽星之次，鄭之分野，與韓同分。

趙地，昴、畢之分壄。趙分晉，得趙國。北有信都、真定、常山、中山，又得涿郡之高陽、鄚、州鄉；東有廣平、鉅鹿、清河、河間，又得渤海郡之東平舒、中邑、文安、束州、成平、章武，河以北也；南至浮水、繁陽、內黃、斥丘；西有太原、定襄、雲中、五原、上黨。上黨，本韓之別郡也，遠韓近趙，後卒降趙，皆趙分也。

譯文

自東井六度至亢六度，稱為壽星的位置，是鄭國的分野，與韓為同一分野。

趙地，是昴星、畢星的分野。趙分晉，得到趙國。北面有信都、真定、常山、中山，又得到涿郡的高陽、鄚、州鄉；東面有廣平、鉅鹿、清河、河間，又得到渤海郡的東平舒、中邑、文安、束州、成平、章武，在黃河以北；向南至浮水、繁陽、內黃、斥丘；西面有太原、定襄、雲中、五原、上黨。上黨，本是韓國的別郡，遠離韓國而接近趙國，後來終於投降了趙國，都是趙國分野的地方。

趙、中山地薄人衆，猶有沙丘紂淫亂餘民。丈夫相聚游戲，悲歌忼慨，起則椎剽掘冢，作姦巧，多弄物，為倡優。女子彈弦跕躧[1]，游媚富貴，徧諸侯之後宮。

邯鄲北通燕、涿，南有鄭、衞，漳、河之間一都會也。其土廣俗雜，大率精急，高氣勢，輕為姦。

太原、上黨又多晉公族子孫，以詐力相傾，矜夸功名，報仇過直，嫁取送死奢靡。漢興，號為難治，常擇嚴猛之將，或任殺伐為威。父兄被誅，子弟怨憤，至告訐[2]刺史二千石，或報殺其親屬。

鍾、代、石、北，迫近胡寇，民俗懻忮[3]，好氣為姦，不事農商，自全晉時，已患其剽悍[4]，而武靈王又益厲之。故冀州之部，盜賊常為它州劇。

定襄、雲中、五原，本戎狄地，頗有趙、齊、衞、楚之徙。其民鄙朴，少禮文，好射獵。雁門亦同俗，於天文別屬燕。

注釋

1躧：即屣，謂小履之無跟者也。跕：謂輕躡之也。2訐：當面斥責罪行。3懻：堅強。忮：仇恨。4剽：急。悍：勇也。

譯文

趙國、中山國地少人多，又有沙丘的紂王淫亂留下的遺民。男子相聚遊戲，慷慨悲歌，動則殺人越貨，掘墓盜冢，奸詐取巧，多好擺弄玩物，好為歌舞藝人。女子彈琴跳舞，出遊獻媚，取悅富貴，遍佈於諸侯的後宮。

邯鄲北面與燕、涿相通，南面有鄭、衛，是漳、河之間的一個都會。那裏土地廣闊，風俗混雜，大體是專精而急躁，重視氣勢，輕視奸滑。

太原、上黨地區又多有晉國公族的子孫，以欺詐和暴力相互傾軋，自誇功名，報仇過當，嫁娶送葬奢侈浪費。漢朝建立後，這裏號稱難以治理，經常選派嚴厲威猛的將領，有的任意殺伐建立威嚴。父兄被殺，子弟怨憤，竟至告發刺史二千石高官，有的還報復殺死他們親屬。

鍾地、代地、石地、北地，靠近胡敵，民俗強直剛愎，喜好氣節，多行奸詐，不從事農商，自晉國統一時，已視其輕捷驍勇為憂患，而武靈王時又越發厲害。所以冀州地區，盜賊往往較其他州更嚴重。

定襄、雲中、五原，本來是戎狄之地，經常有趙國、齊國、衛國、楚國人遷徙這裏。這裏的百姓純樸，缺少禮儀文采，喜好射獵。雁門地區也是同樣的風俗，但在天文上另屬於燕的分野。

燕地，尾、箕分壄也。武王定殷，封召公於燕，其後三十六世與六國俱稱王。東有漁陽、右北平、遼西，遼東，西有上谷、代郡、雁門，南得涿郡之易、容城、

范陽、北新城、故安、涿縣、良鄉、新昌，及勃海之安次，皆燕分也。樂浪、玄菟，亦宜屬焉。

燕稱王十世，秦欲滅六國，燕王太子丹遣勇士荊軻西刺秦王，不成而誅，秦遂舉兵滅燕。

薊[1]，南通齊、趙，勃、碣之間一都會也。初太子丹賓養勇士，不愛後宮美女，民化以為俗，至今猶然。賓客相過，以婦侍宿，嫁取之夕，男女無別，反以為榮。後稍頗止，然終未改。其俗愚悍少慮，輕薄無威，亦有所長，敢於急人，燕丹遺風也。

注釋

1 薊：燕國首都。

譯文

燕地，是尾星、箕星的分野。武王平定殷之後，將召公封於燕國，此後三十六代與六國一同稱王。東面有漁陽、右北平、遼西，遼東，西面有上谷、代郡、雁門，南面得到涿郡的易、容城、范陽、北新城、故安、涿縣、良鄉、新昌，以及勃海的安次，都是燕國分野。樂浪、玄菟，也應該屬於此分野。

燕國稱王十代，秦國想殲滅六國，燕王太子丹派遣勇士荊軻西行去暗殺秦王，沒有成功而被殺，秦國於是舉兵滅掉燕國。

薊地，南面與齊、趙相通，是渤海與碣石山之間一個都會。當初太子丹以賓客之禮培養勇士，不喜愛後宮美女，百姓受感化以此為風俗，至今依然未改。賓客相互過往，以婦人服侍住宿，嫁娶的晚上，男女不加區別，反以為榮。後來逐漸停止，然而最終未能改變。其風俗愚昧悍勇，缺乏思考，輕浮刻薄，沒有威嚴，也有長處，敢於急人所急，是燕丹的遺風。

上谷至遼東，地廣民希，數被胡寇，俗與趙、代相類，有魚鹽棗栗之饒。北隙[1]烏丸、夫餘，東賈真番[2]之利。

玄菟、樂浪，武帝時置，皆朝鮮、濊貉、句驪蠻夷。殷道衰，箕子去之朝鮮，教其民以禮義，田蠶織作。樂浪朝鮮民犯禁八條：相殺以當時償殺；相傷以穀償；相盜者男沒入為其家奴，女子為婢，欲自贖者，人五十萬。雖免為民，俗猶羞之，嫁取無所讎，是以其民終不相盜，無門戶之閉，婦人貞信不淫辟。其田民飲食以籩豆[3]，都邑頗放效吏及內郡賈人，往往以杯器食。郡初取吏於遼東，吏見民無閉臧，及賈人往者，夜則為盜，俗稍益薄。今於犯禁寖多，至六十餘條。可貴哉，仁賢之化也！然東夷天性柔順，異於三方之外，故孔子悼道不行，設浮於海，欲

居九夷，有以也夫！[4]樂浪海中有倭人，分為百餘國，以歲時來獻見云。

注釋

1隙：際也。2真番：古地名。一說在朝鮮之南；一說在鴨綠江、佟佳江流域；一說在黑龍江地區。武帝時設郡。3籩（粵：邊；普：biān）豆：古代食器，竹製為籩，木製為豆。4《論語》：「道不行，乘桴浮於海，從我者其由也歟！」說自己想要乘筏至東夷，因為那些國家有仁賢之化，可以行道也。

譯文

從上谷至遼東，地廣人稀，屢被胡寇侵擾，其風俗與趙國、代國相似，有魚鹽棗栗等豐富資源。北面接烏丸、夫餘，東面與真番通商獲利。

玄菟郡、樂浪郡，為武帝時所置，都是朝鮮、濊貉、句驪蠻夷。殷道衰微，箕子離開商朝到了朝鮮，以禮儀、仁義教化其民，耕田、養蠶、織作。樂浪朝鮮人規定有禁令八條：殺人者當時就被殺償命；傷人者以穀物償罪；盜竊者男子被沒入為被盜者的家奴，女子為婢女，想要自己贖罪者，一人五十萬錢。雖然免罪為平民，民俗仍為其感到羞恥，嫁娶無需財禮，所以那裏的百姓始終不相盜竊，無須關門閉戶，婦人貞潔誠信，不淫蕩邪惡。那裏的種田人用籩豆飲食，都邑中的人仿效官吏以及內郡的商人，往往用杯器進食。郡中當初在遼東錄用官吏時，官吏看到民無所關閉隱藏，等到商人去了那裏，夜晚就進行盜竊，民俗日漸輕薄。如今防犯的禁令多至六十餘條。可貴啊，仁賢的教化！然而東夷天性柔順，區別於南、西、北三方之外，所以孔子哀歎道不能實行，假設乘船渡海，想移居九夷，是有道理的呀！樂浪海中有倭人，分為一百多國家，在每年來進貢時才出現。

自危四度至斗六度，謂之析木之次，燕之分也。

齊地，虛、危之分壄也。東有甾川、東萊、琅邪、高密、膠東，南有泰山、城陽，北有千乘，清河以南，勃海之高樂、高城、重合、陽信，西有濟南、平原，皆齊分也。

少昊之世有爽鳩氏，虞、夏時有季崱，湯時有逢公柏陵，殷末有薄姑氏，皆為諸侯，國此地。至周成王時，薄姑氏與四國共作亂，成王滅之，以封師尚父，是為太公。詩風齊國是也。臨甾名營丘，故齊詩曰：「子之營兮，遭我虖嶩[1]之間兮。」又曰：「竢我於著乎而。」[2]此亦其舒緩之體也。吳札聞齊之歌，曰：「泱泱乎，大風也哉！其太公乎？國未可量也。」

注釋

1嶩：山名。2著：地名，即濟南郡著縣。乎而：語助詞。

譯文

自危四度至斗六度，稱為析木的位置，是燕的分野。

齊地，是虛星、危星的分野。東面有甾川、東萊、琅邪、高密、膠東，南面有泰山、城陽，北面有千乘，清河以南，是渤海的高樂、高城、重合、陽信，西面有濟南、平原，都是齊的分野。

少昊時代有爽鳩氏，虞、夏的時代有季萴，湯的時代有逢公柏陵，殷代末年有薄姑氏，都是諸侯，在此地立國。至周成王時，薄姑氏與四國共同作亂，成王滅掉他們，將此地封給師尚父，就是太公。《詩風》中的齊國即是。臨甾名叫營丘，所以《齊風》說：「你到營丘，與我相遇在嶩山的山間。」又說：「在著地等我啊。」這也是其舒緩的風格。吳札聽到齊之歌，說：「盛大啊，簡直是大風！難道是太公嗎？國家不可估量。」

古有分土，亡分民[1]。太公以齊地負海舄鹵[2]，少五穀而人民寡，乃勸以女工之業，通魚鹽之利，而人物輻湊。後十四世，桓公用管仲，設輕重[3]以富國，合諸侯成伯功，身在陪臣而取三歸[4]。故其俗彌侈，織作冰紈綺繡純麗之物[5]，號為冠帶衣履天下。

注釋

1 分土：分封土地，劃定疆界。分民：分封土地，其地居民隨同劃歸受封者管轄。
2 舄鹵（粵：悉老；普：xì lǔ）：亦作「潟滷」。含有過多鹽鹼成分不適於耕種的土地。
3 輕重：增減。4 三歸：三姓之女。5 冰：形容布帛之細緻，色彩如冰一樣的鮮潔。紈：素。綺：文繒，細綾。

譯文

古代有分土，沒有分民。太公因為齊地背海有鹽鹼地，缺少五穀而人口稀少，於是鼓勵以女工之業，開通魚鹽的利益，使人、物像輻輳那樣聚集。後經十四代，齊桓公任用管仲，設立輕重以富國，聯合諸侯成就霸業，身為陪臣而娶三姓女子。所以這裏民俗愈加奢侈，織作出質地猶如冰一樣潔白和華麗的絲綢，號稱冠、帶、衣、履為天下所敬仰。

初太公治齊，修道術，尊賢智，賞有功，故至今其土多好經術，矜功名，舒緩闊達而足智。其失夸奢朋黨，言與行繆，虛詐不情，急之則離散，緩之則放縱。始桓公兄襄公淫亂，姑姊妹不嫁，於是令國中民家長女不得嫁，名曰「巫兒」[1]，為家主祠，嫁者不利其家，民至今以為俗。痛乎，道[2]民之道，可不慎哉！

昔太公始封，周公問「何以治齊？」太公曰：「舉賢而上功。」周公曰：「後世必有篡殺之臣。」其後二十九世為彊臣田和所滅，而和自立為齊侯。初，和之先陳公子完有罪來奔齊，齊桓公以為大夫，更稱田氏。九世至和而篡齊，至孫威王稱王，五世為秦所滅。

臨甾，海、岱之間一都會也，其中具五民[3]云。

注釋

1巫兒：女巫。2道：導。3五民：一說即士、農、工、商、賈五種人；一說來自四方的遊民樂不思歸，他們與本地人合為五方之人。

譯文

當初太公治理齊國，培養道德學術，尊重賢才智者，獎賞有功者，所以至今其地大多喜好經術，以功名為自豪，舒緩闊達而且足智多謀。其缺點是講求奢侈，結為朋黨，言行不符，虛詐矯情，危急時就離散，和緩時則放縱。開始時齊桓公的兄長襄公淫亂，姑和姊妹不出嫁，於是命令國中的百姓家的長女不得出嫁，取名「巫兒」，為家中主持祭祀，出嫁的對家中不利，百姓至今仍以為風俗。悲痛啊，引導人民的方向，真是不能不謹慎啊！

以前太公開始受封時，周公問「用甚麼治理齊國？」太公說：「推舉賢人而尊重功勞。」周公說：「後代必有篡奪國家的臣子。」此後二十九代齊被強臣田和所滅，田和自立為齊侯。當初，田和的先祖陳公子完因有罪來投奔齊，齊桓公任他為大夫，改稱田氏。至第九代田和而篡奪齊國，到孫子威王時稱王，五代之後被秦國消滅。

臨淄，是東海郡、泰山郡之間的一個都會，這裏五方的人民俱在。

魯地，奎、婁之分壄也。東至東海，南有泗水，至淮，得臨淮之下相、睢陵、僮、取慮，皆魯分也。

周興，以少昊之虛曲阜封周公子伯禽為魯侯，以為周公主。其民有聖人之教化，故孔子曰「齊一變至於魯，魯一變至於道」，言近正也。瀕洙泗之水，其民涉度，幼者扶老而代其任。俗既益薄，長老不自安，與幼少相讓，故曰：「魯道衰，洙泗之間齗齗[1]如也。」孔子閔王道將廢，乃修六經，以述唐虞三代之道，弟子受業而通者七十有七人。是以其民好學，上禮義，重廉恥。周公始封，太公問「何以治魯？」周公曰：「尊尊而親親。」太公曰：「後世寖弱[2]矣。」故魯自文公以後，祿去公室，政在大夫，季氏逐昭公，陵夷微弱，三十四世而為楚所滅。然本大國，故自為分壄。

今去聖久遠，周公遺化銷微，孔氏庠序[3]衰壞。地陿民眾，頗有桑麻之業，亡

林澤之饒。俗儉嗇愛財，趨商賈，好呰毀4，多巧偽，喪祭之禮文備實寡，然其好學猶愈於它俗。

漢興以來，魯東海多至卿相。

注釋 1齗齗（粵：銀；普：yín）：分辨之意。2孱弱：逐漸微弱之意。3庠序（粵：詳聚；普：xiáng xù）：學校。商代叫庠，周代叫序。4呰毀：亦作「毀疵」。非議詆毀。

譯文 魯地，是奎宿、婁宿的分野。東至東海，南有泗水，直至淮水，得到臨淮的下相、睢陵、僮、取慮各縣，皆為這一分野的魯地。

周朝興起，以少昊的舊址曲阜封給周公之子伯禽作為魯侯，讓他執掌周公的祭祀。那裏的人民有聖人的教化，故孔子曰「齊國一變到了魯國，魯國一變至於道」，是說魯國接近正道。其地瀕於洙水、泗水，那裏的百姓涉水渡河，年輕人扶助老者而替他們拿東西。民俗已經日益薄情，長老自身感到不安，與年輕人相互爭吵，所以說：「魯道衰敗，洙水、泗水之間相互爭辯。」孔子哀痛王道將廢，就撰修六經，以記述唐、虞、三代之道，弟子接受講學，而能精通學業的人有七十七位。因此那裏的人民好學，崇尚禮義，看重廉恥。周公開始受封時，太公問：「怎樣治理魯國？」周公說：「尊重尊貴而親近親人。」太公說：「後代將逐漸變弱。」因此魯國自文公以後，天祿離開公室，政權握轉於大夫，季氏驅逐了昭公，逐漸微弱，過了三十四代而被楚國所滅。然而本來是大國，因此自成一個分野。

現在離聖人已經久遠，周公遺留的教化微弱消亡，孔氏的學校業已衰壞。土地狹小，人口衆多，多種植桑麻，沒有森林湖澤的豐饒。民俗儉嗇愛財，奔忙於經商，好非議詆毀，多虛僞奸詐，喪祭之禮節紋飾齊備而缺乏實質，然而好學的風氣還是勝於其他風俗。

漢朝興起以來，魯國、東海郡多人成為公卿宰相。

宋地，房、心之分壄也。今之沛、梁、楚、山陽、濟陰、東平及東郡之須昌、壽張，皆宋分也。

周封微子於宋，今之睢陽是也，本陶唐氏火正[1]閼伯之虛也。濟陰定陶，詩風曹國也。武王封弟叔振鐸於曹，其後稍大，得山陽、陳留，二十餘世為宋所滅。

昔堯作游成陽[2]，舜漁靁[3]澤，湯止於亳，故其民猶有先王遺風，重厚多君子，好稼穡，惡衣食，以致畜藏。

注釋

1 陶唐氏：即唐堯帝嚳之子，姓伊祁，名放勛。初封於陶，後徙於唐。火正：火官。負責祭祀火星。2 成陽：古地名。在今山東菏澤的定陶。3 靁：古「雷」字。

譯文

宋地，是房宿、心宿之分野。現在的沛、梁、楚、山陽、濟陰、東平諸郡國以及東郡的須昌、壽張二縣，都是此分野的宋地。

周王將微子封於宋，即現在的睢陽，本來是陶唐氏的火正閼伯的舊址。濟陰的定陶，是《詩．風》中的曹國。武王將弟弟叔振鐸分封於曹，那以後逐漸壯大，得到山陽、陳留二郡之地，二十餘代被宋國所滅。

以前堯帝在成陽建起宮苑遊玩，舜帝在雷澤捕魚，湯王在亳停歇，所以那裏的人民仍有先王的遺風，人品厚重多出君子，喜好農業，不講究衣食，致力於蓄積收藏。

宋自微子二十餘世，至景公滅曹，滅曹後五世亦為齊、楚、魏所滅，参分其地。魏得其梁、陳留，齊得其濟陰、東平，楚得其沛。故今之楚彭城，本宋也，春秋經曰「圍宋彭城」。宋雖滅，本大國，故自為分野。

沛楚之失，急疾顓[1]己，地薄民貧，而山陽好為姦盜。

注釋　1顓：與「專」同。

譯文　宋國自微子二十餘代之後，至景公時殲滅了曹國，滅曹之後五代也被齊國、楚國、魏國所滅，土地被分為三份。魏國得到梁、陳留，齊國得到濟陰、東平，楚國得到沛。所以現在的楚國彭城，本來是宋國的地方，《春秋經》說「圍宋彭城」。宋國雖被消滅，但它本是大國，所以自成分野。沛和楚人的短處，性格狹隘而專橫，土地貧瘠，人民貧困，而山陽人喜好作奸行盜。

衛地，營室、東壁之分壄也。今之東郡及魏郡黎陽，河內之野王、朝歌，皆衛分也。

衛本國既為狄所滅，文公徙封楚丘，三十餘年，子成公徙於帝丘。故春秋經曰「衛遷於帝丘」，今之濮陽是也。本顓頊之虛，故謂之帝丘。夏后之世，昆吾氏居之。成公後十餘世，為韓、魏所侵，盡亡其旁邑，獨有濮陽。後秦滅濮陽，置東郡，徙之於野王。始皇既併天下，猶獨置衛君，二世時乃廢為庶人。凡四十世，九百年，最後絕，故獨為分野。

衛地有桑間濮上之阻[1]，男女亦亟聚會，聲色生焉，故俗稱鄭衛之音。周末有子路、夏育[2]，民人慕之，故其俗剛武，上氣力。漢興，二千石治者亦以殺戮為威。宣帝時韓延壽為東郡太守，承聖恩，崇禮義，尊諫爭，至今東郡號善為吏，延壽之化也。其失頗奢靡，嫁取送死過度，而野王好氣任俠，有濮上風。

注釋

1濮上：濮水之濱。阻：地勢高低不平，阻隔，隱蔽。2子路：孔子弟子仲由，性情剛勇。夏育：古代壯士。二人都是衛人。

譯文

衛地，是營室宿、東壁宿的分野。現在的東郡及魏郡的黎陽縣，河內郡的野王、朝歌二縣，都是屬於這一分野的衛地。

衛本國為狄所滅之後，文公時徙封至楚丘（河南滑縣東），三十餘年後，兒子成公遷徙至帝丘（河南濮陽西南）。所以《春秋經》上說：「衛遷於帝丘」，即今天的濮陽。因為本是顓頊的舊址，所以稱做帝丘。夏后時代，昆吾氏居住在那裏。成公之後十餘代，被韓國、魏國所侵犯，全部失去了近旁的邑城，僅剩有濮陽。後來秦國滅掉濮陽，設置東郡，將衛君遷至野王。始皇兼併天下之後，還單獨安置了衛君，秦二世時就將其廢為了庶民。共四十代，九百年，最後滅絕，所以單獨為一個分野。

衞地有桑林之間、濮水之濱等隱蔽之地，男女也就頻繁聚會，聲樂情色由此而生，因而俗稱為鄭衞之音。周朝末年這裏出了子路、夏育等勇士，人民敬慕他們，所以那裏的風俗剛毅威武，崇尚氣力。漢朝興起之後，二千石的統治者也以殺戮為威猛。宣帝時韓延壽出任東郡太守，秉承聖恩，崇尚禮義，尊重諫爭，至今東郡仍號稱官吏能夠出色為政，這是韓延壽的感化。風俗的弊端在於太奢靡，嫁取送死的消費過度，但野王地方崇尚氣節的任俠，則有濮上之風範。

賞析與點評

自古所謂「鄭衞之音」，有靡靡之音的惡名，《地理志》將其歸結為「桑間濮上之阻」的地理原因；《禮記．樂記》甚至說：「桑間濮上之音，亡國之音也。」不論觀點正確與否，讀者至少可以由此悟出些許古人的人文地理見識。古時男女多選擇桑林或河畔為約會的地點，不也足以令關在都市「牢籠」裏的現代人羨慕嗎？

楚地，翼、軫之分壄也。今之南郡、江夏、零陵、桂陽、武陵、長沙及漢中、

汝南郡，盡楚分也。

周成王時，封文、武先師鬻熊之曾孫熊繹於荊蠻，為楚子，居丹陽。後十餘世至熊達，是為武王，寖以彊大。後五世至嚴王，總帥諸侯，觀兵周室，并吞江、漢之間，內滅陳、魯之國。後十餘世，頃襄王東徙於陳。

楚有江漢川澤山林之饒；江南地廣，或火耕水耨。民食魚稻，以漁獵山伐為業，果蓏蠃[1]蛤，食物常足。故呰窳媮[2]生，而亡積聚，飲食還給，不憂凍餓，亦亡千金之家。信巫鬼，重淫祀[3]。而漢中淫失枝柱[4]，與巴蜀同俗。汝南之別，皆急疾有氣勢。江陵，故郢都，西通巫、巴，東有雲夢之饒，亦一都會也。

注釋

1蓏（粵：裸；普：luǒ）：草本植物的果實。蠃（粵：裸；普：luǒ）：螺的一種。2呰：弱，劣。窳（粵：羽；普：yǔ）：惡劣，怠惰。媮：同「偷」。3淫祀：不合禮制的祭祀，過度的祭祀。4失：同「佚」，淫佚。枝柱：抵觸，不順從。

譯文

楚地，翼宿、軫宿的分野。今天的南郡、江夏、零陵、桂陽、武陵、長沙及漢中、汝南諸郡國，盡在楚地的分野。

周成王時，將文王、武王的先師鬻熊之曾孫熊繹封於荊蠻，封為楚子，居住在丹陽（一說在河南淅川；另有湖北秭歸等說法）。十餘代之後至熊達，就是武王，逐漸強大。五代之後到了嚴王，他統率諸侯，在周室閱兵，吞併了長江、漢水之間，內部消滅了陳國、魯國。十餘代之後，頃襄王向東遷徙至陳國。

楚地有長江、漢水、川澤山林之豐饒；江南地域土地廣闊，有的地方火耕水耨。百姓以魚、稻為食，以漁獵及山林採伐為業，草木果實蓏、水產螺蛤等日常食物充足。所以那裏的人力弱才疏苟且偷生，沒有積蓄也能飲食自給，不怕凍餓，也沒有千金之富家。迷信巫鬼，重視淫祀。而漢中淫佚枝柱，與巴蜀風俗相同。汝南郡與此有別，都是性急而有氣勢。江陵是原先的郢都，向西通巫山、巴郡，東有雲夢澤之豐饒，也是一個都會。

吳地，斗分壄也。今之會稽、九江、丹陽、豫章、廬江、廣陵、六安、臨淮郡，盡吳分也。

殷道既衰，周大王亶父興郊梁之地，長子大伯，次曰仲雍，少曰公季。公季有聖子昌，大王欲傳國焉。大伯、仲雍辭行采藥，遂奔荊蠻。公季嗣位，至昌為西伯，受命而王。故孔子美而稱曰：「大伯，可謂至悳[1]也已矣！三以天下讓，民無得而稱焉。」謂「虞仲夷逸，隱居放言[2]，身中清，廢中權。」大伯初奔荊蠻，

荊蠻歸之，號曰句[3]吳。大伯卒，仲雍立，至曾孫周章，而武王克殷，因而封之。又封周章弟中於河北，是為北吳，後世謂之虞，十二世為晉所滅。後二世而荊蠻之吳子壽夢盛大稱王。其少子則季札，有賢材。兄弟欲傳國，札讓而不受。自壽夢稱王六世，闔廬舉伍子胥、孫武為將，戰勝攻取，興伯名於諸侯。至子夫差，誅子胥，用宰嚭，為粵王句踐所滅。

注釋

1悳：同「德」。2放言：即放置不言。也可解釋為放肆直言。3句：亦作「勾」，是吳國俚語的發聲詞。「勾吳」即「吳」，猶如「越」，俚語稱為「于越」。

譯文

吳地，是斗宿的分野。現在的會稽、九江、丹陽、豫章、廬江、廣陵、六安、臨淮郡，都在吳的分野。

殷朝的政道衰敗，周大王亶父興起於郊地、梁地（岐山、梁山之地），長子大伯，次子仲雍，少子公季。公季有一稱為聖子的兒子昌，周大王想要把國家傳給他。大伯、仲雍藉口去採藥而告辭，於是投奔了荊蠻。公季繼位，到昌的時候成為西伯，受天命而稱王。所以孔子讚美地稱：「大伯，可謂至德之人了！雖三次以天下相讓，百姓卻不知道而不能稱頌。」說：「虞仲逃隱到蠻夷，隱居而不言，身心清潔，所廢棄的程度正合乎權道。」大伯當初投奔荊蠻，荊蠻歸順於他，號曰句吳。

大伯卒後，仲雍立位，至曾孫周章時，而武王戰勝殷，因而將周章封於此。又將周章的弟弟周中封於河北，這就是北吳，後世稱之為虞，過了十二代被晉所滅。兩代之後，荊蠻的吳子壽夢強盛壯大而稱王。他的小兒子就是季札，有賢才。兄弟們想要他傳承國位，季札辭讓而不受。自壽夢稱王起六代，闔廬推舉伍子胥、孫武為將帥，作戰則勝，攻掠則取，建霸名於諸侯之間。到兒子夫差時，誅殺子胥，任用宰嚭，被粵王句踐所滅。

吳、粵之君皆好勇，故其民至今好用劍，輕死易發。

粵既併吳，後六世為楚所滅。後秦又擊楚，徙壽春，至子為秦所滅。

壽春、合肥受南北湖皮革、鮑、木之輸，亦一都會也。始楚賢臣屈原被讒放流，作離騷諸賦以自傷悼。後有宋玉、唐勒之屬慕而述之，皆以顯名。漢興，高祖王兄子濞於吳，招致天下之娛游子弟，枚乘、鄒陽、嚴夫子之徒興於文、景之際。而淮南王安亦都壽春，招賓客著書。而吳有嚴助、朱買臣，貴顯漢朝，文辭並發，故世傳楚辭。其失巧而少信。初淮南王異[1]國中民家有女者，以待游士而妻之，故至今多女而少男。本吳粵與楚接比，數相併兼，故民俗略同。

吳東有海鹽章山之銅，三江五湖之利，亦江東之一都會也。豫章出黃金，然堇堇[2]物之所有，取之不足以更[3]費。江南卑溼，丈夫多夭。會稽海外有東鯷[4]人，分為二十餘國，以歲時來獻見云。

注釋

1異：特別優待。2堇堇：即僅僅，言其極少。3更：償還，抵償。4東鯷（粵：題；普：tí）：古國名。指臺灣。一說指日本。

譯文

吳、粵的君主都喜好勇武，所以那裏的人民至今喜好用劍，輕死而易衝動。粵既已吞併吳，過了六代被楚所滅。後來秦又擊楚，楚遷徙至壽春（今安徽壽縣），到兒子的時候被秦所滅。

壽春、合肥接受南北湖泊所產皮革、鮑魚、木材之輸給，也是一個都會。開始時楚國賢臣屈原遭讒言被放流，作《離騷》諸賦藉以抒發自己傷痛。後有宋玉、唐勒之輩思慕而追述他，都因此而著名。漢朝興立，高祖王兄的兒子劉濞在吳國，招致天下的娛樂遊玩子弟，枚乘、鄒陽、嚴夫子之徒興起於文、景之際。淮南王劉安亦定都壽春，招聘賓客著書。吳國有嚴助、朱買臣，以富貴顯名於漢朝，文章辭令都得以發揚，所以世間流傳《楚辭》。那裏的不足在於奸巧而缺乏誠信。當初淮南王優待國中有女兒的民家，作為禮遇將女兒們嫁予遊士為妻，所以至今那裏多女而少男。本來吳、粵與楚接壤比鄰，屢屢相互吞兼，所以民俗略同。吳國東面有海鹽和章山之銅，有三江、五湖之利，也是江東一個都會。豫章出產黃金，然而儲量極少，開採價值不足以抵償費用。江南低窪潮溼，男子大多早夭。會稽海外有東鯷人，分為二十餘國，據說每年來進貢時才出現。

粵地，牽牛、婺女之分壄也。今之蒼梧、鬱林、合浦、交阯、九真、南海、日南，皆粵分也。

其君禹後，帝少康之庶子云，封於會稽，文身斷髮[1]，以避蛟龍之害。後二十世，至句踐稱王，與吳王闔廬戰，敗之雋李。夫差立，句踐乘勝復伐吳，吳大破之，棲會稽，臣服請平。後用范蠡、大夫種計，遂伐滅吳，兼併其地。度淮與齊、晉諸侯會，致貢於周。周元王使使賜命為伯，諸侯畢賀。後五世為楚所滅，子孫分散，君服於楚。後十世，至閩君搖，佐諸侯平秦。漢興，復立搖為越王。是時，秦南海尉趙佗亦自王，傳國至武帝時，盡滅以為郡云。

注釋

1 文身斷髮：身上刺花紋，剪短頭髮，使身體與龍相似。

譯文

粵地，是牽牛宿、婺女宿的分野。現在的蒼梧、鬱林、合浦、交阯、九真、南海、日南各郡，盡在粵地的分野。其君主是大禹的後代，帝少康的庶子，分封於會稽，文身斷髮，以便躲避蛟龍之害。過了二十代，至句踐時候稱王，與吳王闔廬作戰，在雋李地方將其打敗。夫差登基之後，句踐乘勝再次討伐吳國，吳國大敗句踐，句踐棲身會稽，稱臣屈服，請求和平。後來句踐採用范蠡、大夫種的計謀，便討伐滅掉了吳國，兼併了其土地。渡過淮水與齊國、晉國等諸侯會盟，向周朝進貢。周元王派遣使者賜命句踐為霸王，諸侯都來慶賀。過了五代被楚所滅，子孫分散，臣服於楚。過了十代，到了閩君搖，輔佐諸侯平定了秦國。漢朝興起，重新立閩君搖為越王。這時，秦南海尉趙佗也自稱為王，王國延續至武帝時，終被殲滅成為了郡。

處近海，多犀、象、毒冒、珠璣、銀、銅、果、布之湊，中國往商賈者多取富焉。番禺，其一都會也。

自合浦徐聞南入海，得大州，東西南北方千里，武帝元封元年略以為儋耳、珠厓郡。民皆服布如單被，穿中央為貫頭。男子耕農，種禾稻紵麻，女子桑蠶織績。

亡馬與虎，民有五畜，山多麈麖[1]。兵則矛、盾、刀，木弓弩，竹矢，或骨為鏃。自初為郡縣，吏卒中國人多侵陵之，故率數歲壹反。元帝時，遂罷棄之。

自日南障塞、徐聞、合浦船行可五月，有都元國；又船行可四月，有邑盧沒國；又船行可二十餘日，有諶離國；步行可十餘日，有夫甘都盧國。自夫甘都盧國船行可二月餘，有黃支國，民俗略與珠厓相類。其州廣大，戶口多，多異物，自武帝以來皆獻見。有譯長，屬黃門，與應募者俱入海市明珠、璧流離、奇石異物，齎黃金雜繒而往。所至國皆稟食為耦[2]，蠻夷賈船，轉送致之。亦利交易，剽[3]殺人。又苦逢風波溺死，不者數年來還。大珠至圍二寸以下。平帝元始中，王莽輔政，欲燿威德，厚遺黃支王，令遣使獻生犀牛。自黃支船行可八月，到皮宗；船行可二月，到日南、象林界云。黃支之南，有已程不國，漢之譯使自此還矣。

注釋

1 麈（粵：主；普：zhǔ）：鹿類，亦名駝鹿。俗稱四不像。麖：馬鹿，體形高大。

2 稟：給予。耦：同「偶」，相伴而行。3 剽：劫持。

譯文

地方靠近大海，犀、象、玳瑁、珠璣、銀、銅、果、布的貿易多集中於此，從中原去那裏經商的多謀取財富。番禺是一個都會。

從合浦的徐聞（位於中國大陸的最南端，廣東省西南部）向南入海，有一大島，東西南北方圓千里，武帝元封元年攻取那裏，設立儋耳、珠厓二郡。百姓穿衣都只是披一塊布，布中央穿洞露出頭。男子耕作務農，種植禾稻、紵麻，女子採桑養蠶，織布、績麻。沒有馬與虎，百姓飼養牛、羊、豬、雞、犬五畜，山中多麈麖。兵器則有矛、盾、刀，木弓弩，竹矢，或骨製箭頭。自開始設立郡縣，官吏士兵以及中原人多侵陵他們，所以一般幾年就會有一次反叛。元帝時，就罷棄了這裏。

從日南郡的障塞徐聞縣、合浦郡乘船南行五個月，有都元國；再船行四個月，有邑盧沒國；再船行二十餘日，有諶離國；步行十餘日，有夫甘都盧國。從夫甘都盧國船行兩個多月，有黃支國，那裏的民俗大致與珠厓郡相類。那個州面積廣大，戶口衆多，多有奇異之物，從武帝以來都進貢過。有翻譯的長官，隸屬於黃門，與應募者一同出海購買明珠、璧流離、奇石等珍奇物品，帶上黃金、雜繒前往。所到之國都供給食物並與之同行，蠻夷的商船，輾轉相送。也有為了交易牟利，而殺人越貨的。又有遭遇風暴溺死之苦，倖免者數年才得返回。大珠有的圍長近二寸。平帝元始中，王莽輔政，欲炫耀威德，贈黃支王厚禮，令其派遣使者獻上活犀牛。從黃支乘船行程約八個月，到達皮宗；船行約兩個月，到日南郡、象林縣界內。黃支國的南面，有已程不國，漢朝的翻譯使者從這裏就返回了。

傳

蘇武傳

本篇導讀——

《蘇武傳》節選自《漢書．李廣蘇建傳》，傳主為李廣與其孫李陵、蘇建及其子蘇武四人，班固將漢朝四位對匈奴戰爭中的重要人物合為一傳，其褒貶之意明顯。即認為李陵被捕而投降匈奴是可恥行為。蘇武未屈服單于，被流放於北海無人之地，仍持漢皇帝信節牧羊而得到讚揚。同樣是記述西漢的歷史，班固與司馬遷的價值觀之不同，如實反映了東漢儒者崇尚名節的時代風氣。

本篇講述了蘇武在漢武帝天漢元年（前一〇〇年）奉帝命出使匈奴，被匈奴扣留十九年，持節不屈的艱辛經歷。

武字子卿，少以父任[1]，兄弟並為郎，稍遷至栘中廄監[2]。時漢連伐胡，數通使相窺觀，匈奴留漢使郭吉、路充國等，前後十餘輩。匈奴使來，漢亦留之以相當。天漢元年，且鞮侯單于[3]初立，恐漢襲之，乃曰：「漢天子我丈人行[4]也。」盡歸漢使路充國等。武帝嘉其義，乃遣武以中郎將使持節[5]送匈奴使留在漢者，因厚賂單于，答其善意。武與副中郎將張勝及假吏常惠等募士斥候[6]百餘人俱。既至匈奴，置幣遺單于。單于益驕，非漢所望也。

注釋

1 **以父任**：因父親的職位被保任為官。漢制，官俸二千石以上的官員，任滿三年，其子弟可保任郎官。2 **栘中廄**（粵：究；普：jiù）**監**：栘園中掌管鞍馬鷹犬等射獵工具的官。栘，指漢宮廷中的栘園。廄，馬棚。監，管理廄的官。3 **且鞮**（粵：追啼；普：jū dī）**侯單于**：匈奴王，前一〇〇年繼位。4 **丈人**：父輩，長輩。**行**：並列。5 **節**：使臣所持的信物，亦稱旄節，以竹為桿，柄長八尺，其上綴旄牛尾，共三層。6 **假吏**：臨時充任的官。**斥候**：偵察人員。

譯文

蘇武，字子卿，年輕時因父親的官位被任職，兄弟（蘇嘉、蘇武、蘇賢）都任職為郎官，蘇武逐漸遷升為栘中廄監。當時漢朝不斷討伐匈奴，雙方多次派遣使者偵探對方情況，匈奴先後扣留了郭吉、路充國等十幾批漢使。匈奴使者來漢，漢朝也扣留以相抵償。天漢元年，且鞮侯單于剛剛即位，害怕漢朝襲擊，就說：「漢朝皇帝是我的長輩。」全部送還被扣留的漢使路充國等人。漢武帝很讚賞他深明大義，於是派遣蘇武以中郎將的名號手持使節，護送扣留在漢朝的匈奴使者回國，並贈送給單于豐禮，以答謝他的好意。蘇武與副中郎將張勝以及假吏常惠、招募兵士、斥候百餘人同行。到匈奴後，擺放禮物送給了單于。單于更加驕橫，不像漢朝所希望的那樣。

方欲發使送武等，會緱王[1]與長水虞常等謀反匈奴中。緱王者，昆邪王[2]姊子也，與昆邪王俱降漢，後隨浞野侯[3]沒胡中。及衛律[4]所將降者，陰相與謀劫單于母閼氏[5]歸漢。會武等至匈奴，虞常在漢時素與副張勝相知，私候勝曰：「聞漢天子甚怨衛律，常能為漢伏弩射殺之。吾母與弟在漢，幸蒙其賞賜。」張勝許之，以貨物與常。後月餘，單于出獵，獨閼氏子弟在。虞常等七十餘人欲發，其一人夜亡，告之。單于子弟發兵與戰。緱王等皆死，虞常生得。

注釋

1 緱（粵：九；普：gōu）王：匈奴貴族。2 昆邪王：匈奴貴族，於武帝元狩二年（前一二一年）降漢。3 浞（粵：鑿；普：zhuó）野侯：漢將趙破奴的封號。4 衛律：其父是長水胡人，衛律生長於漢，任漢使，後投降匈奴，被封為丁零王。5 閼氏（粵：壓示；普：yān zhī）：匈奴王后的稱號。

譯文

匈奴正要派使者護送蘇武等人回國，遇上緱王與原長水校尉虞常等人在匈奴謀反。緱王是昆邪王姐姐的兒子，曾與昆邪王一起投降漢朝，後來隨同漢浞野侯趙破奴出征匈奴，兵敗投降匈奴。他們與隨同衛律投降匈奴的人暗中策劃劫持單于的母親閼氏返回漢朝，遇上蘇武等出使匈奴，虞常在漢朝時與副使張勝熟識，私下拜訪張勝說：「聽說漢朝皇帝很怨恨衛律，我能為漢朝效力，用暗箭射殺他。我母親和弟弟在漢朝，希望朝廷能賞賜他們。」張勝表示贊許，還送財物給虞常。一個多月後，單于出去打獵，只有閼氏及單于子弟留守。虞常等七十多人想趁機發難，但其中一人夜裏逃跑，告發了此事。單于子弟發兵與他們戰鬥，緱王等人都戰死，虞常被活捉。

單于使衛律治其事。張勝聞之，恐前語發，以狀語武。武曰：「事如此，此必及我。見犯乃死，重負國。」欲自殺，勝、惠共止之。虞常果引張勝。單于怒，

召諸貴人議，欲殺漢使者。左伊秩訾[1]曰：「即謀單于，何以復加？宜皆降之。」單于使衛律召武受辭，武謂惠等：「屈節辱命，雖生，何面目以歸漢！」引佩刀自刺。衛律驚，自抱持武，馳召毉。鑿地為坎[2]，置熅火[3]，覆武其上，蹈[4]其背以出血。武氣絕，半日復息。惠等哭，輿歸營。單于壯其節，朝夕遣人候問武，而收繫張勝。

注釋

1左伊秩訾：匈奴王號。匈奴王號有左、右之分。2坎：坑穴。3熅火：微弱無焰的火。4蹈：通「搯」，叩，輕敲。

譯文

單于讓衛律處理此事。張勝聞訊，害怕此前的事由敗露，就將事情告訴了蘇武。蘇武說：「事已至此，必牽連於我。受到侮辱後而死，就更對不起國家。」於是想要自殺，被張勝、常惠一起勸止。虞常果然牽扯出張勝。單于發怒，召集貴族商議，要殺漢朝使者。左伊秩訾說：「（謀殺衛律就處死的話）如果謀殺單于，該怎樣加重處罰呢？不如讓他們全部投降。」於是單于派衛律招來蘇武受審，蘇武對常惠等人說：「喪失氣節辱沒使命，即使活着，又有何臉面回漢朝！」拔出佩刀自殺。衛律大驚，親自抱住蘇武，並派人騎馬去請醫生。在地上挖一個坑，放進熅火，把蘇武放在上面，敲擊蘇武背部使淤血流出。蘇武氣絕，半天才蘇醒過來。

常惠等人痛哭，用車載蘇武回營帳。單于讚賞蘇武的氣節，早晚派人問候蘇武，並拘捕了張勝。

武益愈。單于使使曉武[1]，會論虞常，欲因此時降武。劍斬虞常已，律曰：「漢使張勝謀殺單于近臣，當死，單于募降者赦罪。」舉劍欲擊之，勝請降。律謂武曰：「副有罪，當相坐[2]。」武曰：「本無謀，又非親屬，何謂相坐？」復舉劍擬[3]之，武不動。律曰：「蘇君，律前負漢歸匈奴，幸蒙大恩，賜號稱王，擁眾數萬，馬畜彌山，富貴如此。蘇君今日降，明日復然。空以身膏草野，誰復知之！」武不應。律曰：「君因我降，與君為兄弟，今不聽吾計，後雖欲復見我，尚可得乎？」武罵律曰：「女[4]為人臣子，不顧恩義，畔[5]主背親，為降虜於蠻夷，何以女為見？且單于信女，使決人死生，不平心持正，反欲鬥兩主，觀禍敗。南越殺漢使者，屠為九郡；宛王殺漢使者，頭縣北闕；朝鮮殺漢使者，即時誅滅。獨匈奴未耳。若[6]知我不降明，欲令兩國相攻，匈奴之禍從我始矣。」

注釋

1使使：派遣使者。前一「使」字為動詞，後一「使」字為名詞。曉：通知。2相坐：

相連坐。古代法律，凡犯謀反等大罪者，其親屬也要連同治罪，稱為連坐。3擬：比劃。此指用劍做出殺的樣子。4女：通「汝」，你。5畔：通「叛」，背叛。6若：你。

譯文

蘇武的傷漸漸好轉。單于派使者勸說蘇武。適逢審判虞常，想藉此機會使蘇武投降。用劍殺死虞常後，衛律說：「漢朝使者張勝謀殺單于的近臣，罪當處死，但單于招募降者，赦免其罪。」說完，舉劍要殺張勝，張勝請求投降。衛律對蘇武說：「副使有罪，你也應該連坐。」蘇武說：「我本未參與密謀，又非親屬關係，為何連坐呢？」衛律又舉起劍做出砍殺的樣子，蘇武毫不動搖。衛律說：「蘇君，我以前背叛漢朝歸附匈奴，有幸得到單于的大恩，賜我王號，使我擁有幾萬部眾，馬畜漫山遍野，富貴如此。您今日歸降，明天也會這樣。否則被殺，白白葬身於荒野，誰又會知道您呢？」蘇武不予理睬。衛律又說：「您憑藉我歸降，我與您結拜為兄弟，今天您不聽我的計策，以後想再見到我，還可能嗎？」蘇武罵衛律說：「你本為漢朝的臣子，不顧恩義，背叛君主和親人，甘作蠻夷俘虜，為何要見你？況且單于信任你，讓你裁決人的生死，你不以公平主持正義，反而想挑撥兩國君主，以便旁觀禍敗。南越曾經殺漢朝使者，結果被漢朝消滅，劃為九郡；大宛王殺了漢朝使者，後來也遭誅殺，頭顱懸掛在漢宮的北闕；朝鮮殺了漢朝使者，也很快被漢朝誅滅。如今只有匈奴尚未如此。你明知我不會投降，想要兩國互相攻擊的話，匈奴的災禍已經從我開始了。」

律知武終不可脅，白[1]單于。單于愈益欲降之，乃幽武置大窖中，絕不飲食。天雨雪[2]，武臥齧雪與旃[3]毛並咽之，數日不死，匈奴以為神。乃徙武北海[4]上無人處，使牧羝[5]，羝乳[6]乃得歸。別其官屬常惠等，各置他所。

注釋

1白：下對上陳述。2雨雪：下雪。雨，作動詞用。3齧（粵：熱；普：niè）：咬。旃：通「氈」，毛織物。4北海：當時匈奴的北界，即今俄羅斯的貝加爾湖。5羝：公羊。6乳：生育。

譯文

衞律知道蘇武最終不會因威脅而投降，就報告了單于。單于越發想招降蘇武，於是把蘇武囚禁在大窖中，斷絕他的飲食。天降大雪，蘇武臥於地上，嚼吞雪與氈毛，數日不死。匈奴以為他是神人，於是把他流放到北海荒無人煙的地方，讓他放牧公羊，聲言待公羊生育後才得歸還。把他與屬吏常惠等人分開，分別置於不同的地方。

武既至海上，廩食不至[1]，掘野鼠去屮實而食之。杖漢節牧羊，臥起操持，節旄盡落。積五六年，單于弟於靬王弋射海上。武能網紡繳，檠弓弩[2]，於靬王愛之，給其衣食。三歲餘，王病，賜武馬畜服匿穹廬[3]。王死後，人衆徙去。其冬，丁令[4]盜武牛羊，武復窮厄。

注釋

1廩（粵：凜；普：lǐn）食：官方供給的糧食。2檠（粵：擎；普：qíng）：矯正弓弩的器具。這裏作動詞用，指以檠矯正弓弩。3服匿：匈奴人盛酒酪的器皿，小口，大腹，方底。穹廬：大型的圓頂帳篷。4丁令：即丁零，匈奴族的別支。當時衞律為丁零王，丁零盜蘇武牛羊，應是衞律主使。

譯文

蘇武到了北海之後，由於斷絕了糧食供應，他挖野鼠所遺棄的草籽充飢。他每天持漢朝的旄節牧羊，早晚不離手，連旄節上的旄尾都脱落了。過了五六年，單于的弟弟於靬王到北海邊射獵。因為蘇武能織網紡繫箭絲繩，還善於矯正弓弩，於靬王很喜歡他，就供給他衣食。過了三年多，於靬王病重，賞賜給蘇武一些馬畜、陶罐和帳篷等。於靬王死後，他的部下也紛紛遷移離開北海。那年冬天，丁令部落盜走了蘇武的牛羊，蘇武重陷窮困。

初，武與李陵[1]俱為侍中，武使匈奴明年，陵降，不敢求武。久之，單于使陵至海上，為武置酒設樂，因謂武曰：「單于聞陵與子卿素厚，故使陵來說足下[2]，虛心欲相待。終不得歸漢，空自苦亡人之地，信義安所見乎？前長君[3]為奉車，從至雍棫陽宮，扶輦下除[4]，觸柱折轅，劾大不敬，伏劍自刎，賜錢二百萬以葬。孺卿[5]從祠河東后土，宦騎與黃門駙馬爭船，推墮駙馬河中溺死，宦騎亡，詔使孺卿逐捕不得，惶恐飲藥而死。來時，大夫人[6]已不幸，陵送葬至陽陵[7]。子卿婦年少，聞已更嫁矣。獨有女弟二人，兩女一男，今復十餘年，存亡不可知。人生如朝露，何久自苦如此！陵始降時，忽忽如狂，自痛負漢，加以老母繫保宮，子卿不欲降，何以過陵？且陛下春秋高，法令亡常，大臣亡罪夷滅者數十家，安危不可知，子卿尚復誰為乎？願聽陵計，勿復有云。」武曰：「武父子亡功德，皆為陛下所成就，位列將，爵通侯，兄弟親近，常願肝腦塗地。今得殺身自效，雖蒙斧鉞湯鑊[8]，誠甘樂之。臣事君，猶子事父也，子為父死亡所恨。願勿復再言。」陵與武飲數日，復曰：「子卿壹聽陵言。」武曰：「自分已死久矣[9]！王必欲降武[10]，請畢今日之歡，效死於前！」陵見其至誠，喟然歎曰：「嗟乎，義士！陵與衛律之罪上通於天。」因泣下霑衿，與武決去。

注釋

1**李陵**：李廣孫，字少卿。武帝天漢二年（前九十九年）以騎都尉統兵五千出擊匈奴，殺傷匈奴兵甚多，因無接應，力竭而降。2**足下**：同輩相稱的敬辭。3**長君**：指蘇武兄蘇嘉。4**輦**：皇帝乘坐的車。**除**：臺階，又說為門與屏風之間。5**孺卿**：蘇武的弟弟蘇賢。6**大夫人**：指蘇武母親。7**陽陵**：地名，漢時有陽陵縣，在今陝西咸陽東。8**斧鉞湯鑊**（粵：獲；普：huò）：古時兩種殘酷的極刑。鉞，大斧。鑊，大鍋。9**分**：料定。自分：自料，自以為。10**王**：指李陵，匈奴封李陵為右校王。

譯文

當初，蘇武與李陵都在漢朝任侍中，蘇武出使匈奴的第二年，李陵投降了匈奴，不敢求見蘇武。過了很久，單于派李陵到北海，置辦酒宴、陳設樂舞款待蘇武，並對蘇武說：「單于聽說我與子卿您交情深厚，所以叫我來勸您，單于誠心相待。您終究也回不了漢朝，白白地在這荒蕪之地自討苦吃，您所守的信義又在何處體現呢？從前，您哥哥做奉車都尉，跟隨皇帝到雍城的棫陽宮，扶輦下殿階時，撞在柱子上折斷了車轅，被彈劾指控犯了大不敬之罪，拔劍自殺了，賜錢二百萬安葬了。您的弟弟跟隨皇帝到河東郡祭祀后土神，宦騎和黃門駙馬爭奪船隻，駙馬被推入河淹死，宦騎逃亡，皇帝令蘇賢去追捕，沒有捕獲，蘇賢惶恐害怕，飲藥自殺。我領兵來的時候，您母親也已去世，我送葬到陽陵。您妻子年輕，聽說已經改嫁。只剩下您的兩個妹妹、兩個女兒、一個兒子，如今又過了十多年，也不知是死是活。人生就像早晨的露水那樣短促，何必這樣長久折磨自己呢！我剛投降時，恍惚若狂，因背叛漢朝而自責痛苦，加上老母親被囚禁在保宮，您不想投降的心情怎能超得過我呢？況且皇帝年老了，法令無常規，大臣無罪而被誅滅的有幾十家，安危難以預料，您還為誰守節呢？希望聽從我的勸告，不要再說甚麼了。」蘇武說：「我們父子素無功德，都靠皇帝提拔，才位至將軍，被封為通侯，兄弟三人也都親近於陛下，常願為此肝腦塗地。現在如果能殺身報答的話，即使遭受斧鉞之誅、湯鑊之刑，也心甘情願。大臣侍奉君王，猶如兒子侍奉父親，兒子為父親去死，沒有甚麼可遺憾的。希望你不要再說了。」李陵陪蘇武喝了幾天酒，又對蘇武說：「您一定要聽我的勸說呀。」蘇武說：「我自以為已經死了很久了！右校王一定要讓我投降，就請結束今天的歡宴，讓我死在你的面前吧！」李陵見蘇武一片赤誠，長歎說：「唉，真是義士啊！我與衞律罪惡滔天。」因而淚濕衣襟，與蘇武告別離去。

陵惡[1]自賜武，使其妻賜武牛羊數十頭。後陵復至北海上，語武：「區脫[2]捕得雲中生口，言太守以下吏民皆白服，曰上崩。」武聞之，南鄉號哭，歐血，旦夕臨[3]。

注釋　1惡：羞愧。2區（粵：歐；普：ōu）脫：匈奴語，指漢時與匈奴連界的邊塞土堡哨所。3臨：哭弔。

譯文　李陵羞於親自餽贈蘇武財物，讓妻子送給蘇武幾十頭牛羊。後來，李陵又到北海，告訴蘇武：「在邊界捉到雲中郡的俘虜，說太守以下的官民都穿白色喪服，說是皇帝駕崩了。」蘇武聽到這個消息，面向南方痛哭，以致吐血，每天早晚都哭弔武帝。

數月，昭帝即位。數年，匈奴與漢和親。漢求武等，匈奴詭言武死。後漢使復至匈奴，常惠請其守者與俱，得夜見漢使，具自陳道。教使者謂單于，言天子射上林中，得雁，足有係帛書，言武等在某澤中。使者大喜，如惠語以讓單于。單于視左右而驚，謝漢使曰：「武等實在。」於是李陵置酒賀武曰：「今足下還歸，揚名於匈奴，功顯於漢室，雖古竹帛所載，丹青所畫，何以過子卿！陵雖駑怯，令漢且貰[1]陵罪，全其老母，使得奮大辱之積志，庶幾乎曹柯之盟[2]，此陵宿昔[3]之所不忘也。收族陵家，為世大戮，陵尚復何顧乎？已矣！令子卿知吾心耳。異域之人，壹別長絕！」陵起舞，歌曰：「徑萬里兮度沙幕，為君將兮奮匈奴。路窮絕兮矢刃摧，士眾滅兮名已隤。老母已死，雖欲報恩將安歸！」陵泣下數行，因與武決。單于召會武官屬，前以降及物故[4]，凡隨武還者九人。

注釋

1貰（粵：世；普：shì）：赦免、寬恕。2曹柯之盟：指曹沫劫齊桓公之事。曹沫，春秋時魯人，為魯莊公將。他與齊盟於柯地時持匕首劫持齊桓公，迫使桓公歸還所侵之地。3宿昔：以前。4物故：死亡。

譯文

幾個月之後，昭帝繼位。過了幾年，匈奴與漢朝結親和好。漢朝尋求蘇武等人，匈奴謊稱蘇武死了。後來漢朝使者又到了匈奴，常惠請求其看守一起夜裏去見漢使，把全部情況向漢使陳述。常惠教漢使對單于說，皇上在上林苑中射獵，射下一隻雁，腳上繫着帛書，説蘇武在某荒澤中。漢使很高興，就按照常惠教的話責問單于。單于看着左右的人，感到很吃驚，向漢使道歉說：「蘇武確實還活着。」於是李陵備辦酒宴賀喜蘇武，說：「如今您返回漢朝，威名揚於匈奴，功勳顯赫於漢室，即使是古代史書上記載的、圖畫上畫的，又有誰能超過您呢？我李陵雖無能懦弱，假使當年漢朝廷姑且寬恕我的罪行，保全我老母，若能讓我把在奇恥大辱處境中所蓄積的志向施展出來，也許我能像曹沫在柯邑結盟時一樣有所作為，這正是我往日不忘懷的想法啊。但是漢朝廷收捕、族滅了我全家，乃世間奇恥大辱，我李陵還有甚麼留戀的呢？就這樣吧！我向您訴説，只是讓您了解我的內心罷了。從此，你我各處異國，今日一別就是永別了！」李陵起身舞蹈，唱道：「行萬里啊渡沙漠，為君將啊奮匈奴。路窮絕啊刀劍摧，士捐軀啊我節已毀。老母已死，雖欲報恩安得歸！」李陵聲淚俱下，與蘇武訣別。單于召集蘇武的隨從，除了已經投降和死去的，隨蘇武回國的一共九人。

武以始元六年春至京師。詔武奉一太牢[1]謁武帝園廟，拜為典屬國[2]，秩中二千石，賜錢二百萬，公田二頃，宅一區。常惠、徐聖、趙終根皆拜為中郎，賜帛各二百匹。其餘六人老歸家，賜錢人十萬，復[3]終身。常惠後至右將軍，封列侯，自有傳。武留匈奴凡十九歲，始以彊壯出，及還，須髮盡白。

注釋

1太牢：以一牛、一豬、一羊三牲為祭品的祭祀稱太牢。2典屬國：官名，掌管歸附的少數民族事務。3復：免除徭役。

譯文

蘇武在昭帝始元六年（前八十一）春天回到京師。昭帝命令蘇武供奉太牢祭品謁拜武帝陵廟，並任命蘇武做了典屬國，俸祿中二千石，賞賜錢二百萬，公田二頃，住宅一區。常惠、徐聖、趙終根都被任命為中郎，各賜帛二百疋。其餘六個人年老返鄉，各賜錢十萬，終生免除徭役。常惠後來官至右將軍，封為列侯，《漢書》另有他的傳記。蘇武在匈奴被扣留共十九年，出使時年輕力壯，返回時，鬍鬚和頭髮已經全都白了。

董仲舒傳

本篇導讀——

漢武帝是一位通曉經學的皇帝，即位時年輕有為，不滿足於漢初清靜無為的統治方式，而起用了一批好儒的大臣，創造了前所未有的「隆儒」局面。當此之時，為了全面開拓大一統新局面，漢武帝急需尋求理論依據。建元元年（前一四〇年）武帝下令薦舉「賢良方正、直言極諫之士」，表明他對人才的渴望。經學大師董仲舒正是在這時獻上著名的「天人三策」，從而一舉成為後代儒者所尊仰的「儒宗」。《董仲舒傳》即為後人留下「天人三策」的第一手材料，故摘錄於此以饗讀者。欲知中國傳統社會「罷黜百家，獨尊儒術」形成之緣由者，《漢書》此篇是絕對不可不讀的！

董仲舒，廣川人也。少治春秋，孝景時為博士。下帷講誦，弟子傳以久次相授業，或莫見其面。蓋三年不窺園，其精如此。進退容止，非禮不行，學士皆師尊之。武帝即位，舉賢良文學[1]之士前後百數，而仲舒以賢良對策[2]焉。

注釋

1賢良文學：漢代選拔官吏的科目之一。賢良，指品貌端正、道德高尚之人；文學，指精通儒家經典之人。2對策：漢代出現的察舉制度的一種考試形式，因為是就政事、經意等設問，由應試者對答，故稱。亦稱「策試」。

譯文

董仲舒，廣川人。年輕時研究《春秋》，漢景帝時為博士。放下帷帳講授、誦讀，弟子之間先入學者輾轉向後入學者傳授學業，有人甚至沒有見過業師的面。他大約三年不曾去看過自己的園圃，精心治學竟至如此地步。他進退儀容舉止，不合乎禮儀的不做，學士們皆尊他為師。

漢武帝即位之後，舉賢良文學之士先後一百多位，而董仲舒也以賢良的身份回答了皇帝的策問。

制曰[1]：朕獲承至尊休[2]德，傳之亡窮，而施之罔極[3]，任大而守重，是以夙夜不皇康寧[4]，永惟萬事之統[5]，猶懼有闕。故廣延四方之豪儁，郡國諸侯公選[6]賢良修絜博習之士，欲聞大道之要，至論之極[7]。今子[8]大夫褎然為舉首，朕甚嘉之。子大夫其精心致思，朕垂聽而問焉。

注釋

1制曰：敕命文書的開頭語。制，帝王的命令。2休：美也。3罔：無。極：盡。4皇：暇也。康：樂。5永：深。惟：思。統：緒。6公選：以公正之道選士，無所偏祖。7極：中。8子：男子的美稱。

譯文

制曰：朕繼承了至尊之位和至美的道德，將此傳之於無窮，而施之於無盡，任務巨大而職守重要，所以朝夕無暇享樂，深思萬事之綱紀，唯恐有欠缺。所以廣泛邀請四方之豪傑俊才，郡守、國王、諸侯公正推選來高潔、賢良、博學之士，想要知道大道之綱要，至論之中正。現在大夫們卓然成為首選，朕甚是歡欣。大夫們要精心思考，朕要傾聽而發問如下。

蓋聞五帝三王之道，改制作樂而天下洽和，百王同之。當虞氏之樂莫盛於韶，於周莫盛於勺。聖王已沒，鐘鼓筦絃之聲未衰，而大道微缺，陵夷[1]至虖桀紂之行，王道大壞矣。夫五百年之間，守文之君，當塗[2]之士，欲則先王之法以戴翼[3]其世者甚衆，然猶不能反，日以仆滅[4]，至後王而後止，豈其所持操或誖繆而失其統與？固天降命不可復反，必推之於大衰而後息與？烏虖！凡所為屑屑[5]，夙興夜寐，務法上古者，又將無補與？三代受命，其符[6]安在？災異之變，何緣而起？性命之情，或夭或壽，或仁或鄙，習聞其號，未燭[7]厥理。伊[8]欲風流而令行，刑輕而姦改，百姓和樂，政事宣昭，何脩何飭而膏露降，百穀登，德潤四海，澤臻屮[9]木，三光全，寒暑平，受天之祜，享鬼神之靈，德澤洋溢，施虖方外，延及群生？

注釋

1陵夷：逐漸衰敗。2當塗：當道，執政。3戴翼：匡濟。翼，助。4仆：倒斃。5屑屑：勞瘁匆迫的樣子。6符：憑信。7燭：照明。8伊：惟。9臻：至。屮：古「草」字。

譯文

聽聞五帝三王之道，在於改革制度，創作禮樂而使天下洽和，百王協同。虞舜氏之樂沒有比《韶》更盛大的，周朝沒有比《勺》更盛大的。聖王已經去世，鐘鼓管絃之聲並未衰滅，而大道卻衰微缺失，逐漸頹廢以至有了桀紂之暴行，王道受到極大的破壞。那周的五百年之間，保守先王法度之君主，當權執政之士，欲以先王之法為準則以匡世救俗者甚多，然而仍不能返回正道，日趨傾倒而滅亡，直至後來的秦始皇才制止了衰敗，難道是他們信奉的錯誤而失去了統緒嗎？本來天命一旦降臨不可逆反，必推進至於大衰而後才能停止嗎？唉！所有的匆匆勞作，夙興夜寐，力求效法上古的努力，也都於事無補嗎？夏商周三代君主承受天命，他們的憑信在哪裏？災害、怪異之變故，因何原因而起？性命的情況，有的早夭有的長壽，有的仁義有的鄙陋，聞慣了這些名目，卻不明白其中的道理。希望世風暢流而政令實行，刑罰輕而能使奸邪改正，讓百姓和樂，政事開明，如何整飭政務而能使甘露降臨，百穀豐登，德潤至四海，恩澤達草木，日月星辰三光完全而無侵蝕，寒暑季節正常平穩，承受上天保佑，享受鬼神之靈驗，德澤洋溢，施於境外，延及至所有生命呢？

子大夫明先聖之業，習俗化之變，終始之序，講聞高誼之日久矣，其明以諭[1]朕。科別其條，勿猥勿併，取之於術，慎其所出。乃其不正不直，不忠不極，枉於執事，書之不泄，興於朕躬，毋悼後害。子大夫其盡心，靡有所隱，

朕將親覽焉。

注釋 1諭：告知。

譯文 大夫們通曉先聖的事業，熟悉風俗教化之變化，了解事物終始之順序，講授、研究高深義理已很長久了，希望你們明白地回答朕。要梳理條目，不得瑣碎，勿要籠統，論點要取之於經術，謹慎選擇出典。總之，將那些公卿中不正直、不忠實而阿枉的執政行為都寫出來，不會洩漏的，朕將親自拆閱，不要有後顧之憂。大夫們盡心寫來，不要隱瞞，朕將親自閱覽。

仲舒對曰：

臣謹案春秋謂一元之意，一者萬物之所從始也，元者辭之所謂大也[1]。謂一為元者，視[2]大始而欲正本也。春秋深探其本，而反自貴者始。故為人君者，正心以正朝廷，正朝廷以正百官，正百官以正萬民，正萬民以正四方。四方正，遠近莫敢不壹於正，而亡有邪氣奸[3]其間者。是以陰陽調而風雨時，群生和而萬民殖，五穀孰而屮木茂，天地之間被潤澤而大豐美，四海之內聞盛德而皆徠臣，諸福之物，可致之祥，莫不畢至，而王道終矣。

注釋 1《周易》：「元者，善之長也。」《辭》：「元，大也。」2視：同「示」。3奸：侵犯。

譯文 仲舒對這一策問回答曰：

臣謹考察《春秋》所謂「一元」之意，「一」乃萬物之開始，「元」即《易辭》之所謂「大」。所謂「一」即「元」，顯示了重視開始而要正本之意。《春秋》深刻地探索本源的所在，所以要返回自貴重之處開始。因此，作為國君，正心可以正朝廷，正朝廷可以正百官，正百官可以正萬民，正萬民可以正四方。四方正了，遠近沒有敢不一致於正的，於是其間沒有了邪氣的侵犯。所以陰陽協調而風雨適時，眾生和諧而萬民繁衍，五穀成熟而草木茂盛，天地之間被覆潤澤從而盛大豐美，四海之內聞聽盛德而都來臣服，各種幸福之物，可以到來的祥瑞，無不畢至，由此王道得以完成。

賞析與點評

自古君王始即位不稱「一年」而稱「元年」，這是為甚麼呢？董仲舒引經據典，從《春秋》講到《周易》，道出的關鍵一句話，即「正本清源」才是「元」的本意。按今天的說法就是：

籠統地講「一」與「元」的確是同義詞，但「一」畢竟是數字，「元」則上升為哲學，有着萬物之始，世界本源的意思。後者的寓意更深厚。的確，現實生活中有說「慶祝元旦」的，未聽說有「慶祝一旦」的，箇中道理兩千年前的董大學者早有高論。

聖王之繼亂世也，埽除其跡而悉去之，復修教化而崇起之。教化已明，習俗已成，子孫循之，行五六百歲尚未敗也。至周之末世，大為亡道，以失天下。秦繼其後，獨不能改，又益甚之，重禁文學，不得挾書，棄捐禮誼而惡聞之，其心欲盡滅先王之道，而顓為自恣苟簡之治[1]，故立為天子十四歲而國破亡矣。自古以倈，未嘗有以亂濟[2]亂，大敗天下之民如秦者也。其遺毒餘烈，至今未滅，使習俗薄惡，人民嚚頑，抵冒殊扞[3]，孰爛如此之甚者也。孔子曰：「腐朽之木不可彫也，糞土之牆不可圬[4]也。」今漢繼秦之後，如朽木糞牆矣，雖欲善治之，亡可柰何。法出而姦生，令下而詐起，如以湯止沸，抱薪救火，愈甚亡益也。竊譬之琴瑟不調，甚者必解而更張之，乃可鼓[5]也；為政而不行，甚者必變而更化之，乃可理也。當更張而不更張，雖有良工不能善調也；

當更化而不更化，雖有大賢不能善治也。故漢得天下以來，常欲善治而至今不可善治者，失之於當更化而不更化也。古人有言曰：「臨淵羨魚，不如退而結網。」今臨政而願治七十餘歲矣，不如退而更化；更化則可善治，善治則災害日去，福祿日來。詩云：「宜民宜人，受祿于天。」為政而宜於民者，固當受祿於天。夫仁誼禮知信五常之道，王者所當脩飭也；五者脩飭，故受天之祐，而享鬼神之靈，德施於方外，延及群生也。

注釋

1顓：同「專」。苟：貪圖權利。簡：簡化仁義。2濟：補益。3囂：囂張，輕薄。頑：愚頑、兇惡。殊：斷絕。扞：同「捍」，抵禦。4圬：同「杇」，本意為抹子，塗抹牆壁的工具。此用於動詞：塗抹牆壁，粉刷。5鼓：敲擊或彈奏（樂器）。

譯文

周代的聖王承繼亂世，將亂世的遺留都掃除掉，重修教化，並予以推崇。教化已明確，習俗已形成，子孫予以遵循，實行了五六百年仍未敗亡。周朝到了末世，無道大行，以致失去天下。秦繼其後，不單不能更改，比周末更加無道，嚴禁文學，不許藏書，摒棄禮義而厭惡聽聞禮義，想要將先王之道全部消滅，一意孤行地實行放肆、苟且、簡陋的政治，所以立為天子十四年而國家滅亡了。自古以來，未嘗有秦朝這樣以亂救亂，嚴重危害天下之民的。秦的遺毒餘害，至今沒有絕滅，它使得習俗薄惡，人民欺詐頑劣，抵觸抗拒，混亂到了非常嚴重的地步。孔子說：「腐朽之木不能雕琢啊，穢土之牆不能塗飾啊。」現在漢朝繼秦朝之後，猶如面對朽木糞牆，雖然想要從善治理，卻無可奈何。法律推出而奸邪產生，命令下達而詐偽興起，猶如用熱湯去制止沸騰，抱着薪木柴去救火，結果更糟而沒有裨益。臣私下將此比喻為琴瑟的音不協調，嚴重者必須改弦更張（重新張設琴絃），方可彈奏；政治也一樣不得實行時，嚴重者必將其改變而更新教化，方可治理。應當更張而不更張的話，雖有優良的技工也不能很好地調節琴瑟；應當更化而不更化的話，雖有大賢人也不能很好地治理國家。所以漢朝得天下以來，經常希望好好地治理而至今不能治理好，其失誤就在於當改革而不改革。古人有言道：「臨淵羨魚，不如退而結網。」現在漢朝執政而且希望治理好國家已經七十餘年了，不如退而搞改革；改革則可好好地治理，治理好了則災害就一天天地消除，福祿也會一天天地到來。《詩》說：「適宜於民，適宜於人，受福祿於天。」為政而適宜於民的，本應當受福祿於天。仁、義、禮、智、信是五種恆常不變的道，是王者所應當整治的；五者整治，就受到天的保佑，而享受鬼神之靈驗，恩德施行於國外，延及眾生。

天子覽其對而異焉，乃復冊之曰：

制曰：蓋聞虞舜之時，游於巖郎之上，垂拱無為，而天下太平。周文王至於日昃不暇食，而宇內亦治。夫帝王之道，豈不同條共貫與？何逸勞之殊也？

蓋儉者不造玄黃旌旗之飾。及至周室，設兩觀，乘大路，朱干玉戚，八佾陳於庭[1]，而頌聲興。夫帝王之道豈異指哉？或曰良玉不瑑，又曰非文無以輔德，二端異焉。

殷人執五刑以督姦，傷肌膚以懲惡[2]。成康不式[3]，四十餘年天下不犯，囹圄空虛。秦國用之，死者甚衆，刑者相望，秏[4]矣哀哉！

注釋

1觀：闕。大路：車名。干：盾牌。戚：鉞。佾：舞者的行列。一列八人，八列六十四人的樂舞是天子使用的規模。2督：監視並責罰。懲：制止。3式：使用。4秏：「耗」，消耗。一說：同「眊」，混亂。

譯文

天子披閱此對策認為很不尋常，就再下策問：

制曰：聽說虞舜之時，君王遊憩於高廊之上，垂衣拱手無所作為，而天下太平。周文王至於日暮忙得沒有時間進食，天下也很太平。帝王之道，難道沒有共同的條理而貫穿其中嗎？怎麼有着安逸與勞苦之差別呢？

想來，儉樸的君王是不製作玄黃旌旗之類色彩鮮豔裝飾的。但是到周王室時，建造兩觀之宮闕，乘坐大路之車，使用朱紅的盾牌和玉柄的斧鉞，八佾樂舞演奏於朝廷，而且對此讚頌之聲四起。帝王之道難道旨趣不同？有人說良玉不需雕琢，有人說沒有文采就無法輔助德行，兩種主張差別懸殊。

殷朝人執行五刑以責罰奸人，以損傷肌膚的作法懲辦惡人。周成王、康王不用刑罰，四十餘年天下沒有犯法的人，監獄空蕩無人。秦國使用刑罰，由此死者甚衆，受刑者到處可見，天下消耗殆盡，悲哀呀！

烏虖[1]！朕夙寤[2]晨興，惟前帝王之憲[3]，永思所以奉至尊，章洪業[4]，皆在力本任賢。今朕親耕藉田以為農先，勸孝弟，崇有德，使者冠蓋相望，問勤勞，恤孤獨，盡思極神，功烈休德未始云獲也。今陰陽錯繆，氛[5]氣充塞，群生寡遂[6]，黎民未濟，廉恥貿亂，賢不肖渾淆[7]，未得其真，故詳延特起之士，庶幾乎！今子大夫待詔百有餘人，或道世務而未濟，稽諸上古之不同，考之於今而難行，毋乃牽於文繫而不得騁與？將所繇異術，所聞殊方與？各悉對，著於篇，毋諱有司。明其指略，切磋究之，以稱朕意。

注釋

1烏虖：嗚呼。2夙：早也。寤：睡醒。3憲：法令。4永：深。章：明也。洪：大。5氛：惡氣也。6遂：成。7貿：交互，錯雜。渾淆：即混淆，使界限不清。

譯文

唉！朕清晨早起，思考從前帝王的大法，深思他們所以能夠奉行至尊、彰顯洪業的理由，都在於能夠力行以農業為本，任用賢人。現在，朕親自耕種藉田以農業為先行，鼓勵孝悌之道，尊重有德之人，達到了使者的冠帽、車蓋相互可以望見的程度，頻繁地派遣使者慰問勤耕勞作者，撫恤無父母、無子女的孤獨之人，如此竭盡心思，尚不能說已經開始收穫功業和美德了。現在陰陽錯亂，惡氣彌漫，群生很少能夠順利成長，黎民百姓未得到救濟，清廉與恥辱交雜錯亂，賢人與不肖相互混淆，未能得到真正的人才，所以要盡量邀請特殊之士，也許能夠如願以償吧！現在大夫待詔的有百餘人，有的人談論當世時務而未中要害，考核其議論的話對上古也不一樣，以其議論考察當今政務又難以實行，莫非是懼怕文吏之法而不得自由思考嗎？還是由於學派不同，所依據的見解各異呢？你們各自暢所欲言地對答，寫成文章，不要顧忌主管官吏。闡明你們的宗旨、方略，切磋斟酌自己的觀點，以符合朕意。

仲舒對曰：

臣聞制度文采玄黃之飾，所以明尊卑，異貴賤，而勸有德也。故春秋受命所先制者，改正朔，易服色，所以應天也。然則宮室旌旗之制，有法而然者也。故孔子曰：「奢則不遜，儉則固。」儉非聖人之中制也。臣聞良玉不瑑，資質潤美，不待刻瑑，此亡異於達巷黨人[1]不學而自知也。然則常玉不瑑，不成文章；君子不學，不成其德。

注釋

1 達巷黨人：指七歲而為孔子師的項槖。達巷，黨（五百家的村落）名；在山東滋陽。

譯文

仲舒對策曰：

臣聽說制度文采和黑色、黃色之裝飾，是用來標明尊卑，區別貴賤，從而鼓勵有德的。所以《春秋》說：受天命者所首先要制訂的，是改換曆法的正朔，改變服色，為的是以此順應天意。那麼，宮室、旌旗之制，是按照法則而形成事物。所以孔子說：「奢侈則不謙遜，儉約則簡陋。」節儉並非聖人的中庸之制。臣聽說良玉不雕琢，是因為其資質潤美，不需雕飾，如同達巷黨人項槖那樣，可以不學而自知一樣。然而普通的玉不雕琢，就不能形成美麗花紋；君子不學習，就不能成就美德。

臣聞聖王之治天下也，少則習之學，長則材諸位，爵祿以養其德，刑罰以威[1]其惡，故民曉於禮誼而恥犯其上。武王行大誼，平殘賊，周公作禮樂以文之，至於成康之隆，囹圄空虛四十餘年，此亦教化之漸而仁誼之流，非獨傷肌膚之效也。至秦則不然。師申商之法，行韓非之說，憎帝王之道，以貪狼為俗，非有文德以教訓於下也。誅[2]名而不察實，為善者不必免，而犯惡者未必刑也。是以百官皆飾虛辭而不顧實，外有事君之禮，內有背上之心，造偽飾詐，趣利無恥；又好用憯[3]酷之吏，賦斂亡度，竭民財力，百姓散亡，不得從耕織之業，群盜並起。是以刑者甚衆，死者相望，而姦不息，俗化使然也。故孔子曰「導之以政，齊之以刑，民免而無恥」，此之謂也。

注釋　1威：震懾。使知畏懼而服從。2誅：責。3憯：痛。

譯文　臣聽說聖王治理天下，年輕時培養其好學的習慣，年長之後則授予職位來檢測其能力，用爵位、俸祿來培養其德行，用刑罰來震懾其惡行，所以人民懂得禮儀而恥於犯上。周武王施行大義，平定殘賊，周公作禮樂予以修飾周政，到了成王、康王的盛世，監獄空虛了四十餘年，此亦教化之滲透、仁義之流行的現象，並非僅僅是損傷肌膚的刑罰之效果。到了秦則不然。效法申不害、商鞅之法律，實行韓非之學說，憎惡帝王之道，形成狼一樣貪婪的世俗，並非以文德來教訓天下。所以斥責名目而不察實質，行善的人不一定免罪，而犯罪的人又未必受到懲罰。所以百官都巧飾空言虛辭而不顧事實，表面有事君之禮節，內心想的是背叛上司，弄虛作假，無恥地獲取利益；又喜好任用殘酷的官吏，沒有節制地徵收賦稅，耗竭人民的財力，使百姓離散逃亡，以致無法從事農耕、紡織之業，群盜並起。所以受刑者甚多，死者到處可見，而奸惡不止，這是風俗教化所造成的。所以孔子說：「以政治為指導，以刑罰為制裁的話，人民能免於犯罪而不知道羞恥」，此話說的就是這一層意思。

今陛下併有天下，海內莫不率服，廣覽兼聽，極群下之知，盡天下之美，至德昭然，施於方外。夜郎、康居，殊方萬里[1]，說德歸誼[2]，此太平之致也。然而功不加於百姓者，殆[3]王心未加焉。曾子[4]曰：「尊其所聞，則高明矣；行其所知，則光大矣。高明光大，不在於它，在乎加之意而已。」願陛下因用所聞，設誠於內而致行之，則三王何異哉！

注釋　1夜郎：西南夷之國。康居：西域之國。殊方：遠方，異域。2說：同「悅」。誼：同「義」。3殆：大概，幾乎。4曾子：曾參。

譯文　現在，陛下統一了天下，四海之內沒有不順服的，您廣泛閱覽，兼聽各種意見，最大限度地匯集下級的智慧，極盡天下之美，崇高的德行昭然於世，施行於國外。夜郎、康居，雖遠在萬里之外，也能因愛慕陛下的德行而歸順於大義，這是太平的極致。然而，功德不加於百姓，恐怕是王的心意尚未加於百姓。曾子說：「遵循所聽到的，則高明；奉行所知道的，則光大。高明與光大，不在於別的，僅在於加上自己的心意而已。」願陛下遵循、應用所聞，內心抱有誠意而致力於施行所聞的道理，那樣的話又與三王有何不同呢！

陛下親耕藉田以為農先，夙寤晨興，憂勞萬民，思惟往古，而務以求賢，此亦堯舜之用心也，然而未云獲者，士素不厲也。夫不素養士而欲求賢，譬猶不琢玉而求文采也。故養士之大者，莫大虖太學；太學者，賢士之所關[1]也，教化之本原也。今以一郡一國之衆，對亡應書[2]者，是王道往往[3]而絕也。臣願陛下興太學，置明師，以養天下之士，數考問以盡其材，則英俊宜可得矣。

今之郡守、縣令，民之師帥，所使承流而宣化也；故師帥不賢，則主德不宣，恩澤不流。今吏既亡教訓於下，或不承用主上之法，暴虐百姓，與姦為市，貧窮孤弱，冤苦失職，甚不稱陛下之意。是以陰陽錯繆，氛氣充塞，群生寡遂，黎民未濟，皆長吏不明，使至於此也。

注釋 1關：經由，通過。2書：指舉賢良文學之詔書。3往往：紛紛，處處。

譯文 陛下親自耕種藉田以此倡導農業，清晨早起，為萬民擔憂，思考往古，致力於尋求賢人，這也是堯舜所注意的，然而未獲得功業和美德，是由於士人平素不努力的原因。平日不養士而要求得賢人，就好像不雕琢玉石而希望得到花紋絢麗的玉器。所以養士之最重要的事，莫過於興建太學；太學，是賢士的來源，教化的根本。現在，讓一郡一國的衆人來對策，而沒有能夠符合詔書要求的人，這說明王道紛紛滅絕了。臣希望陛下興建太學，配置明師，以便培養天下之士，經常考試以便學生全面展現才能，便可以得到英俊人才。現在的郡守、縣令，是人民之表率，其職責在於上承恩澤而向下宣揚教化；所以，如果表率者不賢，則君主之德不能宣揚，恩澤不能流傳。現在官吏已經不能教訓民眾，有的不實行君主的法則，殘暴虐待百姓，與奸惡相勾結盈利，致使貧窮孤弱的人，含冤受苦，喪失生計，非常不稱陛下的心意。所以陰陽錯亂，邪氣充塞，群生難以生存，黎民得不到救助，都是因為長官不賢明，致使如此的。

夫長吏多出於郎中、中郎，吏二千石子弟選郎吏，又以富訾[1]，未必賢也。且古所謂功者，以任官稱職為差[2]，非謂積日絫久也。故小材雖絫日，不離於小官；賢材雖未久，不害[3]為輔佐。是以有司竭力盡知，務治其業而以赴功。今則不然。累日以取貴，積久以致官，是以廉恥貿亂，賢不肖渾殽，未得其真。臣愚以為使諸列侯、郡守、二千石各擇其吏民之賢者，歲貢各二人以給宿衛，且以觀大臣之能；所貢賢者有賞，所貢不肖者有罰。夫如是，諸侯、吏二千石皆盡心於求賢，天下之士可得而官使也。徧得天下之賢人，則三王之盛易為，而堯舜之名可及也。毋以日月為功，實試賢能為上，量材而授官，錄[4]德而定位，則廉恥殊路，賢不肖異處矣。陛下加惠，寬臣之罪，令勿牽制於文，使得切磋究之，臣敢不盡愚！

注釋　1訾：與「資」同。2差：等次。3害：妨害。4錄：省察，甄別。

譯文

高官大多出自郎中、中郎，吏二千石子弟，選任郎官又以財富資產為條件，當選者未必是賢人。而且，古代所謂的「功」，是以任官是否稱職做區別的，並不是指任職所累積的時間。因此，小材之人雖任職時間很長，仍做小官；賢才之人雖任職不久，也不妨礙做輔佐大臣。所以，官吏們都盡心竭力，專心於本職而建功立業。現在則不同了。積累時日就可以獲取富貴，任職長久可以升官，所以廉潔與羞恥交相混雜，賢能與不肖彼此混淆，無法得到真正的人才。臣愚以為讓諸列侯、郡守、二千石官秩的官員，各自從所管轄的官吏、百姓中選擇賢能的人，每年向朝廷選送二人，讓他們到宮中作宿衞，而且可以由此觀察大臣的能力；所選送的人有賢才就給予賞賜，所選送的人不好的就予以懲罰。這樣的話，諸侯和二千石高官都會盡心盡力地尋求賢才，天下的士人都可以成為官吏而任用。把天下之賢人都吸收到朝廷來的話，那麼三代聖王的盛況就可以順利形成，而堯舜之美名也可以企及。不以時日長短計算功勞，而以實際考察認定的賢能為上，量材而授予官職，省察德行而確定地位，就會把廉潔與羞恥、賢與不肖相互區別清楚了。陛下施恩惠於臣，寬恕臣的罪過，讓臣不要害怕主管官吏，使臣得以切磋研究，臣怎敢不盡量表達愚見！

於是天子復冊之。

制曰：蓋聞「善言天者必有徵於人，善言古者必有驗於今」。故朕垂問乎天人之應，上嘉唐虞，下悼桀紂，寖[1]微寖滅寖明寖昌之道，虛心以改。今子大夫明於陰陽所以造化，習於先聖之道業，然而文采未極，豈惑虖當世之務哉？條貫靡竟，統紀[2]未終，意朕之不明與？聽若眩[3]與？夫三王之教所祖[4]不同，而皆有失，或謂久而不易者道也，意豈異哉？今子大夫既已著大道之極，陳治亂之端矣，其悉之究之，孰之復之[5]。詩不云虖？「嗟爾君子，毋常安息，神之聽之，介爾景福。」[6]朕將親覽焉，子大夫其茂[7]明之。

注釋

1寖：古「浸」字，逐漸之意。2統紀：頭緒，條理。3眩：迷惑。4祖：開始。5悉：詳盡。究：究竟。孰：同「熟」，程度深。復：反覆重申。6安息：安處。介：幫助。景：大。7茂：努力。

譯文

於是天子就再下策問：

制曰：聽説「善言天的，必能找到人事來驗證；善言古的，必能在現實中得到驗證」。所以朕問一問天人之間的感應，對上嘉許唐堯、虞舜，對下哀悼夏桀、商紂，對於這些逐漸衰微以致滅亡，逐漸開明以致昌盛的道理，朕要虛心反省改正自身。現在，你們通曉陰陽可以造物教化的道理，熟悉先代聖王之道術、事業，然而你們的文采並未發揮極致，難道你們對當代政務有甚麼疑惑嗎？你們所論述的，條理未能連貫，頭緒不夠完整，想來是朕看問題時眼睛不明嗎？是朕聽人論述時耳朵不聽嗎？三代聖王之教化，最初各不相同，而且都有缺陷，有人說恆久而不變的才是道，可想一想道為何也有所不同呢？現在你們既已著述了大道的終極原理，陳述了治與亂的端緒，請敘述得更加詳細、完整、深刻、周全。《詩》上不是說：「啊！君子，不要苟且安息，神在聽你說，助你有大福。」朕要親自閱覽你們的對策，你們要努力闡明自己的見解。

仲舒復對曰：

冊曰：「上嘉唐虞，下悼桀紂，寖微寖滅寖明寖昌之道，虛心以改。」臣聞衆少成多，積小致鉅[1]，故聖人莫不以晻[2]致明，以微致顯。是以堯發於諸侯，舜興虖深山，非一日而顯也，蓋有漸以致之矣。言出於己，不可塞也；行發於身，不可掩也。言行，治之大者，君子之所以動天地也。故盡小者大，慎微者著。詩云：「惟此文王，小心翼翼。」故堯兢兢日行其道，而舜業業日致其孝，善積而名顯，德章而身尊，此其寖明寖昌之道也。積善在身，猶長日加益，而人不知也；積惡在身，猶火之銷膏，而人不見也。非明虖情性察虖流俗者，孰能知之？此唐虞之所以得令名，而桀紂之可為悼懼者也。

注釋　1鉅：大。2晻：與「暗」同。

譯文　仲舒再次對策曰：

策問說：「對上嘉許唐堯、虞舜，對下哀悼夏桀、商紂，對於這些逐漸衰微以致滅亡，逐漸開明以致昌盛的道理，朕要虛心反省改正自身。」臣聽說積少成多，積小成大，所以聖人沒一個不是從暗淡到閃耀，從微弱到顯赫的。所以堯起身於諸侯，舜興起於深山，不是一日之間而突然顯赫的，應該都是逐漸而有成就的。言語出於自己，不可阻塞；行為發於自身，無法遮掩。言語與行為，是治理國家的大事，君子憑此而感動天地。所以做好衆多小事，則能成就大業；能夠謹慎入微，則能著名於世。《詩經》上說：「文王啊，小心翼翼。」所以堯兢兢業業每日實行治國之道，而舜兢兢業業每日盡其孝道，積善就能名聲顯揚，積德就會身受尊敬，這就是那逐漸昌盛的道理。積善於自身，猶如人日漸長大，而自己並不覺察；積惡在自身，猶如燈火銷耗油脂，而人是看不見的。不是明曉情性和洞察世俗的人，誰能知道其中的道理呢？這就是唐堯、虞舜之所以得到美名，而夏桀、商紂令人哀悼恐懼的原因。

冊曰：「三王之教所祖不同，而皆有失，或謂久而不易者道也，意豈異哉？」臣聞夫樂而不亂復而不厭者謂之道；道者萬世亡弊，弊者道之失也。先王之道必有偏而不起之處，故政有眊[1]而不行，舉其偏者以補其弊而已矣。三王之道所祖不同，非其相反，將以捄溢扶衰，所遭之變然也。故孔子曰：「亡為而治者，其舜虖！」改正朔，易服色，以順天命而已；其餘盡循堯道，何更為哉！故王者有改制之名，亡變道之實。然夏上忠，殷上敬，周上文者，所繼之捄[2]，當用此也。孔子曰：「殷因於夏禮，所損益可知也；周因於殷禮，所損益可知也；其或繼周者，雖百世可知也。」此言百王之用，以此三者矣。夏因於虞，而獨不言所損益者，其道如一而所上同也。道之大原出於天，天不變，道亦不變，是以禹繼舜，舜繼堯，三聖相受而守一道，亡救弊之政也，故不言其所損益也。繇是觀之，繼治世者其道同，繼亂世者其道變。今漢繼大亂之後，若宜少損周之文致[3]，用夏之忠者。

注釋

1眊：不明。2捄：古「救」字。3致：至極。

譯文

冊曰：「三代聖王之教化，最初各不相同，而且都有缺陷，有人說恆久而不變的才是道，可想一想道為何也有所不同呢？」臣聽說快樂而不淫亂，反覆實行而不厭倦的叫做道；遵循道行事，萬世無弊害，產生弊害的一定是沒有按照道行事所致。先王之行道必有偏頗而行不通之處，所以政治昏亂，政令不行，指出偏頗之處，由此彌補其弊端就行了。三王之道最初各自不同，但並非是相反的，都是為了補救過失，扶助衰敗，是由於所遇到的情況有所變化造成的。所以孔子說：「無為而治的人，就是舜呀！」舜僅僅改變了曆法，更換了服飾的顏色，以此順應天命而已；其餘的都遵循堯道，為何要更改呢！所以，王者有改革制度之名義，並沒有改變治道之實質。然而，夏代推崇忠，殷代推崇敬，周代推崇文的原因，是因為都面臨了前代遺留下的弊端，應當使用這些不同的做法。孔子說：「殷商繼承於夏代的禮制，有所增減，這是可以知道的；周代繼承殷商的禮制，有所增減，也是可以知道的；若有人繼承周代，即便是一百代之後也是可以推知的。」這是說的百代君王所用的治國之道，也就是夏、商、周的忠、敬、文三者而已。夏代繼承了虞舜，而孔子唯獨不說有所增減，是因為二者的道是一樣的，而且所推崇的原則相同。道的至大本原出自於天，天不變，道亦不變，所以禹繼承了舜，舜繼承了堯，三位聖王相互授受禪讓天下，而遵循同一的治道，因此其間無需實行救弊之政，所以不言有所增減。由此看來，繼承治世的，他們的道相同，繼承亂世的，他們的道是要改變的。現在漢朝繼大亂之後，應當稍減周朝之文，而用夏朝之忠。

春秋大一統[1]者，天地之常經，古今之通誼也。今師異道，人異論，百家殊方，指意不同，是以上亡以持一統；法制數變，下不知所守。臣愚以為諸不在六藝之科孔子之術者，皆絕其道，勿使並進。邪辟[2]之說滅息，然後統紀可一而法度可明，民知所從矣。

注釋

1大一統：萬物之系統皆歸於一。語出《春秋公羊傳》：「隱公元年，春王正月。何言乎王正月？大一統也。」是說諸侯都歸天子統管，不得擅自專行。2辟：同「僻」。

譯文

《春秋》推崇的天下一統，是天地之間永恆的原則，古往今來共通的道理。現在，經師傳授的道彼此不同，論述因人而異，百家學術方向有別，旨趣不同，所以上面的君主無法掌握統一的標準；法令、制度多次變更，下面的臣民不知遵守甚麼。臣愚以為凡是不屬於六藝科目和孔子學術的，都禁絕其理論，不許它們與儒學並進。邪僻之說消失，然後政令能夠統一，法度可以嚴明，人民就知道應該遵守甚麼了。

自武帝初立，魏其、武安侯為相而隆儒矣。及仲舒對冊，推明孔氏，抑黜百家。立學校之官，州郡舉茂材孝廉，皆自仲舒發之。年老，以壽終於家。家徙茂陵，子及孫皆以學至大官。

仲舒所著，皆明經術之意，及上疏條教，凡百二十三篇。而說《春秋》事得失，《聞舉》、《玉杯》、《蕃露》、《清明》、《竹林》之屬，復數十篇，十餘萬言，皆傳於後世。掇[1]其切當世施朝廷者著於篇。

注釋

1 掇：摘取。

譯文

從漢武帝初即位，魏其侯竇嬰、武安侯田蚡先後做丞相，從此推崇儒學。到董仲舒對策，推尊孔子，抑黜百家。設立學校之教官，州郡舉薦茂材孝廉，都是從董仲舒發起的。董仲舒年老在家壽終。後來他家遷至茂陵縣，他兒子和孫子都憑學問做了大官。

董仲舒的著作，都是闡明儒家經學意旨的，連同上疏奏文，總共一百二十三篇。而解說《春秋》記事的得失，以及《聞舉》、《玉杯》、《蕃露》、《清明》、《竹林》之類的著作，另有數十篇，十多萬字，都流傳於後世。我選出其中切合當今之世和朝廷的載入本篇。

張騫傳

本篇導讀——

張騫是我國古代外交史上的重要人物。在漢武帝對匈奴戰爭中，張騫兩次奉命出使西域，肩負了聯絡西域各國共擊匈奴的使命。第一次於建元二年（前一三九年）出使月氏，他冒險經匈奴被扣留十餘年，後乘機西逃經大宛、康居，到達位於阿姆河上中游的大月氏和大夏，返歸時又遭匈奴扣留。行程數萬里，歷時十三年，歷盡艱險終於回到漢朝。第二次為元狩四年（前一一九年），張騫再次出使西域，他率領龐大的使團，攜帶價值數千萬的財物，跋涉萬里，抵達位於伊犁河流域的烏孫，然後又分別派出副使前往大宛、康居、月氏、大夏等國。張騫兩次出使，加強了中原與西域各族的聯繫，發展了漢朝與中亞各國人民的友好關係，極大地促進了我國與西方的經濟文化交流。

張騫，漢中人也，建元中為郎。時匈奴降者言匈奴破月氏王[1]，以其頭為飲器，月氏遁而怨匈奴，無與共擊之。漢方欲事滅胡[2]，聞此言，欲通使，道必更匈奴中，乃募能使者。騫以郎應募，使月氏，與堂邑氏奴甘父俱出隴西。徑匈奴，匈奴得之，傳詣[3]單于。單于曰：「月氏在吾北，漢何以得往使？吾欲使越，漢肯聽我乎？」留騫十餘歲，予妻，有子，然騫持漢節不失。

注釋

1月氏（粵：之；普：zhī）：漢代西域國名。秦漢之際居敦煌與祁連間。2胡：古代對西方和北方各少數民族的泛稱，此指匈奴。3詣：到，到達。

譯文

張騫是漢中人，武帝建元年間為郎官。當時，投降漢朝的匈奴人說匈奴打敗月氏王之後，拿他的頭顱做飲酒器，月氏逃走並且怨恨匈奴，但無人援助他們共同打擊匈奴。漢朝此時正打算消滅匈奴，聽到這消息，想派人出使月氏，但出使月氏必經匈奴地區，便招募能勝任出使的人。當時張騫以郎官的身份應募。他出使月氏，與堂邑氏的家奴甘父一起從隴西出發。經過匈奴時，被匈奴人抓獲，用傳車送到單于那裏。單于說：「月氏在我們的北面，漢朝怎麼能夠前往通使呢？我想派人出使南越，漢朝肯任憑我的使者去嗎？」於是把張騫扣留了十多年，還給他娶了妻子，有了孩子，但他始終保留着漢朝的使節，沒有丟失。

居匈奴西，騫因與其屬亡鄉月氏，西走數十日至大宛[1]。大宛聞漢之饒財，欲通不得，見騫，喜，問欲何之。騫曰：「為漢使月氏而為匈奴所閉道，今亡，唯王使人道[2]送我。誠得至，反漢，漢之賂遺王財物不可勝言。」大宛以為然，遣騫，為發譯道，抵康居[3]。康居傳致大月氏。大月氏王已為胡所殺，立其夫人為王。既臣大夏[4]而君之，地肥饒，少寇，志安樂，又自以遠遠漢，殊無報胡之心。騫從月氏至大夏，竟不能得月氏要領。

注釋

1 大宛（粵：冤；普：yuān）：古西域國名，西南與大月氏為鄰，盛產名馬。2 道：同「導」，引導。3 康居：古西域國名。東鄰烏孫，西達奄蔡，南接大月氏，東南與大宛交界。4 大夏：中亞細亞古國名，在今阿富汗北部一帶。

譯文

張騫住在匈奴西邊，他乘機和部下朝月氏方向逃走，他們向西逃了幾十天，到了大宛。大宛早就聽說漢朝富庶，想與漢朝通使而未能做到。他們見到張騫，十分高興，便問他們要去哪。張騫說：「我們為漢朝出使月氏，被匈奴所阻攔。現在逃了出來，希望大王派人引路，護送我們。如能到達月氏，等我們返回漢朝後，漢朝送給大王的財物是說不盡的。」大宛王認為張騫說得對，就遣送張騫出境，並派了翻譯和嚮導，送到康居。康居人又把他們送到大月氏。此時，大月氏王已被匈奴所殺，他的夫人被立為王。大月氏征服了大夏，成為這裏的君主，土地肥沃富饒，境內又少有盜寇，感到滿足安樂，又自認為遠離漢朝而不想親近漢朝，根本就沒有報復匈奴之心。張騫從月氏來到大夏，一直未能得知月氏意趣。

留歲餘，還，並南山[1]，欲從羌中歸，復為匈奴所得。留歲餘，單于死，國內亂，騫與胡妻及堂邑父俱亡歸漢。拜騫太中大夫，堂邑父為奉使君。

注釋

1 並：挨着，靠近。

譯文

張騫在那裏逗留了一年多，回來時，沿着南山（崑崙山、阿爾金山、祁連山），想經由羌人地區返回，不料又被匈奴抓獲。在匈奴被扣留了一年多，遇上單于去世，國內動亂，便帶着匈奴妻子和堂邑父一同逃歸漢朝。漢武帝任命他為太中大夫，封堂邑父為奉使君。

騫為人彊力，寬大信人，蠻夷[1]愛之。堂邑父胡人，善射，窮急射禽獸給食。

初，騫行時百餘人，去十三歲，唯二人得還。

騫身所至者，大宛、大月氏、大夏、康居，而傳聞其旁大國五六，具為天子言其地形，所有[2]。語皆在《西域傳》。

注釋

1蠻夷：此為對西域各國各族的泛稱。2所有：所生之物產。

譯文

張騫為人堅強而又有毅力，寬厚有度量，真誠有信，西域人都喜愛他。堂邑父本是匈奴人，善於射獵，窮困窘迫時，就射捕禽獸來供給飲食。當初，張騫出發時有一百多人，出使在外十三年，只有他們二人得以返回。

張騫親身到過的國家，有大宛、大月氏、大夏、康居，聽說的還有與它們相接鄰的五六個大國。他一一向武帝陳說了這些國家的地形、物產。所述內容都在《西域傳》中。

騫曰：「臣在大夏時，見邛竹杖、蜀布，問安得此？大夏國人曰：『吾賈人往市之身毒國[1]。身毒國在大夏東南可數千里。其俗土著，與大夏同，而卑濕暑熱。其民乘象以戰。其國臨大水焉。』以騫度[2]之，大夏去漢萬二千里，居西南。今身毒又居大夏東南數千里，有蜀物，此其去蜀不遠矣。今使大夏，從羌中，險，羌人惡之；少北，則為匈奴所得；從蜀，宜徑，又無寇。」天子既聞大宛及大夏、安息[3]之屬皆大國，多奇物，土著，頗與中國同俗，而兵弱，貴漢財物；其北則大月氏、康居之屬，兵彊，可以賂遺設利朝也。誠得而以義屬之，則廣地萬里，重九譯，致殊俗，威德遍於四海。天子欣欣以騫言為然。乃令因蜀犍為發間使，四道並出：出駹，出莋，出徙、邛，出僰[4]，皆各行一二千里。其北方閉氐、莋，南方閉巂、昆明[5]。昆明之屬無君長，善寇盜，輒殺略漢使，終莫得通。然聞其西可千餘里，有乘象國，名滇越[6]，而蜀賈間出物者或至焉，於是漢以求大夏道始通滇國。初，漢欲通西南夷，費多，罷之。及騫言可以通大夏，及復事西南夷。

注釋

1賈人：商人。身毒：古印度的音譯。2度：忖度，推測。3安息：伊朗高原古國名。4駹（粵：亡；普：máng）、莋、徙、邛、僰：均為古代西南夷族名。5氐：古民族名。秦漢時分佈於今四川、陝西、甘肅等地區。巂（粵：緒；普：xī）、昆明：我國西南古族名。6滇越：古部族名，分佈於今雲南騰沖一帶。

譯文

張騫說：「我在大夏時，見到過邛地的竹杖和蜀地產的細布。我問他們是從哪得到這些東西的，大夏國人說：『是我國商人從身毒國販運來的。身毒國在大夏東南，大約數千里。那裏的風俗為定居生活，與大夏相同，但地勢低窪，潮濕而炎熱。那裏的人騎大象打仗。國家面臨大海。』據我推測，大夏離我漢朝約一萬二千里，在漢朝的西南。現在身毒又在大夏東南幾千里，有蜀地的產物，可見身毒距離蜀地不很遠。現在出使大夏，要經過羌人的地方，有危險，羌人厭惡漢朝；稍稍往北，則會被匈奴抓獲；從蜀地去，當是便捷的路徑，又沒有盜寇。」漢武帝聽說大宛、大夏及安息等國都是大國，出產許多珍奇物品，人民定居，習俗與中國很相似，然而兵力薄弱，看重漢朝財物；它們的北面是大月氏、康居等國，兵力強大，可以用贈送財物、施之以利的辦法讓他們歸附漢朝。若真能施以恩義，使他們歸順，漢朝就會擴展疆土萬里，不同語言和習俗的各國就都會前來歸附，這樣，漢朝的威望和恩德就會遍及四海了。天子認為張騫的話很有道理，十分高興，於是下令經由蜀郡和犍為郡（在今四川宜賓市西南）探路的使者，分四路同時出發：一路出駹，一路出莋都，一路出徙、邛，一路出僰，各有一二千里路程。可是往北的通路被氐族、莋都夷所阻塞，南去的通道被嶲、昆明部族阻攔。昆明各部當時都還沒有君主，又好搶劫，每每殺害過往漢使，搶奪財物，這條道路始終沒能打通。但聽說昆明西邊大約一千里的地方有騎象之國，名叫滇越，蜀地商人私自販運貨物的有人到過那裏。於是漢朝為了探尋去大夏的通道，開始與滇國往來。當初，漢朝曾想與西南夷通使，因耗費巨大，停止實行了。直到張騫說從那裏可以通往大夏，才又從事交通西南夷的活動。

騫以校尉從大將軍擊匈奴，知水草處，軍得以不乏，乃封騫為博望侯。是歲元朔六年也。後二年，騫為衛尉，與李廣俱出右北平擊匈奴。匈奴圍李將軍，軍失亡多，而騫後期當斬，贖為庶人。是歲驃騎將軍破匈奴西邊，殺數萬人，至祁連山。其秋，渾邪王率眾降漢，而金城、河西[1]並南山至鹽澤，空無匈奴。匈奴時有候者到，而希矣。後二年，漢擊走單于於幕北[2]。

注釋

1河西：指今甘肅、青海兩省黃河以西，即河西走廊與湟水流域。2幕：通「漠」，沙漠。

譯文

張騫以校尉的身份跟隨大將軍衛青出擊匈奴，由於他熟悉水草的分佈，軍隊能隨時得到補給，不缺補給，於是封張騫為博望侯。這年是元朔六年。兩年以後，張騫作為衛尉，與李廣將軍一起從右北平（郡名，在今河北東北部）出發出擊匈奴。匈奴包圍了李將軍，漢軍損失、逃亡眾多，而張騫沒能按期到達，依照法令本該斬首，交罰金贖罪貶為平民。這一年驃騎將軍霍去病在西邊大敗匈奴，殺數萬人，直至祁連山下。秋天，匈奴渾邪王率其部屬投降漢朝，至此，從金城（縣名，在今甘肅蘭州西北）、河西走廊，沿南山（祁連山）直至鹽澤（莆昌海，在今新疆羅布泊地區）一帶空無匈奴。雖然匈奴不時派人來偵探，人數畢竟很少了。又過了兩年，漢朝擊敗匈奴，把單于趕往漠北。

天子數問騫大夏之屬。騫既失侯，因曰：「臣居匈奴中，聞烏孫王號昆莫。昆莫父難兜靡本與大月氏俱在祁連、敦煌間，小國也。大月氏攻殺難兜靡，奪其地，人民亡走匈奴。子昆莫新生，傅父布就翖侯抱亡置草中，為求食，還，見狼乳之，又烏銜肉翔其旁，以為神，遂持歸匈奴，單于愛養之。及壯，以其父民眾與昆莫，使將兵，數有功。時，月氏已為匈奴所破，西擊塞王。塞王南走遠徙，月氏居其地。昆莫既健，自請單于報父怨，遂西攻破大月氏。大月氏復西走，徙大夏地。昆莫略其眾，因留居，兵稍彊，會單于死，不肯復朝事匈奴。匈奴遣兵擊之，不勝，益以為神而遠之。今單于新困於漢，而昆莫地空。蠻夷戀故地，又貪漢物，誠以此時厚賂烏孫，招以東居故地，漢遣公主為夫人，結昆弟[1]，其勢宜聽，則是斷匈奴右臂也。既連烏孫，自其西大夏之屬皆可招來而為外臣。」天子以為然，拜騫為中郎將，將三百人，馬各二匹，牛、羊以萬數，齎2金幣帛直數千鉅萬，多持節副使，道可便遣之旁國。騫既至烏孫，致賜諭指3，未能得其決。語在《西域傳》。騫即分遣副使使大宛、康居、月氏、大夏。烏孫發譯道送騫，與烏孫使數十人，馬數十匹，報謝，因令窺漢，知其廣大。

注釋

1昆弟：兄弟。2齎（粵：擠；普：jī）：帶着。3諭：曉告。指：通「旨」，意旨。

譯文

漢武帝多次向張騫詢問關於大夏等國的情況。這時張騫已被免去侯爵，就說：「我在匈奴時，聽說烏孫王名叫昆莫。昆莫的父親叫難兜靡，本來和大月氏都是祁連與敦煌之間的小國。大月氏攻打烏孫，殺死難兜靡，侵佔了他們的土地，烏孫人逃往匈奴去了。那時昆莫剛出生，昆莫的傅父布就（人名）翎侯（官名）抱着他逃走，把他放置到草叢中，獨自去為昆莫尋找食物，回來時看見一頭母狼在給昆莫餵奶，又見烏鴉叼着肉在他旁邊飛翔，傅父認為孩子是神，就抱着他去投奔匈奴，單于很喜歡他，將他收養。等昆莫長大，單于就把昆莫父親的民眾交還給他，讓他帶兵打仗，結果屢建戰功。那時，月氏已被匈奴打敗，他們向西進攻塞（族名）王。塞王被迫南徙，遷往遠方，月氏於是佔領了塞王的國土。昆莫長大以後，自己向單于請求報殺父之仇，於是帶兵西征，攻破大月氏。大月氏再次西遷，佔據了大夏。昆莫把大月氏的民眾掠為己有，就在那裏屯紮下來，昆莫的兵力有所增強，又遇上單于去世，昆莫不再如朝侍奉匈奴。匈奴派兵攻打昆莫，不能取勝，更以為昆莫是神而遠離他。現在單于剛被漢朝擊敗，昆莫原先的土地空了出來。蠻夷之人都依戀故土，又貪愛我漢朝的財物，若能乘此機會厚贈烏孫，用他們在東邊居住過的地方招引他們，並遣送公主為其夫人，與烏孫結為兄弟，烏孫一定樂於聽從我們，這樣就切斷了匈奴的右臂。聯合了烏孫之後，烏孫以西的大夏等國，都可以招來成為漢朝的外臣。」漢武帝認為張騫的建議很好，就任命他為中郎將，率領三百人，每人配兩匹馬，趕着上萬的牛羊，攜帶着價值數以萬計的黃金和繒帛，還配置了多名持節的副使，出使烏孫。同時根據道路情況，派遣這些副使到附近的國家去。張騫到了烏孫，就交付了朝廷的賞賜並把皇帝的意旨明白地告訴了他們，卻沒得到烏孫方面確切的答覆。此事詳情記載在《西域傳》中。張騫便向大宛、康居、月氏和大夏等國分別派出了副使。烏孫派遣譯員和嚮導護送張騫回國。烏孫使者幾十人相隨同行，馬幾十匹至漢朝答謝，藉此讓他們察看漢朝情況，了解漢朝的廣闊。

騫還，拜為大行[1]。歲餘，騫卒。後歲餘，其所遣副使通大夏之屬者皆頗與其人俱來，於是西北國始通於漢矣。然騫鑿空[2]，諸後使往者皆稱博望侯，以為質[3]於外國，外國由是信之。其後，烏孫竟與漢結婚。

注釋

1大行：官名，即大行令，漢武帝太初元年改名大鴻臚，掌接待賓客等事。2鑿空：開闢孔道。即開闢了交通。3質：誠信。

譯文

張騫回到漢朝後，被任命為大行令。過了一年多，張騫去世。又過了一年多，張騫派往大夏等國去的那些副使，都同有關國家的使者一起返回，於是西北各國開始了與漢朝的通使交往。因張騫開闢了通西域的道路，後來許多使者出使國外也都稱作博望侯，以此來取信於外國，外國人因此而信任他們。後來，烏孫終於與漢朝結成了姻親。

初，天子發書《易》，曰「神馬當從西北來」。得烏孫馬好，名曰「天馬」。及得宛汗血馬，益壯，更名烏孫馬曰「西極馬」，宛馬曰「天馬」云。而漢始築令居以西，初置酒泉郡，以通西北國。因益發使抵安息、奄蔡、犛靬、條支、身

毒國。而天子好宛馬，使者相望於道，一輩大者數百，少者百餘人，所齎操，大放[1]博望侯時。其後益習而衰[2]少焉。漢率一歲中使者多者十餘，少者五六輩，遠者八九歲，近者數歲而反。

注釋　1放：仿照。2衰：依次遞減。

譯文　當初，漢武帝打開《易》書占卜，說：「神馬當從西北來」。得到烏孫馬覺得好，就取名「天馬」。等到又得了大宛的汗血馬，更為健壯，就將烏孫馬改名為「西極馬」，稱大宛馬為「天馬」。而且漢朝開始在令居縣（今甘肅永登西）向西修築邊塞，新設了酒泉郡，以便通往西北諸國。漢朝由此增派更多使者到達安息、奄蔡（一作闔蘇。約分佈於今鹹海至黑海一帶）、犛靬（一作闔軒，即大秦國）、條支（在安息西界，臨西海，即波斯灣，在今伊拉克境內）、身毒等國。且天子喜歡大宛馬，出使者相望於道，多則一次就數百人，少的也有一百餘人，他們攜帶的物品，大都仿效博望侯張騫時的規格。此後情況日益熟悉，每批使者的人數逐漸減少。漢朝大約每年派出的使者，多者十幾批，少者五六批；路遠的八九年，路近的也需幾年才能往返。

是時，漢既滅越[1]，蜀所通西南夷皆震，請吏。置牂柯、越巂、益州、沈黎、文山郡，欲地接以前通大夏。乃遣使歲十餘輩，出此初郡，皆復閉昆明，為所殺，奪幣物。於是漢發兵擊昆明，斬首數萬。後復遣使，竟不得通。語在《西南夷傳》。

注釋

1越：即南越，也作「南粵」。古代南方越人的一支。秦末建南越國。公元前一一一年漢滅南越，設置南海、蒼梧、鬱林、合浦、交趾、九真、日南、珠厓、儋耳九郡。

譯文

這時，漢朝已征服了南越，與蜀郡相通的西南夷都很震驚，紛紛請求漢朝派官員前去統轄。於是，漢朝在西南夷設置牂柯、越巂、益州、沈黎、文山郡，想使地界相接，一直向前通往大夏。於是漢朝每年派遣使者十多批，從這些新設置的郡出發，可都再次被昆明夷阻攔，使者被殺害，財物被搶奪。漢朝發兵攻打昆明，斬首數萬。後來又派使者，終究不能通過。詳見《西南夷傳》。

自騫開外國道以尊貴，其吏士爭上書言外國奇怪利害，求使。天子為其絕遠，非人所樂，聽其言，予節，募吏民無問所從來，為具備人眾遣之，以廣其道。來還不能無侵盜幣物，及使失指[1]，天子為其習之，輒覆按[2]致重罪，以激怒令贖，復求使。使端[3]無窮，而輕犯法。其吏卒亦輒復盛推外國所有，言大者予節，言小者為副，故妄言無行之徒皆爭相效。其使皆私縣官[4]齎物，欲賤市以私其利。外國亦厭漢使人人有言輕重，度漢兵遠，不能至，而禁其食物，以苦漢使。漢使乏絕，責怨，至相攻擊。樓蘭、姑師小國，當空道[5]，攻劫漢使王恢等尤甚。而匈奴奇兵又時時遮[6]擊之。使者爭言外國利害，皆有城邑，兵弱易擊。於是天子遣從票侯破奴將屬國騎及郡兵數萬以擊胡，胡皆去。明年，擊破姑師，虜樓蘭王。酒泉列亭鄣至玉門矣[7]。

注釋

1失指：違背天子旨意。2覆按：反覆審查。3端：事。4縣官：朝廷。5空道：大道。空，同「孔」。6遮：阻攔。7亭鄣：邊防地帶所築壁壘。

譯文

自從張騫開闢通往外國的道路而獲得尊貴的地位，那些官吏和軍士都爭相上書，談論外國稀奇怪異的物產及通使往來的利害，請求出使。漢武帝認為那些國家路途遙遠，人們不願前往，因此同意他們的請求，授予使節，並招募官吏民眾作為他們的隨行。對於應募的人不論從甚麼地方來都錄用，還為他們配備隨從，遣送他們出使，以求廣大出使者的來源。這些人歸來時，難免有劫掠、侵盜的錢物，以及出使違背天子旨意之事。天子因為他們熟悉出使情況，常對他們審訊查問並判以重罪，以此激發他們立功贖罪，使他們再次請求出使。出使的事由無窮無盡，而且輕易犯法。那些吏卒也一再誇稱外國的物產，誇口大的被授予使節為正使，誇口小的被任為副使。由此輕妄誇飾、品性不端的人都爭相仿效。使者大都把朝廷交付攜帶的財物據為己有，並希望低價出售從中牟利。外國也厭惡漢朝使者各人所述輕重不一，認為漢軍距此甚遠，不能到來，便斷絕漢使的食物，使他們陷於困苦。漢使食物匱乏，責怪怨恨，以致互相攻擊。樓蘭（在今新疆羅布泊西）、姑師（即車師）等小國，地處交通要道，攻擊搶劫漢使王恢等尤其厲害。而匈奴的奇兵又常常截擊使者。使者們競相陳說征討這些國家的利害，說那些國家都建有城邑，兵力薄弱，易於攻打。於是天子派遣從票侯趙破奴率領附屬國的騎兵及郡兵幾萬人攻打胡人，胡人都逃遁而去。翌年，擊敗姑師，俘虜了樓蘭王。漢朝從酒泉郡修築亭鄣一直延至玉門關。

而大宛諸國發使隨漢使來，觀漢廣大，以大鳥卵及犛靬眩[1]人獻於漢，天子大說。而漢使窮河源[2]，其山多玉石，采來，天子案古圖書，名河所出山曰昆侖云。

注釋　1眩：通「幻」。2窮：尋求到盡頭。河：指黃河。

譯文　大宛諸國派使者隨同漢使來到漢朝，見到漢朝廣大，他們獻給漢朝駝鳥蛋及犛靬國的魔術師，天子大喜。漢使的足跡深入到了黃河的源頭，那裏的山上多產玉石，漢使採來帶給天子，武帝查考了古地圖、書籍，將黃河發源之山命名為昆侖山。

是時，上方數巡狩海上，乃悉從外國客，大都多人則過之，散財帛賞賜，厚具饒給之，以覽視漢富厚焉。大角氐[1]，出奇戲諸怪物，多聚觀者，行賞賜，酒池肉林，令外國客遍觀各倉庫府臧[2]之積，欲以見[3]漢廣大，傾駭之。及加其眩者之工，而角氐奇戲歲增變，其益興，自此始。而外國使更來更去。大宛以西皆自恃遠，尚驕恣，未可詘[4]以禮羈縻而使也。

注釋　1大角氐：即角力，類似於現代的摔跤。2臧：同「藏」，儲藏。3見：同「現」，顯示，顯現。4詘（粵：屈；普：qū）：屈服。羈縻（粵：機眉；普：jī mí）：籠絡。

譯文　這時，漢武帝正多次到沿海巡行視察，讓所有外國使者隨從而行，凡是大都會人口眾多的就從那裏經過，散發錢財布帛進行賞賜，拿豐厚的飲食供給他們，以示漢朝的財物豐厚富裕。使外國使者得以觀覽。表演角抵、奇戲等新奇的東西，引來眾人圍觀；大行賞賜，酒池肉林，讓外國客人遍觀各倉庫府藏的積蓄，想以此顯示漢朝的廣大，使他們感到驚駭。還增加了幻術師的技藝，角抵、奇戲年年增添和變換種類，這類娛樂的日益興盛，就是從那時開始的。外國使者此來彼往，前後不絕。然而大宛以西的國家都自恃遙遠，仍然驕慢無禮，不能用禮義加以籠絡使他們屈服。

漢使往既多，其少從率進孰於天子，言大宛有善馬在貳師城，匿不肯示漢使。天子既好宛馬，聞之甘心，使壯士車令等持千金及金馬以請宛王貳師城善馬。宛國饒漢物，相與謀曰：「漢去我遠，而鹽水中數有敗[1]，出其北有胡寇，出其南乏水草，又且往往而絕邑，乏食者多。漢使數百人為輩來，常乏食，死者過半，是安能致大軍乎？且貳師馬，宛寶馬也。」遂不肯予漢使。漢使怒，妄言，椎[2]金馬而去。宛中貴人怒曰[3]：「漢使至輕我！」遣漢使去，令其東邊郁成王遮攻，殺漢使，取其財物。天子大怒。諸嘗使宛姚定漢等言：「宛兵弱，誠以漢兵不過

三千人，彊弩射之，即破宛矣。」天子以嘗使浞野侯攻樓蘭，以七百騎先至，虜其王，以定漢等言為然，而欲侯寵姬李氏[4]，乃以李廣利為將軍，伐宛。

注釋

1鹽水：指鹽澤地區，為沙磧之地。在今羅布泊一帶。數有敗：言數有死亡。2椎：捶擊。3中貴人：指宛王左右的近臣。4李氏：武帝寵妃李夫人，李廣利之妹。

譯文

漢朝的使者往來多了起來，那些隨從前去的年輕人由於經常進言而與天子熟悉了，說大宛有好馬在貳師城中，藏起來不讓漢使看到。漢武帝喜歡宛馬，聽說後很想獲得，就派壯士車令等人攜帶千金和金馬去請求大宛王贈送貳師城（故址在今吉爾吉斯斯坦西南部地區）好馬。大宛已有許多漢地的財物，他們的大臣商量道：「漢朝離我們很遠，且人從鹽澤之地經過常有死亡，經過鹽澤以北有胡寇的侵掠；經過鹽澤以南走又缺乏水、草，並且沒有城邑人居，常常缺乏食物。漢朝的使者幾百人一批而來，常因缺乏糧食，死者過半，這樣又豈能派大軍前來？況且貳師馬是我國寶馬。」終不肯給漢使。漢使大怒，口出妄言，椎碎金馬離去。大宛貴臣憤怒地說：「漢使也太輕視我國了！」於是遣返漢使，又指使東邊的郁成王攔截襲擊，殺死了漢使，搶走了漢使的財物。漢武帝大怒。曾經出使大宛的姚定漢等人說：「大宛兵弱，只需不超過三千人的漢兵，用強弩射擊，就能攻破大宛。」天子曾經派浞野侯趙破奴攻打過樓蘭，讓他以七百騎兵先至樓蘭，俘虜了樓蘭王，根據這一經驗認為姚定漢等人的建議可行。為了能讓受寵愛的李夫人的兄弟有機會得到封侯，天子就任命李廣利為將軍，征伐大宛。

騫孫猛，字子游，有俊才，元帝時為光祿大夫，使匈奴，給事中[1]，為石顯所譖[2]，自殺。

注釋

1 給事中：官名，為列侯、將軍等的加官，常在皇帝左右侍從，備顧問應對等事。2 譖（粵：浸；普：zèn）：誣陷，說人壞話。

譯文

張騫的孫子名猛，字子游，頗有才能，元帝時任光祿大夫，出使過匈奴，加官給事中，遭石顯誣陷而自殺。

朱買臣傳

本篇導讀——

《漢書．朱買臣傳》記載了朱買臣從一介砍柴樵夫，忍受貧寒甚至妻子離去的困厄，通過讀書求取功名，最終取得榮華富貴的事跡。他的事跡後來被民間廣泛流傳，甚至演變為「負薪掛角」、「覆水難收」成語。如果讀者有意識地結合前面的《武帝本紀》、《董仲舒傳》一起閱讀的話，一定會品味出這樣一個道理：兩千年前的秦漢帝國之所以能夠成為人類文明史上的一座豐碑，人民地位的空前提升，無疑是這個時代的一大生命源泉。

朱買臣字翁子，吳人也。家貧，好讀書，不治產業，常艾薪樵[1]，賣以給食，擔束薪，行且誦書。其妻亦負戴相隨[2]，數止買臣毋歌嘔道中[3]。買臣愈益疾歌，妻羞之，求去。買臣笑曰：「我年五十當富貴，今已四十餘矣。女苦日久[4]，待我富貴報女功。」妻恚怒曰[5]：「如公等，終餓死溝中耳，何能富貴？」買臣不能留，即聽去。其後，買臣獨行歌道中，負薪墓間。故妻與夫家俱上冢，見買臣饑寒，呼飯飲之[6]。

注釋

1 艾：通「刈」，砍割。2 負：背在背上。戴：頂在頭上。3 嘔：通「謳」，歌唱。4 女：通「汝」，你。5 恚怒：生氣，憤怒。6 飯飲：給予飲食。

譯文

朱買臣字翁子，吳縣人。雖然家境貧寒，但是愛好讀書。他不懂得治產業謀生，常常靠砍柴草變賣，維持生計。他背負木柴，還邊走邊讀書。妻子背柴跟在後邊，多次勸止，要他不要在路上吟詩誦讀。買臣反而更大聲歌詠。妻子為此羞愧，請求離婚。朱買臣笑着說：「我五十歲時就會富貴，現在已四十多了。你跟着我受苦很久了，等到我富貴了報答你的功勞。」妻子憤怒地說：「像你這樣的人，最終只會餓死在溝壑中，怎能富貴？」朱買臣挽留不住妻子，只好任憑她離去。後來，朱買臣獨自在路上邊走邊詠誦，背着柴在墓間行走。前妻和丈夫一起上墳時，見他又冷又餓，給他飲食。

後數歲，買臣隨上計[1]吏為卒，將重車至長安，詣闕上書，書久不報。待詔公車[2]，糧用乏，上計吏卒更乞匄[3]之。會邑子[4]嚴助貴幸，薦買臣。召見，說《春秋》，言《楚詞》，帝甚說之，拜買臣為中大夫，與嚴助俱侍中。是時，方築朔方，公孫弘諫，以為罷敝中國。上使買臣難詘弘，語在《弘傳》。後買臣坐事免，久之，召待詔。

注釋

1上計：郡國的地方官每年派人到京師進呈會計簿籍，彙報財政叫做「上計」。2公車：官署名。3匄：同「丐」。4邑子：同邑的人，同鄉。

譯文

過了幾年，朱買臣跟隨上計吏為士卒，押送輜重車到長安，到宮闕上書，奏書送上去很久沒有回音。在公車官署待詔，糧食資用匱乏，上計吏的兵卒們輪流乞討，以彌補匱乏。恰巧碰上同鄉人嚴助在朝職位尊貴而受寵倖，嚴助向武帝推薦了朱買臣。武帝召見朱買臣，他說《春秋》，講《楚辭》，武帝聽得高興，便封朱買臣為中大夫，與嚴助同為侍中。這時方要修築朔方郡城（今內蒙古自治區鄂托克旗一帶），公孫弘上諫，認為修城會造成國家疲敝。武帝讓朱買臣詰難公孫弘，此事記載於《公孫弘傳》中。後來，朱買臣因事獲罪被免職，過了很久，又被召回作侍詔。

是時，東越數反覆，買臣因言：「故東越王居保泉山[1]，一人守險，千人不得上。今聞東越王更徙處南行，去泉山五百里，居大澤中。今發兵浮海，直指泉山，陳舟列兵，席捲南行，可破滅也。」上拜買臣會稽太守。上謂買臣曰：「富貴不歸故鄉，如衣繡夜行，今子何如？」買臣頓首辭謝。詔買臣到郡，治樓船[2]，備糧食、水戰具，須[3]詔書到，軍與俱進。

注釋

1泉山：山名，在今福建泉州。2樓船：漢代的兵船。3須：等待。

譯文

這時，東越國多次反叛又歸附，朱買臣建議說：「以前東越王盤踞駐守泉山，地勢險要，一人守險，千人都攻不上去。現在聽說東越王向南遷徙了，距離泉山五百里，在大澤中。現在派兵過海，直接進發泉山，陳設戰船、集結軍隊，席捲南行，可以消滅東越。」於是皇上封朱買臣為會稽太守。皇帝對朱買臣說：「富貴不回故鄉，就像穿着錦繡衣服走夜路，無人看得見，你覺得如何？」朱買臣叩頭謝恩，辭行。詔令朱買臣到會稽郡之後，修造樓船，準備糧食、水戰器具，待詔書下達，各軍一起進發。

初，買臣免，待詔，常從會稽守邸[1]者寄居飯食。拜為太守，買臣衣故衣，懷其印綬，步歸郡邸。直上計時，會稽吏方相與群飲，不視買臣。買臣入室中，守邸與共食，食且飽，少見其綬。守邸怪之，前引其綬，視其印，會稽太守章也。守邸驚，出語上計掾吏[2]。皆醉，大呼曰：「妄誕耳！」守邸曰：「試來視之。」其故人素輕買臣者入內視之，還走，疾呼曰：「實然！」坐中驚駭，白守丞，相推排陳列中庭拜謁。買臣徐出戶。有頃，長安廄吏乘駟馬車來迎，買臣遂乘傳去。會稽聞太守且至，發民除道，縣吏並送迎，車百餘乘。入吳界，見其故妻、妻夫治道。買臣駐車，呼令後車載其夫妻，到太守舍，置園中，給食之。居一月，妻自經死，買臣乞[3]其夫錢，令葬。悉召見故人與飲食諸嘗有恩者，皆報復焉。

注釋　1 邸：此指地方郡官署的駐京辦事處。2 掾吏：屬吏。3 乞：給予。

譯文

當初，朱買臣被免職，待詔時，經常跟會稽郡設在長安的守邸人往來，在那裏寄宿、用餐。拜官為太守後，朱買臣穿着原來的衣服（未着太守官服），懷揣會稽郡官印，步行回到郡邸。正逢會稽郡的官吏聚會飲酒，不理睬朱買臣。朱買臣走進內房，與守邸人一起吃飯，快吃飽時，朱買臣稍微露出那繫着官印的綬帶。守邸人覺得奇怪，上前抽出綬帶，審視印章，原來是會稽太守章。守邸人很吃驚，出來告訴了上計掾吏。那些人都醉了，大叫道：「胡說！」守邸人說：「來看一看嘛。」有位平素輕視朱買臣的舊相識走進室內看了官印，跑出來，驚呼：「的確是的！」在座的人十分驚慌，向守丞稟報，並相互推擠着在中庭排成排拜謁朱買臣。朱買臣慢慢地走出門來。過了一會兒，長安廄吏駕着駟馬車來迎接朱買臣，於是他便乘坐着傳車離去。會稽郡聽說太守將到，徵發百姓清掃道路。途經各縣的官員都來迎接、送往，車輛就有一百多乘。朱買臣到了吳縣境內，看見前妻及丈夫在修路，就停下車，招呼後面的車子載上他們，到了太守府，將他們安置在園中，供給食物。過了一個月，前妻上弔自殺。朱買臣給她丈夫銀兩，讓他安葬。他還全部召見所有的舊相識，與他們一起就餐；對那些曾經對自己有恩的人，都予以報答。

居歲餘，買臣受詔將兵，與橫海將軍韓說等俱擊破東越，有功。徵入為主爵都尉[1]，列於九卿。

注釋　1主爵都尉：管理列侯和封爵之事的職官。

譯文　過了一年多，朱買臣奉詔領兵，與橫海將軍韓說等一同擊敗東越王，立功。被徵召入朝廷做了主爵都尉，位列九卿。

數年，坐法免官，復為丞相長史[1]。張湯為御史大夫[2]。始買臣與嚴助俱侍中，貴用事，湯尚為小吏，趨走[3]買臣等前。後湯以廷尉治淮南獄，排陷嚴助，買臣怨湯。及買臣為長史，湯數行丞相事，知買臣素貴，故陵折之。買臣見湯，坐牀[4]上弗為禮。買臣深怨，常欲死[5]之。後遂告湯陰事，湯自殺，上亦誅買臣。買臣子山拊官至郡守，右扶風。

注釋　1長史：為諸吏的領導。2御史大夫：官名，職務是監察官吏與掌管文件，並幫助丞相處理國政。3趨走：古代禮儀。小步疾行，以示莊敬。4牀：古代坐具。5死：不顧生命，拚死。

譯文

幾年之後，朱買臣因犯法免官，後又做了丞相長史。當時張湯為御史大夫。先前朱買臣與嚴助都在宮中侍奉皇帝，很受重用，張湯還是小吏，在朱買臣等人的面前畢恭畢敬。後來張湯以廷尉身份審理淮南王案件，排擠陷害嚴助，朱買臣因此怨恨張湯。等到朱買臣為丞相長史，張湯多次行使丞相權力，他知道朱買臣一向貴幸，故意欺凌、侮辱他。朱買臣拜見張湯時，張湯坐在牀上，不以禮相待。朱買臣對張湯很怨恨，常想豁出性命也要置張湯於死地。後來就告發張湯的不法之事，張湯自殺，皇帝也殺了朱買臣。朱買臣的兒子朱山拊做到了郡守和右扶風。

主父偃傳

本篇導讀——

主父偃可謂漢代識時務者的典型，他看到漢武帝重用儒生，就中年改讀《易》、《春秋》，而且目的明確：志在當官。為此，他忍受士人、諸侯賓客的排擠，單身獨闖京城；他知道武帝喜歡破格錄用人才，就以平民身份直接到皇宮毛遂自薦，竟然成功；他知道武帝的心病在於如何遏制諸侯和豪族勢力以及解決進攻匈奴的糧草問題，就先後提出「推恩」、「遷豪」、「築朔方」等急用先行的方案，深得皇上的歡喜。然而，他私心過重，辦事矯情，致使曾經一年四次連升的官場幸運兒，最終不免遭遇滅族極刑。本傳用不長的文字，刻畫了漢代官場中主父偃這種人物的生動形象。

主父偃，齊國[1]臨菑人也。學長短從橫術[2]，晚乃學《易》、《春秋》、百家之言。游齊諸子間，諸儒生相與排儐，不容於齊。家貧，假貣無所得，北游燕、趙、中山[3]，皆莫能厚，客甚困。以諸侯莫足游者，元光元年，乃西入關見衛將軍。衛將軍數言上，上不省。資用乏，留久，諸侯賓客多厭之，乃上書闕下。朝奏，暮召入見。所言九事，其八事為律令，一事諫伐匈奴，曰：

注釋

1齊國：西漢諸侯國名，在今山東東北部。2長短從橫術：戰國時縱橫家的論辯術，亦稱「長短術」。3燕、趙、中山：皆西漢諸侯國名。燕，今北京西南隅。趙，今河北邯鄲。中山，今河北定縣。

譯文

主父偃，齊國臨淄人。早年學習縱橫家之術，後來學習《周易》、《春秋》、諸子百家學說。遊學於齊國士人之間，眾儒生一起排擠他，以致無法在齊國立足。家裏貧窮，無處借貸，於是向北遊於燕、趙、中山，都沒能得到厚待，客居異鄉，生活困頓。他認為諸侯們沒有值得遊說的了，於是於元光元年（前一三四年），向西入關拜見衛青將軍。衛將軍多次向皇上舉薦他，皇帝沒有理會。主父偃遊資匱乏，久留京師，諸侯的門客大多討厭他，於是至宮闕之下上書給皇帝。早上上的奏書，晚上便被召見入宮。奏書講了九件事，八件涉及律令，一件是勸諫討伐匈奴事的，奏文中說：

臣聞明主不惡切諫以博觀，忠臣不避重誅以直諫，是故事無遺策而功流萬世。今臣不敢隱忠避死，以效[1]愚計，願陛下幸赦而少察之。

注釋

1效：進獻。

譯文

臣聽說明君不討厭懇切的諫言，而用它增廣見聞，忠臣也不迴避極刑而直言勸諫，因此政事不會失策，功績流芳百世。現在臣不敢隱藏忠心以迴避極刑，因此進獻愚計，望陛下赦臣之冒昧而對敝見稍加考慮。

《司馬法》[1]曰：「國雖大，好戰必亡；天下雖平，忘戰必危。」天下既平，天子大愷[2]，春蒐秋獮[3]，諸侯春振旅[4]，秋治兵，所以不忘戰也。且怒者逆德也，兵者凶器也，爭者末節也。古之人君一怒必伏尸流血，故聖王重行之。夫務戰勝，窮武事，未有不悔者也。

注釋

1《司馬法》：古代著名兵書，約成書於戰國時期。2大愷：古代軍隊凱旋時所奏的音樂。亦作「大凱」。3春蒐（粵：收；普：sōu）秋獮（粵：洗；普：xiǎn）：古代君主行獵春季稱為「蒐」，秋季為「獮」。4振旅：整頓部隊，操練士兵。

譯文

《司馬法》說：「國家雖大，好戰必亡；天下雖太平，忘戰必危。」天下雖已太平，天子奏響凱旋曲，春秋狩獵習武事，諸侯春季整軍，秋季演練，為的是不忘記作戰。況且憤怒為逆德之舉，兵器為兇險器械，爭鬥是微末小節。古代的君王一怒便屍橫遍野，血流成河，故聖明賢王慎行其事。那些務在戰而勝之、窮兵黷武的人，沒有不後悔的。

昔秦皇帝任戰勝之威，蠶食天下，併吞戰國，海內為一，功齊三代。務勝不休，欲攻匈奴，李斯諫曰：「不可。夫匈奴無城郭[1]之居，委積[2]之守，遷徙鳥舉，難得而制。輕兵深入，糧食必絕；運糧以行，重不及事。得其地，不足以為利；得其民，不可調而守[3]也。勝必棄之，非民父母。靡敝中國，甘心匈奴，非完計也。」秦皇帝不聽，遂使蒙恬將兵而攻胡，卻地千里，以河為境。地固澤鹵，不生五穀[4]，然後發天下丁男以守北河。暴兵露師十有餘年，死者不可勝數，終不能踰河而北。是豈人眾之不足，兵革之不備哉？其勢不可也。又使天下飛芻輓粟[5]，起於黃、腄、琅邪負海之郡，轉輸北河，率三十鍾而致一石[6]。男子疾耕不足於糧餉，女子紡績不足於帷幕。百姓靡敝，孤寡老弱不能相養，道死者相望，蓋天下始叛也。

注釋

1城郭：城為內城，郭為外城，泛指城邑。2委：積聚。3守：治理；管理。4五穀：稻、黍、稷、麥、豆。5飛芻輓粟：迅速地運送糧草。飛，迅速傳遞。芻，餵牲口的草料。輓，同「挽」，牽引車船。6鍾：一種大於石的量器名稱。一說一鍾為六斛（石）四斗。

譯文

從前秦始皇放任作戰勝敵的威勢，蠶食天下，吞併列強各國，統一海內，功績堪比夏、商、周三代。他求勝不止，要攻打匈奴，李斯勸諫說：「不可。匈奴沒有定居的城邑，沒有需要守備的儲蓄，遷移不定，如小鳥飛行，難以控制。輕兵深入，糧草必定難以接濟；若運糧隨軍，負擔太重也不易成事。奪取它的土地，不足以增加利益；掠得它的民眾，也不能調教保護他們。征服之後又將其拋棄，這不是為民父母者應做的事情。寧願空耗中原物資而逞征伐匈奴之快，這不是完備之計。」秦始皇不聽諫言，於是派蒙恬率兵攻打匈奴，奪回千里之地，以黃河為邊界。那些土地本來是些低窪鹽鹼地，五穀不生。然後，徵發天下成年男子戍守北河。軍隊風餐露宿十餘年，死者不計其數，最終未能越過黃河北進。這難道因為人馬不足，軍備不強嗎？是形勢不允許啊！又讓天下百姓夜以繼日地運送糧草，從黃（今山東黃縣）、腄（縣名，今山東煙臺）、琅邪（郡名，今山東諸城）等靠海的郡縣，轉運到北河（今河套一帶地區），大致發運三十鍾粟，只有一石能運到。男子拚命耕作，不足以供應糧餉，女子紡織不能滿足帳幕的需求。百姓疲敝，孤寡老弱不能養活，道路死者相望，就這樣，天下人開始反叛秦朝了。

及至高皇帝定天下，略地[1]於邊，聞匈奴聚代谷之外而欲擊之。御史成諫曰：「不可。夫匈奴，獸聚而鳥散，從之如搏景[2]，今以陛下盛德攻匈奴，臣竊危之。」高帝不聽，遂至代谷，果有平城之圍。高帝悔之，乃使劉敬往結和親[3]，然後天下亡干戈之事。

注釋

1 略地：巡視邊疆。2 搏：捕捉。景：通「影」。3 劉敬：即婁敬，因功賜姓劉氏。漢朝史上首倡對匈奴的和親政策。

譯文

至高祖皇帝平定天下，到邊境巡視時，聽說匈奴在代谷（今山西繁峙及舊崞一帶）附近聚集，要去攻打。御史成勸諫說：「不可。匈奴人時而像野獸聚集，時而像鳥雀飛散，追趕他們如同捕捉影子，如今以陛下聖德去攻打匈奴，臣私下以為很危險。」漢高祖不聽，於是率軍到了代谷，果然在平城（位於今山西大同東北）遭到圍困。高皇帝很後悔，就派劉敬跟匈奴和親，此後天下才沒有了干戈之爭。

故《兵法》曰：「興師十萬，日費千金。」秦常積眾數十萬人，雖有覆軍殺將，係虜單于，適足以結怨深仇，不足以償天下之費。夫匈奴行盜侵驅，所以為業，天性固然。上自虞夏殷周，固不程督[1]，禽獸畜之，不比為人。夫不上觀虞夏殷周之統，而下循近世之失，此臣之所以大恐，百姓所疾苦也。且夫兵久則變生，事苦則慮易。使邊境之民靡敝愁苦，將吏相疑而外市[2]，故尉佗、章邯[3]得成其私，而秦政不行，權分二子，此得失之效也。故《周書》曰：「安危在出令，存亡在所用。」願陛下孰計之而加察焉。

注釋

1程督：對於法定賦稅、工程勞役、學課等的監督。2外市：勾結外人以取利。3尉佗：即南越王趙佗，秦時為南海尉，故稱尉佗，漢高祖時受封為南越王。章邯：字少榮。秦末大將，巨鹿之戰為項羽所敗，又受趙高疑忌而降項羽，楚漢戰爭時被劉邦擊敗自殺。

譯文

所以《孫子兵法》說：「興師十萬，日費千金。」秦朝經常聚衆數十萬兵對付匈奴，雖然也剿滅敵軍，殺死大將，並俘獲了他們的單于，但只能使雙方結怨更深，不足以彌補天下的耗費。況且匈奴侵襲擄掠是他們用以謀生的手段，天性本來如此。上自虞、夏、商、周起，就不對他們課稅、徵役，權當作禽獸蓄養，不把他們看作人類。不向上考察虞、夏、商、周的傳統，卻向下因循近世的失誤，這是我所深感憂慮的，也是百姓所疾惡困苦的事情。況且用兵長久了就會滋生變故，事業一艱苦認識就會改變。讓邊境百姓疲敝愁苦，將吏互相猜忌裏通外國，因此尉佗、章邯才得以實現私心，而秦朝的政治在那裏無法推行，權力被他們分割，這就是利弊得失的見證。因此《周書》說：「安危取決於政令，存亡取決於任用。」希望陛下從長計議此事並審察我提出的問題。

是時，徐樂、嚴安[1]亦俱上書言世務。書奏，上召見三人，謂曰：「公皆安在？

何相見之晚也！」乃拜偃、樂、安皆為郎中。偃數上疏言事，遷謁者，中郎，中大夫。歲中四遷。

注釋

1 徐樂：漢燕郡無終人（今天津薊縣），是武帝重要的文學侍臣之一。嚴安：漢臨淄人（今山東淄博），亦武帝文學侍從，後為騎馬令。

譯文

當時，徐樂、嚴安也都上書陳述時勢。奏書呈送之後，天子召見三人，對他們說：「諸位從哪裏來？為何相見這麼晚啊！」於是任命主父偃、徐樂、嚴安三人為郎中。主父偃多次上表奏章議論政事，先後被提升為謁者、中郎、中大夫之職。一年之中升遷了四次。

偃說上曰：「古者諸侯地不過百里，彊弱之形易制。今諸侯或連城數十，地方千里，緩則驕奢易為淫亂，急則阻其彊而合從以逆京師。今以法割削，則逆節萌起，前日朝錯[1]是也。今諸侯子弟或十數，而適嗣[2]代立，餘雖骨肉，無尺地之封，則仁孝之道不宣。願陛下令諸侯得推恩分子弟，以地侯之。彼人人喜得所願，上以德施，實分其國，必稍自銷弱矣。」於是上從其計。又說上曰：「茂陵初立，天下豪傑兼併之家，亂眾民，皆可徙茂陵，內實京師，外銷姦猾，此所謂不誅而害除。」上又從之。

注釋

1 朝錯：即晁錯，西漢潁川人，曾多次上書主張加強中央集權、削減諸侯封地。吳、楚七國叛亂時，被景帝殺。2 適嗣：正妻所生的兒子。適，通「嫡」，嫡長子。

譯文

主父偃向皇上進言說：「古時侯，諸侯的封地方圓不過百里，無論強弱都容易控制。現在，諸侯國有的連城數十座，封地方圓千里，平時驕奢放縱，容易做出淫亂的事情；危急時便依仗強大的實力，聯合對抗朝廷。現在如果用法令削減他們的封地，就會萌生叛亂的想法，先前因為晁錯主張削藩而引起了七國之亂。現在諸侯王的子弟有的多達十幾個，但只有嫡長子可以繼承王位，其餘的雖也是諸侯王的親生骨肉，卻沒有一尺封地，這樣仁愛孝順之道也不能宣揚。希望陛下命令各諸侯王將恩德推廣，分土地給所有子弟，使他們都成為諸侯。每個人都可以如其所願，皇上您推施的是恩德，實際上是分割他們的封國，必可以削弱諸侯國的勢力。」於是漢武帝採納了他的建議。主父偃又勸諫道：「茂陵縣剛剛建立，天下豪傑兼併之家，擾亂百姓，可以把他們都遷徙到茂陵，對內可充實京城的人口，對外可削弱奸詐之徒，這就是所謂不動刑罰便可除害的方法。」漢武帝也採納了。

尊立衛皇后及發燕王定國[1]陰事，偃有功焉。大臣皆畏其口，賂遺累千金。或說偃曰：「大橫！」偃曰：「臣結髮[2]游學四十餘年，身不得遂，親不以為子，昆弟不收，賓客棄我，我阸日久矣。丈夫生不五鼎食[3]，死則五鼎亨[4]耳！吾日暮[5]，故倒行逆施[6]之。」

注釋

1衛皇后：字子夫，漢武帝的第二位皇后。原為平陽公主家歌女，受武帝臨幸，後立為皇后。燕王定國：燕王劉澤的孫子劉定國，武帝時因淫亂畏罪自殺，國除為郡。2結髮：束髮。古代男子自成年開始束髮，因以指初成年。3五鼎食：周代士食三鼎，大夫五鼎。4五鼎亨：古代一種酷刑，用鼎鑊烹煮人。亨，同「烹」。5日暮：本義為傍晚；天色晚。比喻力盡計窮。6倒行逆施：做事違背情理。

譯文

在尊立衛皇后及揭發燕王劉定國陰謀事件上，主父偃都有功勞。大臣們都懼怕他的伶牙俐齒，行賄他的財物累計達千金。有人規勸他說：「你太驕橫了！」主父偃說：「我結髮遊學四十多年，自身不得志，父母不把我當兒子，兄弟不收留我，門客摒棄我，我困厄太久了。大丈夫在世，生不能食封五鼎大夫之爵，死也要嘗一下五鼎的烹刑！我日暮途窮，因此才倒行逆施。」

賞析與點評

由於「日暮途窮」，即時間不多了，所以要「倒行逆施」，即不擇手段地貪污、陷害，以致中飽私囊。中國官僚史上，貪官污吏層出不窮，但如此直白地袒露為非作歹心境者，恐怕並不多吧！

偃盛言朔方地肥饒，外阻河，蒙恬築城以逐匈奴，內省轉輸戍漕，廣中國，滅胡之本也。上覽其說，下公卿議，皆言不便。公孫弘[1]曰：「秦時嘗發三十萬眾築北河，終不可就，已而棄之。」朱買臣難詘弘，遂置朔方，本偃計也。

注釋

1 公孫弘：漢淄川薛國人。漢武帝時以文學儒士入仕，官至丞相，封平津侯。

譯文

主父偃極言朔方土地肥沃，物產豐饒，外有黃河險阻，蒙恬曾在此修築長城以驅逐匈奴，對內可省卻轉運糧草和軍需品的費用，對外可拓展中國版圖，是剿滅匈奴的根本之計。漢武帝聽了他的建議後，把這件事交由公卿商議，大臣都說不便實行。公孫弘說：「秦朝曾經發兵三十萬在北河駐守，始終不能成功，不久放棄了。」朱買臣詰難、辯倒了公孫弘，於是設立了朔方郡，這本是主父偃所獻之策。

元朔中，偃言齊王內有淫失之行，上拜偃為齊相。至齊，遍召昆弟賓客，散五百金予之，數[1]曰：「始吾貧時，昆弟不我衣食，賓客不我內門[2]，今吾相齊，諸君迎我或千里。吾與諸君絕矣，毋復入偃之門！」乃使人以王與姊姦事動王。王以為終不得脫，恐效燕王論死，乃自殺。

注釋

1數：責備，數落。2內：同「納」。

譯文

漢武帝元朔年間（前一二八至前一二三年），主父偃上奏報告了齊王劉次景在王宮內的淫亂放蕩，皇帝任命主父偃為齊國相，派往齊國。主父偃到齊國後，遍召兄弟賓客，散發五百金給他們，數落說：「當初我貧賤時，兄弟不接濟我衣食，賓客不讓我進門，如今我為齊相，你們有的跑到千里之外去迎接我。我與諸位從此斷絕關係，請不要再進我的門了！」於是他派人用齊王與自己姐姐通姦之事觸動齊王。齊王自認為最終不能免於懲罰，唯恐像燕王劉定國那樣被判處死刑，便自殺了。

偃始為布衣[1]時，嘗游燕、趙，及其貴，發燕事。趙王恐其為國患，欲上書言其陰事，為居中，不敢發。及其為齊相，出關，即使人上書，告偃受諸侯金，以故諸侯子多以得封者。及齊王以自殺聞，上大怒，以為偃劫其王令自殺，乃徵下吏治。偃服受諸侯之金，實不劫齊王令自殺。上欲勿誅，公孫弘爭曰：「齊王自殺無後，國除為郡，入漢，偃本首惡，非誅偃無以謝天下。」乃遂族偃。

注釋

1布衣：麻布衣服，指平常百姓。後世不做官的讀書人也自稱「布衣」。

譯文

當初主父偃為平民時，曾遊學燕、趙，後來做了官，便揭發了燕國的違法之事。趙王劉彭祖恐怕他成為趙國的禍患，要上書揭發主父偃的隱私，因主父偃身在朝中，未敢發難。等到主父偃到齊國當佐相，出了函谷關，立即讓人上書皇帝，告發主父偃收受諸侯王賄金，因此諸侯王的子弟才得以分封土地成為侯王。及至齊王自殺的消息傳來，武帝大怒，以為是主父偃脅迫齊王而致使他自殺的，於是徵召回主父偃，並交給官吏審問。主父偃承認收受諸侯王賄金之事，但確實不曾脅迫齊王自殺。武帝不想殺他，但公孫弘爭諫說：「齊王自殺後，無子孫可繼承王位，齊國降為郡，歸入朝廷，主父偃是罪首，不殺主父偃不足以向天下人交代。」於是誅滅主父偃全家。

偃方貴幸時，客以千數，及族死，無一人視[1]，獨孔車收葬焉。上聞之，以車為長者。

注釋 1 視：照顧，照料。

譯文 當主父偃貴寵時，門下賓客數以千計，及至被滅族時，竟無一人照料後事，只有孔車收屍安葬了他。武帝聽說後，認為孔車是位忠厚長者。

東方朔傳

本篇導讀——

東方朔（前一六一或一六二至前九十三年），西漢辭賦家。漢武帝少年即位，破格錄用士人。東方朔自薦，受詔拜為郎。他博聞強記，思維敏捷，言詞詼諧，滑稽幽默，因此得到武帝的寵愛，他也藉此時常犯顏進諫。本文節選了《東方朔傳》中欺騙戲弄侏儒、射覆猜字、拔劍割肉、直諫武帝微行和修建上林苑、痛斥董偃以及醉酒遺尿殿上等片段。讀者可從中感受到兩千年前漢帝國朝中一種很特別的君臣關係。

東方朔字曼倩，平原厭次人也。武帝初即位，徵天下舉方正賢良文學材力之士，待以不次之位[1]，四方士多上書言得失，自衒鬻者以千數，其不足采者輒報聞罷。朔初來，上書曰：「臣朔少失父母，長養兄嫂。年十三學書，三冬文史足用。十五學擊劍。十六學《詩》、《書》，誦二十二萬言。十九學孫吳[2]兵法，戰陣之具，鉦鼓之教[3]，亦誦二十二萬言。凡臣朔固已誦四十四萬言。又常服子路[4]之言。臣朔年二十二，長九尺三寸，目若懸珠，齒若編貝，勇若孟賁，捷若慶忌，廉若鮑叔，信若尾生[5]。若此，可以為天子大臣矣。臣朔昧死再拜以聞。」

注釋

1不次：不拘於常格。2孫吳：孫，指孫武，春秋時齊國人，著《孫子》十三篇。吳：指吳起，戰國時魏國人。3鉦鼓之教：古代軍事訓練。行軍時敲鉦表示停止，擊鼓表示行動。4子路：姓仲名由，又名季路，孔子的學生，性情耿直勇敢。5孟賁：戰國時魏人（一說齊人），有名的勇士，傳說他能活拔牛角。慶忌：春秋時吳王僚的兒子，傳說他能走追奔獸，手接飛鳥。鮑叔：鮑叔牙，春秋時齊國的大夫，有名的廉士。傳說他與管仲合作經商，分盈利，總是多分與管仲。尾生：傳說中的守信用之士。曾約一女子橋下相會，女子沒來，潮水上漲，他為了不失信約，抱住橋柱子被淹死。

譯文

東方朔，字曼倩，平原郡厭次縣（今山東惠民東北）人。漢武帝即位不久，徵召天下推舉的方正、賢良、文學等有才能的人士，以破格授給職位任用他們，四方士人紛紛上書談論國家政事的得失，炫耀賣弄自己才能的人數以千計，其中不值得錄用的就通知他們，說上書已經看過了。東方朔剛到長安，就上書說：「臣東方朔從小失去父母，由哥嫂撫養長大。十三歲開始學習書寫，三年學會文書、記事。十五歲學擊劍。十六歲學《詩經》、《尚書》，背誦了二十二萬字。十九歲學習孫吳兵法，有關作戰佈陣的論說，也背誦了二十二萬字。我一共習誦了四十四萬字。還經常佩服子路的格言。我今年二十二歲，身高九尺三寸，眼睛像掛起的珍珠那樣明亮，牙齒像編起來的貝殼整齊潔白，勇猛像孟賁，敏捷如慶忌，廉潔似鮑叔，守信同尾生。像這樣的人，可以做天子的大臣了。臣東方朔冒死再拜向皇上稟告。」

朔文辭不遜，高自稱譽，上偉之，令待詔公車[1]，奉祿薄，未得省見。

注釋

1公車：漢代官署名，掌管宮殿中司馬門警衛，並接待上書的臣民。

譯文

東方朔上書的文辭不謙遜，讚美抬高自己，漢武帝卻認為他奇偉，命令他在公車署待詔，但俸祿微薄，沒有被賞識提拔。

久之，朔紿騶[1]朱儒，曰：「上以若曹無益於縣官[2]，耕田力作固不及人，臨眾處官不能治民，從軍擊虜不任兵事，無益於國用，徒索衣食，今欲盡殺若曹。」朱儒大恐，啼泣。朔教曰：「上即過，叩頭請罪。」居有頃，聞上過，朱儒皆號泣頓首。上問：「何為？」對曰：「東方朔言上欲盡誅臣等。」上知朔多端，召問朔：「何恐朱儒為？」對曰：「臣朔生亦言，死亦言。朱儒長三尺餘，奉一囊粟，錢二百四十。臣朔長九尺餘，亦奉一囊粟，錢二百四十。朱儒飽欲死，臣朔飢欲死。臣言可用，幸異其禮；不可用，罷之，無令但索長安米。」上大笑，因使待詔金馬門[3]，稍得親近。

注釋

1紿（粵：怠；普：dài）：欺騙。騶：看馬圈的人。2若曹：你們。若，你。曹，輩。縣官：指朝廷。3金馬門：漢代宮門。學士待詔於此，充任顧問。

譯文

過了很久，有一次東方朔哄騙宮中管理馬圈的侏儒說：「皇上認為你們這些人對朝廷沒有用，耕田力作當然趕不上別人，居於民眾之上做官不能治理民事，從軍殺敵不能勝任作戰之事，對國家沒有益處，僅是耗費衣食，現在皇上想殺光你們。」侏儒們很是害怕，哭哭啼啼。於是東方朔教唆他們說：「皇上就要從這裏經過，你們要叩頭請罪。」過了一會兒，聽說皇帝路過，侏儒們都跪在地上，一邊哭着一邊磕頭。皇上問：「你們為甚麼這樣？」侏儒們回答說：「東方朔說皇帝要把我們全殺死。」皇上知道東方朔詭計多端，召見並責問他：「你為甚麼要恐嚇那些侏儒？」東方朔回答說：「我活也要說，死也要說。侏儒高剛過三尺，俸祿是一袋粟，錢是二百四十。我身高九尺有餘，俸祿也是一袋粟，錢也是二百四十。侏儒飽得要死，我東方朔餓得要命。我的話如可被採用，希望改變禮節待我；不採用的話，請讓我回家，不要讓我白吃長安米。」武帝聽後大笑，就讓東方朔待詔金馬門，漸漸得到皇帝的親近。

上嘗使諸數家射覆[1]，置守宮[2]盂下，射之，皆不能中。朔自贊曰：「臣嘗受《易》，請射之。」乃別蓍[3]布卦而對曰：「臣以為龍又無角，謂之為蛇又有足，跂跂脈脈[4]善緣壁，是非守宮即蜥蜴。」上曰：「善。」賜帛十匹。復使射他物，連中，輒賜帛。

注釋

1數家：研究占候、卜筮、星命的人。射覆：猜測被覆蓋之物的遊戲。2守宮：壁虎。3別：分。蓍（粵：詩；普：shī）：草名，古代用蓍草來起卦。4跂跂：蟲爬行的樣子。脈脈：凝視的樣子。

譯文

皇上曾經讓一些擅長占筮的人射覆，把壁虎扣在盆子下面，讓他們猜是甚麼，都沒猜中。東方朔自我介紹說：「臣曾學《易》，請允許我猜猜是甚麼。」於是他用蓍草分組擺成卦局，回答說：「我以為是龍又沒有角，是蛇又有腳，跂跂而行脈脈而視，善爬壁，這物不是壁虎就是蜥蜴。」武帝說：「猜得對！」賞賜給他十疋帛。又讓他猜別的東西，接連都猜中了，每次都賞給他布帛。

時有幸倡郭舍人，滑稽不窮，常侍左右，曰：「朔狂，幸中耳，非至數也。臣願令朔復射，朔中之，臣榜[1]百，不能中，臣賜帛。」乃覆樹上寄生，令朔射之。朔曰：「是寠藪[2]也。」舍人曰：「果知朔不能中也。」朔曰：「生肉為膾，乾肉為脯；著樹為寄生，盆下為寠數。」上令倡監榜舍人，舍人不勝痛，呼謈[3]。朔笑之曰：「咄[4]！口無毛，聲謷謷，尻益高。」舍人恚曰：「朔擅詆欺天子從官，當棄市。」上問朔：「何故詆之？」對曰：「臣非敢詆之，乃與為隱[5]耳。」上曰：

「隱云何？」朔曰：「夫口無毛者，狗竇也；聲謷謷者，鳥哺鷇也[6]；尻益高者，鶴俛[7]啄也。」舍人不服，因曰：「臣願復問朔隱語，不知，亦當榜。」即妄為諧語[8]曰：「令壺齟，老柏塗，伊優亞，狋吽牙。何謂也？」朔曰：「令者，命也。壺者，所以盛也。齟者，齒不正也。老者，人所敬也。柏者，鬼之廷也[9]。塗者，漸洳[10]徑也。伊優亞者，辭未定也。狋吽牙者，兩犬爭也。」舍人所問，朔應聲輒對，變詐鏠[11]出，莫能窮者，左右大驚。上以朔為常侍郎，遂得愛幸。

注釋

1榜：杖擊或鞭打的刑罰。2寠藪（粵：巨嫂；普：jù shǔ）：以頭頂器物時頭與器物之間的草墊。亦作「寠數」。3謈：痛極大聲呼叫。4咄：歎詞，表示輕蔑或呵叱。5隱：隱語，即謎語。6鷇（粵：扣；普：kòu）：須母鳥哺食的雛鳥。7俛：同「俯」。8諧語：韻語作為戲謔聲。9柏者，鬼之廷也：墓地多種柏樹，故稱鬼廷。10漸洳：浸濕。

11鏠：通「鋒」。

譯文

當時，宮中有個受寵倖的倡優郭舍人，十分滑稽幽默，時常侍奉在武帝左右，他說：「東方朔太狂妄，不過是僥倖猜中罷了，並不是實在的數術。我希望讓他再猜，他猜中了，就打我一百鞭，猜不中，就賞給我帛。」於是把樹上長的寄生菌扣在盆子下面，讓東方朔猜。東方朔說：「是寠藪。」郭舍人說：「果然知道他不能猜中。」東方朔說：「鮮肉叫膾，乾肉叫脯，附着在樹上叫寄生，蓋在盆子下面就叫寠藪。」皇帝命令倡監鞭打郭舍人，郭舍人疼痛難忍，大聲呼叫。東方朔譏笑他說：「咄，嘴上無毛，叫聲嗷嗷，屁股越來越高。」郭舍人怨恨地說：「東方朔竟敢隨意詆毀欺辱天子的侍從官，應該判他棄市的死刑。」漢武帝責問東方朔說：「你為甚麼詆毀他？」東方朔回答道：「我不敢詆毀他，只是給他說了個謎語。」武帝說：「說了個甚麼謎語？」東方朔說：「嘴上無毛，是狗洞；叫聲嗷嗷，是母鳥給雛鳥餵食時的鳴叫；屁股越來越高，那是鶴低頭啄食的樣子。」郭舍人不服氣，說：「我請求再問東方朔一個謎語，如果不知道，也應該鞭打。」隨即編了個諧音的謎語說：「令壺齟，老柏塗，伊優亞，狋吽牙。說的是甚麼？」東方朔說：「令，是命令。壺，是用來盛水的。齟，是牙齒長得不正。老，是人所尊敬的老人。柏，是鬼的廷府。塗，是潮濕的路。伊優亞，是說話含糊不清。狋吽牙，是兩條狗打架。」郭舍人問的謎語，東方朔應聲對答，變化奇巧鋒芒畢出，沒有哪個謎語能難住他，在場的人都很驚訝。皇帝因此任命東方朔為常侍郎，從此受到親近和寵倖。

久之，伏日，詔賜從官肉。大官丞日晏不來[1]，朔獨拔劍割肉，謂其同官曰：「伏日當蚤[2]歸，請受賜。」即懷肉去。大官奏之。朔入，上曰：「昨賜肉，不待詔，以劍割肉而去之，何也？」朔免冠謝。上曰：「先生起，自責也！」朔再拜曰：「朔來[3]！朔來！受賜不待詔，何無禮也！拔劍割肉，壹何壯也！割之不多，又何廉也！歸遺細君[4]，又何仁也！」上笑曰：「使先生自責，乃反自譽！」復賜酒一石，肉百斤，歸遺細君。

注釋

1大官丞：官名，掌管宮廷膳食。晏：晚。2蚤：通「早」。3來：語氣詞。4細君：東方朔妻子之名。一說，「細」即「小」，諸侯之妻稱小君。東方朔自比諸侯，稱自己妻子為細君。後為妻子的通稱。

譯文

過了很久，在一個三伏天，武帝詔令把肉賞賜給侍從官員。大官丞至天晚還不來分肉，東方朔便獨自拔劍割肉，並對他的同僚說：「三伏天應該早點回家，請允許我接受皇帝的賞賜。」說完便懷揣着肉離去了。大官丞將此事上奏給了皇帝。東方朔入宮後，武帝說：「昨天賜肉，你不等詔令下達，就用劍割了肉離開，是為甚麼？」東方朔脫帽謝罪。皇上說：「先生站起來責備自己吧！」東方朔再拜說：「東方朔呀！東方朔呀！你受皇帝的賞賜不待詔令下，是多麼的無禮！拔劍割肉，行為是多麼豪壯！割得肉不多，又是多麼的廉潔！回家把肉送給妻子吃，又是多麼的仁愛！」武帝笑了起來，說：「讓先生責備自己，竟反而稱讚起自己了。」又賞給他一石酒，一百斤肉，讓他回家送給妻子。

初，建元三年，微行始出，北至池陽，西至黃山，南獵長楊，東游宜春。微行常用飲酎[1]已。八九月中，與侍中常侍武騎及待詔隴西北地良家子能騎射者期諸殿門，故有「期門」[2]之號自此始。微行以夜漏[3]下十刻乃出，常稱平陽侯[4]。旦明，入山下馳射鹿豕狐兔，手格熊羆，馳騖禾稼稻秔之地。民皆號呼罵詈，相聚會，自言鄠杜令。令往，欲謁平陽侯，諸騎欲擊鞭之。令大怒，使吏呵止，獵者數騎見留，乃示以乘輿物，久之乃得去。時夜出夕還，後齎五日糧，會朝長信宮[5]，上大歡樂之。是後，南山下乃知微行數出也，然尚迫於太后，未敢遠出。丞相御史知指[6]，乃使右輔都尉徼循[7]長楊以東，右內史[8]發小民共待會所。後乃私置更衣，從宣曲以南十二所，中休更衣，投宿諸宮，長楊、五柞、倍陽、宣曲尤幸。於是上以為道遠勞苦，又為百姓所患，乃使太中大夫吾丘壽王與待詔能用算者二人，舉籍阿城以南，盩厔以東[9]，宜春以西，提封[10]頃畝，及其賈直，欲除以為上林苑，屬[11]之南山。又詔中尉、左右內史表屬縣草田，欲以償鄠杜之民。吾丘壽王奏事，上大說稱善。時朔在傍，進諫曰：

注釋

1飲酎：宗廟祭禮的名稱。漢制，八月飲酎於宗廟。酎，醇酒。2期門：漢官名，執兵器護送皇帝出入。3夜漏：古代夜間用銅壺漏水，以計時刻。4平陽侯：曹壽，娶武帝姊為妻，甚為尊寵。5長信宮：漢宮名，太后所居。皇帝每五天朝謁一次太后。6指：通「旨」，意旨。7右輔都尉：官名，三輔（京兆、馮翊、扶風）都尉之一。徼循：巡邏。8右內史：漢官名，掌治京師。9舉籍：統計其數，編制圖冊。盩厔：縣名，今作「周至」。10提封：大凡。11屬：連接。

譯文

當初，在建元三年（前一三八年），漢武帝開始微服出行，北至池陽宮（在今陝西涇陽西北），西至黃山宮（在今陝西興平西南），南至長楊宮（在今陝西周至東南），東至宜春宮（在今陝西長安東南）。微服出行通常在每年新釀宗廟飲酎完畢的時候。八、九月間，隨從的侍中、常侍、武騎，以及待詔的隴西郡、北地郡（皆在今甘肅、寧夏一帶）的能騎善射的良家子弟一起等候於殿門，因此從這個時候開始有了「期門」的稱號。皇帝微服出行都在夜漏的下十刻便出發，常常假稱是平陽侯曹壽。翌日天亮，到達終南山下，或馳射鹿豬狐兔，或徒手搏擊熊羆，奔馳在莊稼地裏。農民都大聲呼喊叫罵，並聚在一起，向鄠杜縣令告狀。縣令前往射獵的地方，要求謁見平陽侯，那些騎手想要鞭打縣令。縣令大怒，命令吏員呵叱制止，獵手數人被扣留，他們便出示皇帝的乘輿等物，好久才得以離去。當時皇帝深夜出宮，翌日傍晚返回，後來就帶上五天的食物，到第五天該到長信宮謁見太后時才返回，漢武帝樂此不疲。此後，終南山下老百姓才知道是皇帝經常微服出來射獵，但武帝仍迫於太后的壓力，不敢遠行。丞相御史了解皇上的心思，就派右輔都尉在長楊以東巡邏，又命令右內史在皇帝射獵的地方調發平民，供皇帝使用。後來又私下為皇帝設立了更衣處，並配備宮人，從宣曲宮以南，共設了十二所更衣處，專供皇帝白天休息更衣，夜晚則到各行宮住宿，武帝多駕臨長楊宮、五柞宮、倍陽宮、宣曲宮。武帝覺得這樣路遠勞苦，又被百姓所厭恨，就命令太中大夫吾丘壽王與兩名精通算術的待詔，將阿城（秦阿房宮舊址，在今長安西）以南，周至縣以東，宜春宮以西地區，統計其中農田的畝數，及其所折合的價值，編成簿冊，打算拆遷這裏擴建上林苑，使它與終南山相接。武帝又詔令中尉、左右內史標劃出屬縣的荒地，想以此抵償給鄠、杜兩縣的農民。吾丘壽王向皇帝奏上了所做的事，皇上大喜，稱讚他做得好。當時東方朔在旁邊，他規諫皇帝說：

臣聞謙遜靜慤[1]，天表之應，應之以福；驕溢靡麗，天表之應，應之以異。今陛下累郎臺，恐其不高也；弋獵之處，恐其不廣也。如天不為變，則三輔之地盡可以為苑，何必盩厔、鄠、杜乎！奢侈越制，天為之變，上林雖小，臣尚以為大也。

注釋

1 慤：誠實謹厚。

譯文

臣聽說為人謙遜恬靜誠實，天會顯現徵兆，用福澤來報答他；為人驕縱奢侈，天會顯現徵兆，用災異來報應他。現在陛下修建臺觀廊屋，唯恐它不高；射獵的地方，唯恐它不廣。如果天不降災異，那麼三輔地區都可以成為您的苑囿，何必局限於盩厔、鄠、杜等地？奢侈超越了禮制，天為此降臨災異，上林苑雖小，我卻認為它太大了。

夫南山，天下之阻也，南有江淮，北有河渭，其地從汧隴以東，商雒以西，厥壤肥饒。漢興，去三河之地，止霸產以西，都涇渭之南，此所謂天下陸海之地[1]，秦之所以虜西戎兼山東[2]者也。其山出玉石，金、銀、銅、鐵、豫章、檀、柘，異類之物，不可勝原，此百工所取給，萬民所卬[3]足也。又有秔稻梨栗桑麻竹箭[4]之饒，土宜薑芋，水多鼃[5]魚，貧者得以人給家足，無飢寒之憂。故酆鎬之間號為土膏，其賈畝一金。今規以為苑，絕陂池水澤之利，而取民膏腴之地，上乏國家之用，下奪農桑之業，棄成功，就敗事，損耗五穀，是其不可一也。且盛荊棘之林，而長養麋鹿，廣狐兔之苑，大虎狼之虛[6]，又壞人冢墓，發人室廬，令幼弱懷土而思，耆老泣涕而悲，是其不可二也。斥[7]而營之，垣而囿之，騎馳東西，車鶩南北，又有深溝大渠，夫一日之樂不足以危[8]無隄[9]之輿，是其不可三也。故務苑囿之大，不恤農時，非所以彊國富人也。

注釋

1陸海之地：物產豐富，如大海之無所不出的地方。2山東：秦漢時稱崤山、華山以東地區為山東。3卬：仰仗，依靠。4竹箭：篠，細竹。5鼃：同「蛙」。6虛：通「墟」，大丘。7斥：開拓，擴大。8危：強勁，疾馳。9隄：限度。

譯文

終南山是天下險要的地方，南邊有長江、淮河，北邊有黃河、渭水。這地方從汧水、隴山以東，到商（在今陝西商縣東）、雒（今陝西商縣）二縣以西，土地肥沃，物產豐饒。漢朝建立時，離開三河（河內、河南、河東三郡，即今河南洛陽黃河南北一帶），居留在灞水、滻水以西，定都於涇水、渭水南面的長安，這一帶是被稱為天下有山川之形勝、物產之富饒的「陸海之地」，秦國之所以能降服西戎兼併山東六國，就因為據有了這個地方。這裏山中既出產玉石、金、銀、銅、鐵等礦物，又出產豫章、檀香、柘樹等珍貴木材，奇異的物產，無法說盡它們的本源，這裏是百工取材以供需用，百姓賴以為生活富足的地方。又有粳稻、梨、栗、桑、麻、細竹的富饒，土壤適宜種植薑和芋頭，水中生產蛙、魚。貧窮的人靠這些豐衣足食，沒有飢寒之憂。所以鄠（地名，在今陝西鄠縣東）、鎬（地名，在今陝西長安西南）之間號稱沃土膏壤，這裏的地價每畝一斤黃金。現在把它規劃為苑囿，斷絕了陂池水澤之利，又佔取農民肥沃的土地，上使國家財用匱乏，下奪百姓賴以生存的農桑之業。離棄成功，趨就失敗，損耗五穀，這是不可修建上林苑的第一個原因。況且，使荊棘叢林茂盛，而繁殖養育麋鹿，擴大狐囿兔苑、虎狼棲息的山丘，又毀壞百姓的墳墓，拆除百姓居室屋廬，使幼弱懷土思鄉，耆老涕泣悲哀，這是不可修建上林苑的第二個原因。拓地營造，築牆繞苑，騎馬奔馳於東西、駕車縱奔於南北的話，又有深溝大渠，盡一日田獵之歡樂也不足以使天子無限地乘輿加速，這是不可修上林苑的第三個原因。因此，一味追求苑囿的廣大，不體恤農時，不是強國富民的做法。

夫殷作九市之宮[1]而諸侯畔，靈王起章華之臺而楚民散，秦興阿房之殿而天下亂。糞土愚臣，忘生觸死，逆盛意，犯隆指，罪當萬死，不勝大願，願陳《泰階六符》[2]，以觀天變，不可不省。

是日因奏《泰階》之事，上乃拜朔為太中大夫、給事中，賜黃金百斤。然遂起上林苑，如壽王所奏云。

注釋

1九市之宮：殷紂王造宮室七十三所，大宮百里，在宮中設九市。2泰階：星名，即三臺，每臺二星，凡六星。六符：六星的應驗。傳說黃帝著有《泰階六符經》。

譯文

殷紂王營造九市之宮，因而諸侯反叛；楚靈王築起章華臺（春秋時楚靈王所建，在今湖北監利西北），因而楚民離散；秦朝修建阿房宮，因而天下大亂。像糞土一樣的愚昧臣子，捨生忘死地違逆皇上隆盛的旨意，罪該萬死，不能極盡宏大心願，願陳述《泰階六符經》，用它觀察天的變異，這是不可不明察的。

這天因為上奏《泰階六符經》的事，漢武帝封東方朔做了太中大夫、給事中，賞賜黃金一百斤。然而武帝仍然按照吾丘壽王上奏的計劃，修建了上林苑久之，隆慮公主子昭平君尚帝女夷安公主，隆慮主病困，以金千斤錢千萬為昭平君豫贖死罪，上許之。隆慮主卒，昭平君日驕，醉殺主傅，獄繫內官。以公主子，廷尉上請請論。左右人人為言：「前又入贖，陛下許之。」上曰：「吾弟老有是一子，死以屬我。」於是為之垂涕歎息，良久曰：「法令者，先帝所造也，用弟故而誣先帝之法，吾何面目入高廟乎！又下負萬民。」乃可其奏，哀不能自止，左右盡悲。朔前上壽，曰：「臣聞聖王為政，賞不避仇讎，誅不擇骨肉。《書》曰：『不偏不党，王道蕩蕩。』此二者，五帝所重，三王所難也[1]。陛下行之，是以四海之內元元之民各得其所，天下幸甚！臣朔奉觴，昧死再拜上萬歲壽。」上乃起，入省中[2]，夕時召讓朔，曰：「傳[3]曰『時然後言，人不厭其言』。今先生上壽，時乎？」朔免冠頓首曰：「臣聞樂太甚則陽溢，哀太甚則陰損，陰陽變則心氣動，心氣動則精神散，精神散而邪氣及。銷憂者莫若酒，臣朔所以上壽者，明陛下正而不阿，因以止哀也。愚不知忌諱，當死。」先是，朔嘗醉入殿中，小遺[4]殿上，劾不敬。有詔免為庶人，待詔宦者署，因此對復為中郎，賜帛百匹。

注釋

1五帝：傳説中的五位古代帝王，伏羲、神農、黄帝、堯、舜。三王：夏禹、商湯、周文王。2省中：即宮中、禁中。元帝時，因皇后父名禁，避諱改為省中。3傳：古書的通名，這裏指《論語》。4小遺：小便。

譯文

過了很久，隆慮公主的兒子昭平君，娶了漢武帝的女兒夷安公主。隆慮公主病危時，用黃金千斤、錢一千萬替兒子昭平君預先贖免死罪，武帝允許了她。隆慮公主死後，昭平君日益驕縱，喝醉酒殺死了夷安公主的保姆，被捕入獄，因禁在內宮。因為他是公主的兒子，廷尉向皇上請示，請求給昭平君定罪，左右大臣紛紛替昭平君說情：「以前隆慮公主用重金為他贖過死罪，陛下已經允許了她的請求。」武帝說：「我妹妹年紀大了才有了這麼個兒子，臨死把他囑託給我。」武帝於是為昭平君的事流淚歎息，過了好長時間才說：「法令，是先帝制定的，因為同情妹妹的緣故而違背先帝法令的話，我還有甚麼臉面進高帝的祠廟呢？再說也對不起百姓啊。」於是批准了廷尉的奏請，為此武帝哀痛不止，左右人也很悲傷。東方朔卻走向前給皇帝祝壽說：「臣聽說，聖明的君主治政，賞賜不避仇人，誅罰不論親疏。《尚書》說：『不偏私不袒護，王道才坦蕩蕩。』這兩者是五帝所推重的，是三王也難做到的。陛下這樣做了，因此四海之內人民各得其所，是天下的大幸。臣東方朔舉杯，冒死再拜，祝皇上萬歲。」武帝竟然起身，回後宮去了，傍晚時召見東方朔責備他說：「古書上說：『該說的時候才說，別人才不討厭他的話。』今天先生為我祝壽，是時候嗎？」東方朔脫帽叩頭說：「臣聽說，高興過度就陽氣太盛，悲哀過度就陰氣虧損，陰陽變異就會心氣躁動，心氣躁動就會使精神散亂，精神散亂邪氣就乘虛而入。消愁解憂沒有比得上酒的了，臣給陛下祝壽的緣由，是為了彰顯陛下的剛正無私，所以才用酒為陛下止哀。臣愚昧不知忌諱，該死。」

在此之前，東方朔曾因喝醉了酒進入殿中，在殿上小便，被彈劾犯了大不敬罪，皇帝下詔將他貶為平民，在宦官署待詔，因為這次與皇帝的對話，重新被任命為中郎，賞賜帛一百疋。

初，帝姑館陶公主號竇太主[1]，堂邑侯陳午尚之。午死，主寡居，年五十餘矣，近幸董偃。始偃與母以賣珠為事，偃年十三，隨母出入主家。左右言其姣好，主召見，曰：「吾為母養之。」因留第中，教書計[2]相馬御射，頗讀傳記。至年十八而冠，出則執轡，入則侍內。為人溫柔愛人，以主故，諸公接之，名稱城中，號曰董君。主因推令散財交士，令中府曰：「董君所發，一日金滿百斤，錢滿百萬，帛滿千匹，乃白之。」安陵爰叔者，爰盎兄子也，與偃善，謂偃曰：「足下私侍漢主，挾不測之罪，將欲安處乎？」偃懼曰：「憂之久矣，不知所以。」爰叔曰：「顧城廟[3]遠無宿宮，又有萩竹籍田[4]，足下何不白主獻長門園？此上所欲也。

如是，上知計出於足下也，則安枕而臥，長無慘怛之憂。久之不然，上且請之，於足下何如？」偃頓首曰：「敬奉教。」入言之主，主立奏書獻之。上大說，更名竇太主園為長門宮。主大喜，使偃以黃金百斤為爰叔壽。

注釋

1太主：皇帝的姑母稱太主。漢制，皇帝的女兒稱公主，皇帝的姐妹稱長公主。2計：算術。3顧城廟：文帝的廟。4萩：通「楸」，楸樹。籍田：皇帝每年舉行親耕儀式的田地。

譯文

當初，漢武帝的姑母館陶公主號稱為竇太主，堂邑侯陳午娶她為妻。陳午死後，太主寡居，五十多歲了，卻寵倖一個叫董偃的年輕人。本來董偃與他的母親以賣珠謀生，董偃那時十三歲，經常跟隨母親出入竇太主家。竇太主的侍從都誇董偃長得俊美，竇太主召見董偃母子，對董偃母親說：「我替你撫養這個孩子吧。」因此把他留在府中，教他寫字、算術、相馬、駕車、射箭等，還讓他讀了一些傳記類書籍。董偃到十八歲成年時行了冠禮，太主出門他駕車，太主在家他在身邊侍奉。董偃性情溫柔愛護別人，因為竇太主喜歡他的緣故，一些有地位的人也都接待他，在長安城中很出名，都稱呼他「董君」。竇太主為了推薦他，讓他用錢財與士人結交，並命令中府說：「董君的支出，一天金滿一百斤，錢滿一百萬，帛達到一千疋，才告訴我。」安陵人袁叔，是袁盎哥哥的兒子，與董偃關係很好，對董偃說：「你私下侍奉竇太主，暗藏着難以預料的大禍，你要怎樣才得自安呢？」董偃害怕地說：「我擔心這件事已久，不知用甚麼辦法解脱。」袁叔說：「顧城廟遠離長安而沒有供皇上居住的宿宮，那裏有竹林和楸樹林，可供皇上遊玩，又有皇帝的籍田，你為甚麼不稟告太主，把長門園（在長安城東南）獻給皇帝呢？這是皇帝想要的地方。這樣做，皇帝知道是你出的主意，那你就可以安枕無憂，永遠不用恐懼憂傷了。如果遲遲不這樣做，等到皇帝要長門園，你怎麼辦呢？」董偃點頭說：「遵從你的教誨。」於是，董偃入府把這個主意告訴了太主，太主立即上書把長門園獻給武帝。皇上很高興，把竇太主的長門園改名為長門宮。太主也很高興，讓董偃用一百斤黃金給袁叔祝壽。

叔因是為董君畫求見上之策，令主稱疾不朝。上往臨疾，問所欲，主辭謝曰：「妾幸蒙陛下厚恩，先帝遺德，奉朝請之禮，備臣妾之儀，列為公主，賞賜邑入，隆天重地，死無以塞責。一日卒[1]有不勝洒掃之職，先狗馬填溝壑，竊有所恨，不勝大願，願陛下時忘萬事，養精游神，從中掖庭回輿，枉路臨妾山林，得獻觴

上壽，娛樂左右。如是而死，何恨之有！」上曰：「主何憂？幸得愈。恐群臣從
官多，大為主費。」上還，有頃，主疾愈，起謁，上以錢千萬從主飲。後數日，
上臨山林，主自執宰敝膝[2]，道入登階就坐。坐未定，上曰：「願謁主人翁。」
主乃下殿，去簪珥，徒跣頓首謝曰：「妾無狀，負陛下，身當伏誅。陛下不致之
法，頓首死罪。」有詔謝。主簪履起，之東箱自引董君。董君綠幘傅韝[3]，隨主前，
伏殿下。主乃贊：「館陶公主胞人臣偃昧死再拜謁。」因叩頭謝，上為之起。有
詔賜衣冠上。偃起，走就衣冠。主自奉食進觴。當是時，董君見尊不名，稱為「主
人翁」，飲大歡樂。主乃請賜將軍列侯從官金錢雜繒各有數。於是董君貴寵，天
下莫不聞。郡國狗馬蹴鞠劍客輻湊董氏[4]。常從游戲北宮，馳逐平樂，觀雞鞠[5]
之會，角狗馬之足，上大歡樂之。於是上為竇太主置酒宣室，使謁者引內董君。

注釋

1卒：通「猝」，突然。2執宰敝膝：穿上廚子的圍裙。3傅韝：袖套。4蹴鞠：古時一種踢球遊戲。輻湊：比喻聚集，像車輻集中於轂一樣。5雞鞠：鬥雞戲。

譯文

袁叔因此為董偃策劃求見皇上的辦法，讓太主假裝生病不能朝見皇帝。皇帝親自到竇太主府上探視病情，問太主需要甚麼，太主辭謝說：「臣妾幸運地得到陛下厚恩、先帝的遺德，使我能參加奉朝大典，行君臣之禮，列為公主，賞賜封邑使我

享有封地的收入，這恩德天高地厚，我即使是死也無法彌補過錯。如果有一天我猝然不能盡侍奉陛下的職事死去，私下有遺憾的是，不能了卻我報答陛下的一片心願，希望陛下有時也能忘掉朝中的事務，調養精神，從中掖庭返回宮中時，多走幾步路光臨寒舍，使我有機會敬獻一杯酒給陛下祝壽，娛樂在您身邊的人。如能這樣，即使死了，還有甚麼可遺憾的！」武帝說：「太主擔憂甚麼？希望你早日康復，我擔心隨同的群臣、侍衛太多，讓你太破費了。」武帝返回宮去。不久，太主病好了，上朝謁見皇帝，皇上以錢一千萬辦酒宴同太主宴飲。過了幾天，武帝來到太主府，太主穿上廚子的圍裙，親自引路而入，請武帝登上臺階在大廳就座。還沒坐定，武帝就說：「希望見見主人翁。」太主急忙下殿，摘下簪子和耳飾，赤着腳磕頭請罪說：「臣妾沒有臉面見人，辜負了陛下，犯下死罪。陛下不加罪於我，妾磕頭請罪。」武帝下詔免太主的罪。太主戴上簪子穿上鞋站起來，前往東廂房裏領董偃出來。董偃戴着下人包頭的綠巾，臂上套着袖套，一副僕役的打扮，隨着太主走到殿前，俯伏在殿下。太主於是介紹說：「館陶公主的廚子董偃冒死罪拜見皇帝。」董偃叩頭請罪，皇帝讓他起來。下詔賜給他衣帽上殿。董偃起身，忙去換衣服就座。太主親自給皇帝敬酒獻食。此時，董偃雖受尊重但無稱號，稱為「主人翁」，君臣開懷痛飲。太主於是奉獻了許多黃金、錢、雜色絲帛，請武帝賞賜給將軍、列侯以及隨從官員。從此董偃更加顯貴尊寵，天下沒有不知道他的。各郡國那些賽狗的、跑馬的、踢球的、弄劍的，紛紛聚集到董偃那裏。董偃經常跟隨武帝在北宮遊戲，到上林苑平樂觀射獵、觀看踢球、鬥雞、賽狗、跑馬等比賽場面，武帝對於這樣的遊玩也十分高興。於是皇帝在宣室設酒宴招待竇太主，讓謁者引董偃進宮。

是時，朔陛戟殿下，辟戟而前曰：「董偃有斬罪三，安得入乎？」上曰：「何謂也？」朔曰：「偃以人臣私侍公主，其罪一也。敗男女之化，而亂婚姻之禮，傷王制，其罪二也。陛下富於春秋，方積思於《六經》，留神於王事，馳騖於唐虞，折節於三代[1]，偃不遵經勸學，反以靡麗為右，奢侈為務，盡狗馬之樂，極耳目之欲，行邪枉之道，徑淫辟之路，是乃國家之大賊，人主之大蜮[2]。偃為淫首，其罪三也。昔伯姬燔而諸侯憚，奈何乎陛下？」上默然不應，良久曰：「吾業以設飲，後而自改。」朔曰：「不可。夫宣室者，先帝之正處也，非法度之政不得入焉。故淫亂之漸，其變為簒，是以豎貂為淫而易牙作患，慶父[3]死而魯國全，管蔡[4]誅而周室安。」上曰：「善。」有詔止，更置酒北宮，引董君從東司馬門。

東司馬門更名東交門。賜朔黃金三十斤。董君之寵由是日衰，至年三十而終。後數歲，竇太主卒，與董君會葬於霸陵。是後，公主貴人多踰禮制，自董偃始。

注釋

1馳騖：疾馳。折節：屈己下人。2蜮（粵：域；普：yù）：傳說的一種能含沙射人為害的動物。3慶父：春秋時魯桓公的兒子，莊公的弟弟。莊公死後，慶父殺了莊公的兒子閔公作亂，失敗後逃莒國。僖公繼位後，以重金請莒國送回慶父，途中慶父自殺，僖公正式繼位。4管蔡：指管叔鮮和蔡叔度，都是周武王的弟弟。武王死後，成王年幼，周公攝政，管、蔡聯合紂的兒子武庚作亂，後來武庚、管叔被殺，蔡叔被流放。

譯文

這時，東方朔正持戟站在殿下守衛，他放下戟走向前對武帝說：「董偃犯有三條該殺的罪，怎麼能讓他進宮呢？」武帝說：「是甚麼罪？」東方朔說：「董偃身為臣子，私下侍奉公主，這是第一條罪。敗壞男女之間的風化，擾亂婚姻的大禮，破壞朝廷制度，這是第二條罪。陛下年富力強，正當潛心思考《六經》，留心於國家的政事，用心思於追隨唐、虞盛世，克己遵奉夏、商、周三代賢君，董偃不遵從經典勸勉學習，反而崇尚靡麗，追求奢侈，極盡狗馬聲色之樂，走淫佚邪惡的歪道，此人正是國家的大賊，迷惑君主的害蟲。董偃是淫邪的禍首，這是他的第三條罪狀。從前，宋恭姬遇到火災，為恪守禮制等待保姆而被燒死，諸侯為此感到敬畏，怎麼辦呢？陛下！」武帝沉默不答，許久才說：「我已經擺下酒宴，以後改正。」東方朔說：「不可以。宣室是先帝的正殿，不是議論國家大事不得入內。因為淫亂的滋生會演變成篡位作亂的大禍，所以春秋時豎貂行淫亂而與易牙作亂，慶父死了魯國才得保全，殺了管叔、蔡叔周王室才得以安定。」武帝說：「好吧。」下詔不在宣室設宴，把酒宴改設在北宮，引董偃從東司馬門進宮。為此東司馬門改名為東交門。賞賜東方朔黃金三十斤。董偃的尊寵從此日益衰落，活到三十歲就死了。過了幾年，竇太主也去世了，與董偃合葬在霸陵。這以後，公主貴人多有越禮的行為，就是從董偃開始的。

時，天下侈靡趨末[1]，百姓多離農畝。上從容問朔：「吾欲化民，豈有道乎？」朔對曰：「堯、舜、禹、湯、文、武、成、康上古之事，經歷數千載，尚難言也，臣不敢陳。願近述孝文皇帝之時，當世耆老皆聞見之。貴為天子，富有四海，身衣弋綈[2]，足履革舃[3]，以韋[4]帶劍，莞蒲[5]為席，兵木無刃，衣縕[6]無文，集上書囊以為殿帷；以道德為麗，以仁義為準。於是天下望風成俗，昭然化之。今陛下以城中為小，圖起建章，左鳳闕，右神明，號稱千門萬戶；木土衣綺繡，狗馬被繢罽[7]；宮人簪瑇瑁，垂珠璣；設戲車，教馳逐，飾文采，藂珍怪；撞萬石之鐘，擊雷霆之鼓，作俳優，舞鄭女。上為淫侈如此，而欲使民獨不奢侈失農，事之難者也。陛下誠能用臣朔之計，推甲乙之帳燔之於四通之衢，卻走馬示不復用，則堯舜之隆宜可與比治矣。《易》曰：『正其本，萬事理；失之毫氂，差以千里。』願陛下留意察之。」

注釋

1 趨末：爭相從事工商業。古時農為本，工商為末業。2 弋綈：黑色粗厚的絲織物。3 革舄（粵：悉；普：xì）：生皮做的鞋子。4 韋：皮製劍鞘。5 莞蒲：皆為草名，都可以製薦。6 縕：亂絮。7 繢罽：五彩的毛毯。繢，同「繪」。

譯文

當時天下崇尚奢華，爭相從事工商業，老百姓多離開農田。武帝悠閒地問東方朔：「我想教化人民，有甚麼辦法嗎？」東方朔回答說：「堯、舜、禹、湯、文王、武王、成王、康王的上古之事，大都經歷了數千年，難以說明白，臣不敢陳述。願意就近說說孝文皇帝時的事，這是當今在世老人都知道的。文帝貴為天子，富有四海，但他身着黑粗布衣服，腳穿生皮做的鞋，用不加裝飾的韋皮劍鞘掛佩劍，鋪着莞蒲編的草薦，兵器像木製的那樣沒有利刃，棉衣以亂絮鋪成而且不加紋飾。綴合裝奏章的青布袋用作宮殿帷幕。文帝以道德高尚為美，以仁義為準繩。於是天下人都仰望他的風範，形成淳厚的風俗，明顯地教化了民眾。現在陛下嫌長安城地方小，在城外建築建章宮，左有鳳闕，右有神明臺，號稱千門萬戶；宮內土木裹着錦繡絲綢，狗馬披着五彩毛毯；宮人頭上簪着玳瑁，身上佩掛珠璣；設置雜耍玩車，倡導馳逐遊獵之樂，追求裝飾的文采華麗，聚集珍奇怪物；宮內撞響百石重的大鐘，敲擊響若雷霆的大鼓，樂人演戲，鄭女起舞。皇上這樣的奢侈無度，卻想讓老百姓不奢侈，不棄農經商，這是難以做到的事。陛下果真採用臣東方朔的建議，撤去這些華麗的帷帳，在四通八達的大街上燒掉，放棄飼養良馬表示不再騎用，那樣，就只有堯舜盛世才能與陛下的功業相媲美了。《易經》上說：『端正事物的本源，萬事才有條理；失之毫釐，差之千里。』望陛下能用心考慮上述之事。」

朔雖詼笑[1]，然時觀察顏色，直言切諫，上常用之。自公卿在位，朔皆敖弄[2]，無所為屈。

注釋 1詼笑：嘲謔，發言可笑。2敖：同「傲」，輕視。

譯文 東方朔雖然詼諧調笑，但常常察言觀色，適時地直言進諫，武帝經常採納他的意見。從公卿到在位的群臣，東方朔都輕視嘲弄，沒有甚麼人是他肯於屈從的。

賞析與點評

東方朔以詼諧滑稽著稱，而且名垂史冊。班固是有過在朝廷伴君如伴虎經歷的人，從所謂「朔雖詼笑，然時觀察顏色」的評論，可知他深深地理解東方朔對皇帝「直言切諫」時的小心謹慎；而他所謂「自公卿在位，朔皆敖弄，無所為屈」的概括，不也正告訴我們，所謂「敖弄」，不過是東方朔在官場鬥爭中所採取的一種自我保護方式而已嗎！

霍光傳

本篇導讀——

霍光，生於漢武帝元光年間地方上一個小縣吏之家，因為是將軍霍去病的異母弟才有機會進入朝廷。他侍奉武帝二十餘年，「小心謹慎，未嘗有過」。武帝臨終前下詔託孤，要他效法周公輔助幼主漢昭帝。由此他輔佐昭帝、宣帝，執掌朝政長達二十年。霍光以「匡國家，安社稷」為己任，執政期間竭盡心力維持了西漢朝從武帝期向後期的平穩過渡，達成了「百姓充實，四夷賓服」的政績，開啓了漢帝國和平攝政的範例。

霍光字子孟，票騎將軍去病弟也。父中孺，河東平陽人也，以縣吏給事[1]平陽侯家，與侍者衛少兒私通而生去病。中孺吏畢歸家，娶婦生光，因絕不相聞。久之，少兒女弟子夫得幸於武帝，立為皇后，去病以皇后姊子貴幸。既壯大，乃自知父為霍中孺，未及求問。會為票騎將軍擊匈奴，道出河東，河東太守郊迎，負弩矢先驅[2]，至平陽傳舍，遣吏迎霍中孺。中孺趨入拜謁，將軍迎拜，因跪曰：「去病不早自知為大人遺體也。」中孺扶服[3]叩頭，曰：「老臣得託命將軍，此天力也。」去病大為中孺買田宅奴婢而去。還，復過焉，乃將光西至長安，時年十餘歲，任光為郎，稍遷諸曹侍中。去病死後，光為奉車都尉光祿大夫，出則奉車，入侍左右，出入禁闥二十餘年，小心謹慎，未嘗有過，甚見親信。

注釋

1給事：供職，服役。2先驅：在前面領路。3扶服：同「匍匐」。

譯文

霍光字子孟，是驃騎將軍霍去病的弟弟。他的父親霍中孺，河東郡平陽縣（在今山西臨汾南）人，以縣吏的身份在平陽侯家供事，與侍女衛少兒私通，生下了霍去病。霍中孺當差期滿回家，娶妻生了霍光，於是與衛少兒斷絕往來不通音信。過了一段時間，衛少兒的妹妹衛子夫得寵於漢武帝，立為皇后，霍去病由於是皇后姐姐的兒子而位高得寵。霍去病長大以後，才知道自己的生父是霍中孺，但從未尋訪過。他恰好被任命為驃騎將軍出擊匈奴，路過河東郡，河東郡太守到城郊去迎接，背着弓箭在前面引路，到了平陽的傳舍驛站，霍去病就派遣官吏去接霍中孺。霍中孺以趨行禮節進來謁見，霍去病上前迎拜，跪下說：「去病早先不知道自己是大人的親骨肉。」霍中孺伏在地上叩頭，說：「老臣能把命運託付給將軍，這是藉助天力啊。」霍去病為父親購買了田地、房宅和奴婢，然後離去。還師回朝時又路過平陽，就帶上霍光西行到了長安，這時霍光十幾歲，霍光被任命為郎，不久升為諸曹侍中。霍去病去世後，霍光官至奉車都尉光祿大夫，皇帝出行則以奉車身份隨同，在宮內就侍奉在皇帝左右。出入宮廷二十餘年，小心謹慎，未嘗有甚麼過失，很得皇帝信賴。

征和二年，衛太子為江充所敗，而燕王旦、廣陵王胥皆多過失。是時上年老，寵姬鉤弋趙倢伃[1]有男，上心欲以為嗣，命大臣輔之。察群臣唯光任大重，可屬社稷。上乃使黃門[2]畫者畫周公負成王朝諸侯以賜光。後元二年春，上游五柞宮[3]，病篤，光涕泣問曰：「如有不諱[4]，誰當嗣者？」上曰：「君未諭前畫意邪？立少子，君行周公之事。」光頓首讓曰：「臣不如金日磾[5]。」日磾亦曰：

「臣外國人，不如光。」上以光為大司馬大將軍，日磾為車騎將軍，及太僕上官桀為左將軍，搜粟都尉桑弘羊為御史大夫，皆拜臥內牀下，受遺詔輔少主。明日，武帝崩，太子襲尊號，是為孝昭皇帝。帝年八歲，政事壹決於光。

注釋

1鉤弋趙倢伃：昭帝的母親。鉤弋，宮名。倢伃，同「婕妤」，女官名，位同上卿，爵比列侯。2黃門：官署名，有黃門侍郎等官，專門在宮內服務，侍奉皇帝。3五柞宮：漢時的行宮，在今陝西周至東南。4不諱：死的婉詞。5金日磾（粵：覓低；普：mì dī）：西漢大將。本為匈奴休屠王的太子，休屠王不降被殺，金日磾母子淪落漢宮養馬，後被武帝重用，賜姓金。

譯文

征和二年（前九十一年），衞太子因受到江充的誣陷，討伐而兵敗自殺，而燕王劉旦（武帝第三子）、廣陵王劉胥（武帝第四子）兩人都有很多過失。這時皇上年老，寵姬鉤弋夫人趙倢伃生有一個男孩，皇上要傳位給他，想讓大臣輔佐他。細察群臣中只有霍光能擔當重任，可以把國家託付給他。皇上於是命令宮廷畫師畫了一幅周公背着成王受諸侯朝見的畫賜給霍光。後元二年（前八十七年）春天，武帝出遊五柞宮，病危，霍光流淚問道：「陛下如有不測，當由誰繼位？」武帝說：「你沒明白先前我賜你那幅畫的意思嗎？立少子為帝，先生你要像周公那樣輔佐幼主。」霍光叩頭辭讓說：「我不如金日磾合適。」金日磾也說：「我是外國人，沒有霍光合適。」於是，武帝任命霍光為大司馬大將軍，金日磾為車騎將軍，太僕上官桀為左將軍，搜粟都尉桑弘羊為御史大夫，他們都在武帝臥室牀前下拜受封，接受遺詔輔佐少主。第二天，漢武帝駕崩，太子劉弗陵承襲皇帝尊號，這就是孝昭皇帝。昭帝年僅八歲，政事都由霍光代為決定。

先是，後元年，侍中僕射莽何羅與弟重合侯通謀為逆[1]，時光與金日磾、上官桀等共誅之，功未錄。武帝病，封璽書曰：「帝崩發書以從事。」遺詔封金日磾為秺侯[2]，上官桀為安陽侯，光為博陸侯，皆以前捕反者功封。時衛尉王莽子男忽侍中，揚語曰：「帝崩，忽常在左右，安得遺詔封三子事！群兒自相貴耳。」光聞之，切讓王莽，莽酖[3]殺忽。

注釋

1侍中僕射：官名，侍中的首領。莽何羅：本姓馬，改姓莽。重合：縣名，故城在今山東樂陵東，馬通封在這裏。2秺：縣名，故城在今山東成武西北。3酖：用鴆鳥的羽毛泡成的毒酒。

譯文

當初，後元元年（前八十八年），侍中僕射莽何羅與他的弟弟重合侯馬通相謀反叛，霍光、金日磾、上官桀等人共同誅殺了他們，沒有記功行賞。漢武帝病後，密封璽書說：「我死後打開璽書，遵照行事。」遺詔封金日磾為秺侯，上官桀為安陽侯，霍光為博陸侯，都是按照以前捕殺反叛者有功加封的。當時衞尉王莽（並非西漢末的王莽）的兒子王忽侍中，他揚言說：「帝崩時，我常在旁邊，哪裏有遺詔封這三人的事啊！這三個人互相抬高自己而已。」霍光聽到這話後，狠狠地責備王莽，王莽用毒酒殺死了兒子王忽。

光為人沉靜詳審，長財七尺三寸[1]，白皙，疏眉目，美須髯。每出入下殿門，止進有常處，郎僕射竊識[2]視之，不失尺寸，其資性端正如此。初輔幼主，政自己出，天下想聞其風采。殿中嘗有怪，一夜群臣相驚，光召尚符璽郎，郎不肯授光。光欲奪之，郎按劍曰：「臣頭可得，璽不可得也！」光甚誼[3]之。明日，詔增此郎秩二等。眾庶莫不多[4]光。

注釋

1財：通「才」。七尺三寸：漢制，約合今一點六八米。2識：標記。3誼：同「義」，意動用法。4多：稱讚。

譯文

霍光為人沉靜、處事審慎、周密，身高只有七尺三寸，皮膚白皙，眉清目秀，鬍鬚很美。每當他出入殿門，上下殿階，停步都有固定的位置。郎僕射暗中做記號仔細察看，發現每次都不差分寸，他的稟性如此端正。霍光開始輔佐昭帝時，政令由自己頒佈，天下臣民仰慕他的風采。宮中曾經鬧鬼，整夜大臣都驚恐不安，霍光召見掌管符璽的郎官，要收回玉璽，郎官不肯交給霍光。霍光便要奪取玉璽，尚符璽郎按劍說：「我的頭可得，玉璽你絕對不可得到！」霍光欽佩他的行為。次日，下詔把這個郎官的官秩提升兩級。老百姓聽說後，莫不讚許霍光。

光與左將軍桀結婚相親，光長女為桀子安妻。有女年與帝相配，桀因帝姊鄂邑蓋主內[1]安女後宮為倢伃，數月立為皇后。父安為票騎將軍，封桑樂侯。光時休沐[2]出，桀輒入代光決事。桀父子既尊盛，而德長公主。公主內行不修，近幸河間丁外人。桀、安欲為外人求封，幸依國家故事[3]以列侯尚公主者，光不許。又為外人求光祿大夫，欲令得召見，又不許。長主大以是怨光。而桀、安數為外人求官爵弗能得，亦慚。自先帝時，桀已為九卿，位在光右[4]。及父子並為將軍，有椒房中宮之重[5]，皇后親安女，光乃其外祖，而顧[6]專制朝事，繇[7]是與光爭權。

注釋

1內：通「納」字。2休沐：指休假。漢制每五天可回私宅休沐一次。3幸：希望。故事：舊例。4右：上，當時以右為尊。5椒房：皇后所居之處。中宮：皇后的宮室，這裏都代指皇后。6顧：反而。7繇：通「由」。

譯文

霍光與左將軍上官桀是兒女親家，關係親密，霍光的長女做了上官桀兒子上官安的妻子。生有一個女兒年齡與昭帝相當，上官桀通過昭帝姐姐鄂邑蓋主的關係，把孫女送入後宮做了倢伃，過了幾個月就立為了皇后。上官安因此做了驃騎將軍，封為桑樂侯。霍光有時出宮休假，上官桀就入宮代替霍光處理政事。上官桀父子顯貴之後，很感激長公主。公主沒有操行，與寵幸的河間人士丁外人私通。上官桀父子想替丁外人請求封侯，希望按照國家以列侯的身份娶公主為妻的舊例，也封丁外人為列侯，但霍光沒有同意。又請求封丁外人為光祿大夫，想讓他有機會被皇帝召見，霍光又沒有同意。長公主因此很怨恨霍光。上官桀父子多次為丁外人求封求官都未能如願，也很慚愧。在武帝時，上官桀就已在九卿之列，官位在霍光之上。現在上官父子同為將軍，又有皇后在宮中的重要關係，皇后是上官安的親生女兒，霍光不過是其外祖父，反倒獨攬了朝權，由此上官父子與霍光開始爭權。

燕王旦自以昭帝兄，常懷怨望。及御史大夫桑弘羊建造酒榷鹽鐵，為國興利，伐其功，欲為子弟得官，亦怨恨光。於是蓋主、上官桀、安及弘羊皆與燕王旦通謀，詐令人為燕王上書，言：「光出都肄郎羽林[1]，道上稱蹕[2]，太官先置。」又引：「蘇武前使匈奴，拘留二十年不降，還乃為典屬國，而大將軍長史敞亡功為搜粟都尉。又擅調益莫府[3]校尉。光專權自恣，疑有非常。臣旦願歸符璽，入宿衛，察姦臣變。」候司[4]光出沐日奏之。桀欲從中下其事，桑弘羊當與諸大臣共執退光。書奏，帝不肯下。

注釋

1都：總，集合。肄：習，操練。郎：指郎官。羽林：護衛皇帝的羽林軍。2蹕：古代帝王出行時，禁止行人往來。3益：增加。莫府：同「幕府」，指大將軍府。4司：通「伺」。

譯文

燕王劉旦自以為是昭帝的哥哥，卻沒能繼承皇位，常懷怨恨之心。御史大夫桑弘羊因為制定了酒類專賣、鹽鐵官營的制度，為國家創造了財富，而居功自傲，想為子弟求官，沒能如願也怨恨霍光。於是，鄂邑蓋主、上官桀父子及桑弘羊等人都和燕王劉旦串通謀劃，假裝讓人替燕王劉旦上書說：「霍光出城演練郎官、羽林，沿途行進像皇帝出行那樣設置儀仗，還派掌管膳食的太官先行準備飲食。另外，蘇武從前出使匈奴，被扣留了二十年不投降，回國後僅僅做了典屬國，而大將軍的長史楊敞無功而升為搜粟都尉。霍光還擅自選調增加大將軍府的校尉。霍光專權恣意，恐圖謀不軌。臣劉旦願交還燕王的信符璽印，回京進宮護衛皇帝，督察奸臣的陰謀。」等霍光出宮休假時乘機將奏書呈報給皇帝。上官桀打算在宮內將這事交給下面主管部門處理，桑弘羊則與其他大臣一起將霍光扣留，逼迫他辭職。奏章呈上後，昭帝卻不肯批覆下發。

明旦，光聞之，止畫室中不入。上問：「大將軍安在？」左將軍桀對曰：「以燕王告其罪，故不敢入。」有詔召大將軍。光入，免冠頓首謝，上曰：「將軍冠。朕知是書詐也，將軍亡[1]罪。」光曰：「陛下何以知之？」上曰：「將軍之廣明[2]，都郎屬[3]耳。調校尉以來未能十日，燕王何以得知之？且將軍為非，不須校尉。」是時帝年十四，尚書左右皆驚，而上書者果亡，捕之甚急。桀等懼，白上小事不足遂[4]，上不聽。

注釋 1七：通「無」。2之：往。廣明：亭驛名，在長安城東，東都門外。3屬：近，近日。4遂：竟，指追究到底。

譯文 第二天早晨，霍光聽說了這件事，就留在殿前畫室不上殿朝拜。昭帝問：「大將軍在哪裏？」左將軍上官桀回答說：「因為燕王告發了他的罪行，所以不敢進殿。」昭帝下詔召見大將軍霍光。霍光進殿，脱去帽子叩頭謝罪，皇帝說：「將軍請戴上帽子。朕知道這封奏書是假的，將軍沒有罪過。」霍光問道：「陛下怎麼知道的呢？」昭帝說：「將軍去廣明，演練郎官羽林軍是近日的事，選調校尉以來也還不到十天，燕王怎麼可能知道這事？況且將軍要作亂，也不需要校尉。」這時昭帝才十四歲，尚書和左右朝臣都很驚訝，而上奏書的人果然逃跑了，開始緊急追捕。上官桀等人害怕，對皇帝說這只是小事不值得追究，昭帝不聽他們的話。

後桀黨與有譖光者，上輒怒曰：「大將軍忠臣，先帝所屬以輔朕身，敢有毀者坐之。」自是桀等不敢復言，乃謀令長公主置酒請光，伏兵格[1]殺之，因廢帝，迎立燕王為天子。事發覺，光盡誅桀、安、弘羊、外人宗族。燕王、蓋主皆自殺。光威震海內。昭帝既冠[2]，遂[3]委任光，訖十三年，百姓充實，四夷賓服。

注釋

1格：擊。2冠：冠禮。古代男子二十歲行成人禮，結髮戴冠，表示成年。3遂：竟，始終。

譯文

後來上官桀的黨羽凡是有讒言誣陷霍光的，昭帝便發怒說：「大將軍是忠臣，先帝託付輔佐朕的，敢誹謗大將軍者就治他的罪。」從此上官桀等人就不敢再說壞話了。他們又謀劃讓蓋主設酒席宴請霍光，埋伏下兵士擊殺他，然後廢掉昭帝，迎接燕王劉旦回京做皇帝。這個陰謀被發覺後，霍光把上官桀、上官安、桑弘羊、丁外人及他們的宗族全部殺了。燕王劉旦、蓋主也都自殺了。從此霍光威震天下。昭帝行冠禮成年以後，仍把政事委託給霍光，直到昭帝去世共十三年，百姓富裕，四方各國歸附漢朝。

元平元年，昭帝崩，亡嗣。武帝六男獨有廣陵王胥在，群臣議所立，咸持廣陵王。王本以行失道，先帝所不用。光內不自安。郎有上書言：「周太王廢太伯立王季，文王舍伯邑考立武王，唯在所宜，雖廢長立少可也。廣陵王不可以承宗廟。」言合光意。光以其書視丞相敞等[1]，擢郎為九江太守，即日承皇太后詔，遣行大鴻臚事少府樂成、宗正德、光祿大夫吉、中郎將利漢迎昌邑王賀。

注釋

1 視：通「示」。敞：指楊敞，此時為丞相。

譯文

元平元年（前七十四年），昭帝去世，沒有兒子繼位。武帝的六個兒子中只有廣陵王胥還在世，大臣們商議，都主張立廣陵王。廣陵王本是因為品行不端而不被武帝立嗣的。因此霍光內心憂慮。這時有一郎官上書說：「周太王廢掉長子太伯而立少子王季，周文王捨棄伯邑考而立武王，只要是最適宜人選，雖說是廢長立幼也是可以的。廣陵王不可以繼承皇位。」此話正合霍光心意。霍光把這封奏章給丞相楊敞等人看，並提拔這位上書的郎官為九江郡（郡治在今安徽壽春）太守。當天霍光奉了皇太后的命令，派遣代理大鴻臚的少府史樂成、宗正劉德、光祿大夫丙吉和中郎將利漢等人，迎接昌邑王劉賀進京。

賀者，武帝孫，昌邑哀王子也。既至，即位，行淫亂。光憂懣，獨以問所親故吏大司農田延年。延年曰：「將軍為國柱石，審此人不可，何不建白太后，更選賢而立之？」光曰：「今欲如是，於古嘗有此否？」延年曰：「伊尹相殷，廢太甲以安宗廟，後世稱其忠。將軍若能行此，亦漢之伊尹也。」光乃引延年給事中[1]，陰與車騎將軍張安世圖計，遂召丞相、御史、將軍、列侯、中二千石、大夫、博士會議未央宮。光曰：「昌邑王行昏亂，恐危社稷，如何？」群臣皆驚鄂[2]失色，莫敢發言，但唯唯而已。田延年前，離席按劍，曰：「先帝屬將軍以幼孤，寄將軍以天下，以將軍忠賢能安劉氏也。今群下鼎沸，社稷將傾，且漢之傳謚常為孝者，以長有天下，令宗廟血食也[3]。如令漢家絕祀，將軍雖死，何面目見先帝於地下乎？今日之議，不得旋踵[4]。群臣後應者，臣請劍斬之。」光謝曰：「九卿[5]責光是也。天下匈匈不安，光當受難。」於是議者皆叩頭，曰：「萬姓之命在於將軍，唯大將軍令。」

注釋

1引：推薦。給事中：加官名，供職於宮中，掌顧問應對。2鄂：通「愕」，驚訝。3血食：指得到享祭，享祭鬼神要殺牲，所以稱「血食」。4不得旋踵：意為不得躊躇猶豫。旋踵，轉動腳跟向後退。5九卿：這裏指田延年，因田延年任大司農，為九卿之一。

譯文

劉賀，是武帝的孫子，昌邑哀王（武帝第五子、昭帝的哥哥劉髆）的兒子。他到了長安，登上帝位，行淫亂之事。霍光憂愁煩悶，獨自以此事與親信的舊部下大司農田延年商量。田延年說：「將軍作為國家柱石，既然察覺此人不合適，為甚麼不向太后建議，另選賢明的人立為皇帝呢？」霍光說：「現在我打算這樣做，不知古代曾有過這樣的先例嗎？」田延年說：「伊尹為殷朝宰相時，廢掉了太甲迎來國家的安定，後代都稱讚他的忠誠。將軍如能如此，也就是漢朝的伊尹了。」霍光於是推薦田延年做了給事中，又私下裏與車騎將軍張安世進行籌劃安排，然後就召集丞相、御史、將軍、列侯、中二千石、大夫、博士等在未央宮共同商議。霍光說：「昌邑王行為昏庸無道，恐怕會危害國家，該怎麼辦？」群臣都大驚失色，誰也不敢說話，只是唯唯諾諾而已。田延年站了起來，離席前行一步，手按着劍說：「先帝把幼主託付給將軍，把天下交付給將軍，是因為將軍忠誠賢能，能夠使劉氏江山安定。如今臣民人心不穩，動盪不安，國家將要傾覆。況且漢朝世代相傳，帝王謚號都用『孝』字，就是為了能長久保有天下，使宗廟永享祭祀。如果漢朝滅亡了，將軍即使是死了，九泉之下還有甚麼面目去見先帝呢？今天所議之事，應立即決斷。大臣如有遲疑不表態的，請允許我用劍斬了他。」霍光謝罪說：「九卿對我的責備很對。如今國內紛擾不安，我理當受到責難。」於是參加議事的人都叩頭說：「萬民的生死安危全取決於將軍了，我們聽將軍的命令。」

光即與群臣俱見白太后，具陳昌邑王不可以承宗廟狀。皇太后乃車駕幸未央承明殿，詔諸禁門毋內昌邑群臣。王入朝太后還，乘輦欲歸溫室，中黃門宦者各持門扇，王入，門閉，昌邑群臣不得入。王曰：「何為？」大將軍跪曰：「有皇太后詔，毋內昌邑群臣。」王曰：「徐之，何乃驚人如是！」光使盡驅出昌邑群臣，置金馬門外。車騎將軍安世將羽林騎收縛二百餘人，皆送廷尉詔獄[1]。令故昭帝侍中中臣侍守王。光敕[2]左右：「謹宿衛，卒有物故自裁[3]，令我負天下，有殺主名。」王尚未自知當廢，謂左右：「我故群臣從官安得罪，而大將軍盡繫之乎？」頃之，有太后詔召王，王聞召，意恐，乃曰：「我安得罪而召我哉！」太后被珠襦，盛服坐武帳[4]中，侍御數百人皆持兵，期門武士陛戟[5]，陳列殿下。群臣以次上殿，召昌邑王伏前聽詔。光與群臣連名奏王，尚書令讀奏。

注釋

1 廷尉：官名，掌司法。詔獄：監獄的一種，專門處治皇帝特旨交審的案犯。2 敕：告誡。3 卒：通「猝」，突然。物故：死亡。自裁：自殺。4 武帳：設置有兵器和衛士的帷帳。5期門：官名，掌執兵器隨從皇帝。陛戟：在殿階下拿着戟來護衛。

譯文

霍光立即與眾大臣一同上朝稟告太后，詳細地陳述了昌邑王劉賀不能繼承皇位的情況。皇太后於是乘車駕來到未央宮承明殿，詔令各宮門不准昌邑王的大臣進宮。昌邑王進宮朝見太后回來，打算乘輦車回溫室殿，中黃門宦官手持門扇，等昌邑王進宮門就立刻把宮門關上了，使昌邑王的眾大臣無法進宮。昌邑王說：「這是幹甚麼？」霍光跪下說：「有皇太后的詔令，不准昌邑王群臣進殿。」昌邑王說：「慢點，為甚麼弄得這麼嚇人！」霍光派人把昌邑王的群臣全部驅逐出宮，集中在金馬門外。車騎將軍張安世率領羽林騎兵拘捕了昌邑王屬下二百多人，都送交廷尉關進了詔獄。霍光命令原先侍奉漢昭帝的侍中、中常侍看守昌邑王說：「要小心看守，如果他突然死亡或自殺了，那樣就使我對不起天下人，就要背上殺君的罪名了。」昌邑王這時還不知道自己將被罷黜，問左右的人：「我原來的那些群臣侍從犯了甚麼罪，大將軍竟把他們都逮捕呢？」不久，太后下詔召見昌邑王。昌邑王聽說太后召見，內心開始有些惶恐，於是說：「我犯了甚麼罪太后召見我？」太后穿着珍珠綴飾的短襖，身穿華貴的禮服端坐在武帳中，守衛在左右的數百名侍從都手持兵器，期門武士執戟，排列在殿階之下守衛。眾大臣按品級依次進入大殿，讓昌邑王伏在面前聽候詔令。霍光同眾大臣聯名奏劾昌邑王，尚書令宣讀奏章。

皇太后詔曰：「可。」光令王起拜受詔，王曰：「聞天子有爭臣[1]七人，雖無道不失天下。」光曰：「皇太后詔廢，安得天子！」乃即持其手，解脫其璽組[2]，奉上太后，扶王下殿，出金馬門，群臣隨送。王西面拜，曰：「愚戇不任漢事。」起就乘輿副車。大將軍光送至昌邑邸[3]，光謝曰：「王行自絕於天，臣等駑怯，不能殺身報德。臣寧負王，不敢負社稷。願王自愛，臣長不復見左右。」光涕泣而去。群臣奏言：「古者廢放之人屏於遠方，不及以政，請徙王賀漢中房陵縣。」太后詔歸賀昌邑，賜湯沐邑二千戶。昌邑群臣坐亡輔導之誼，陷王於惡，光悉誅殺二百餘人。出死，號呼市中曰：「當斷不斷，反受其亂。」

注釋

1爭：通「諍」，諫諍，直言規勸。語出《孝經·諫諍章》，原文為：「昔者天子有爭臣七人，雖無道，不失其天下。」2璽組：即璽綬。皇帝印璽上配有四彩組綬，稱為璽綬。3邸：諸侯王到京師朝見皇帝時所住的房舍。

譯文

皇太后下詔說：「准奏。」霍光讓昌邑王起來跪拜接受詔令，昌邑王說：「我聽說，天子有七個諫諍的大臣，即使是無道也不會失去天下。」霍光說：「皇太后已下令廢掉了你，哪裏還天子！」於是走上前抓住他的手，解下璽印，呈獻給太后，然後扶着昌邑王下殿，走出金馬門，群臣跟隨着送行。昌邑王面朝西而拜，說：「我愚昧不能勝任朝廷大事！」起身坐上皇帝侍從的副車。大將軍霍光把他送到昌邑邸，謝罪說：「王的行為自絕於上天，臣等怯懦無能，不能用死報答您！我寧可對不起您，不敢對不起國家社稷。願王多多珍重，臣也不能侍奉在您左右了。」說完，霍光流着眼淚離去。群臣上奏說：「古時被廢之人流放到遠方邊地，不使他干擾國家的政事，請求把昌邑王流放到漢中房陵縣（今湖北房縣）。」太后下詔讓劉賀依舊回到昌邑，又賜給他湯沐邑二千戶。昌邑王舊臣因未盡到輔佐君王的職責，使昌邑王陷於邪惡，霍光把這二百多舊臣全殺了。這些人被押赴刑場時，在街上哭喊着說：「當斷不斷，反受其亂。」

光坐庭中，會丞相以下議定所立。廣陵王已前不用，及燕剌王反誅，其子不在議中。近親唯有衛太子孫號皇曾孫[1]在民間，咸稱述焉。光遂復與丞相敞等上奏曰：「《禮》曰『人道親親故尊祖，尊祖故敬宗』。大宗[2]亡嗣，擇支子孫賢者為嗣。孝武皇帝曾孫病已，武帝時有詔掖庭養視，至今年十八，師受《詩》、《論語》、《孝經》，躬行節儉，慈仁愛人，可以嗣孝昭皇帝後，奉承祖宗廟，子萬姓。臣昧死以聞。」皇太后詔曰：「可。」光遣宗正劉德至曾孫家尚冠里，洗沐賜御衣，太

僕以軨獵車迎曾孫就齋宗正府[3]，入未央宮見皇太后，封為陽武侯。已而光奉上皇帝璽綬，謁於高廟，是為孝宣皇帝。明年，下詔曰：「夫褒有德，賞元功，古今通誼也。大司馬大將軍光宿衛忠正，宣德明恩，守節秉誼，以安宗廟。其以河北、東武陽益封光萬七千戶。」與故所食凡二萬戶。賞賜前後黃金七千斤，錢六千萬，雜繒三萬疋，奴婢百七十人，馬二千匹，甲第[4]一區。

注釋

1皇曾孫：名病已（即宣帝，後改名詢），是武帝的曾孫，故稱皇曾孫。2大宗：宗法社會以嫡系長房為「大宗」，餘子為「小宗」。3軨獵車：射獵用的輕便小車。齋：齋戒。參加大典前的一種儀式。4甲第：上等住宅。

譯文

霍光坐在朝廷中，與丞相以下官員開會商議立新皇帝的人選。廣陵王已經在先前選立皇帝時不被用，到燕剌王劉旦謀反時被殺，他的兒子不在議論之中。近親中只剩下號稱皇曾孫的衛太子之孫了，現生活在民間，受到普遍稱讚。霍光便與丞相楊敞等大臣上書皇太后，說：「《禮記》上說：『為人之道能親愛親人的，就能尊敬自己的祖先；能夠尊敬祖先的，就能敬重同宗廟。』如今大宗沒有繼承人，就選擇旁支子孫中賢能的人做繼承人。孝武皇帝的曾孫病已，武帝時詔令在掖庭官署撫養照看，至今已經十八歲了，拜師學習《詩經》、《論語》、《孝經》，為人力行儉樸，慈仁愛人，可以繼承孝昭皇帝的皇位，奉承祖先的宗廟，統治萬民。臣等敢冒死稟告。」皇太后下詔說：「准奏。」霍光派宗正劉德到尚冠里（在長安城南）的皇曾孫家，讓他洗沐，賜給他御衣，由太僕用輕便的小車迎接到宗正府齋戒，然後進未央宮拜見皇太后，被封為陽武侯。霍光隨後向皇曾孫獻上皇帝的璽綬，讓他拜謁了漢高祖陵廟，這就是漢宣帝。第二年，宣帝下詔令說：「褒獎有德的人，賞賜立大功的人，是古今常理。大司馬大將軍霍光多年在宮禁之中值宿警衛，忠心耿耿，正直無私，表彰皇家恩德，謹守節操，主持正義，是用來安定漢朝江山的。將河北（在今山西芮城東北）、東武陽（在今山東莘縣西）兩縣的一萬七千戶加封給霍光。」加上先前所封共二萬戶。前後賞賜的黃金多達七千斤，錢六千萬，雜色彩帛三萬疋，奴婢一百七十人，馬二千匹，上等住宅一所。

自昭帝時，光子禹及兄孫雲皆中郎將，雲弟山奉車都尉侍中，領胡越兵[1]。光兩女婿為東西宮衛尉，昆弟諸婿外孫皆奉朝請，為諸曹大夫，騎都尉，給事中。黨親連體，根據[2]於朝廷。光自後元秉持萬機，及上即位，乃歸政。上謙讓不受，諸事皆先關白[3]光，然後奏御天子。光每朝見，上虛己斂容，禮下之已甚。

注釋

1胡越兵：指外族歸附的軍隊。2根據：盤踞，像樹木紮根深固。3關白：稟告請示。

譯文

自昭帝時起，霍光的兒子霍禹及霍光哥哥霍去病的孫子霍雲都已官至中郎將，霍雲的弟弟霍山任奉車都尉、侍中，統領胡、越軍隊。霍光的兩個女婿分別擔任東、西兩宮的衞尉，兄弟輩的女婿、外孫都有資格參加朝會，任職諸曹大夫、騎都尉、給事中。霍光的族党親戚在朝中連成一體，根深蒂固地盤踞在朝廷。霍光從後元年間把持朝政直到宣帝繼位，才歸還了朝政。宣帝謙讓不肯接受，所有政事都先請示霍光，再呈奏皇帝。霍光每次上朝參見，皇上都虛心莊重，對霍光十分謙恭有禮。

光秉政前後二十年，地節二年春病篤[1]，車駕自臨問光病，上為之涕泣。光上書謝恩曰：「願分國邑三千戶，以封兄孫奉車都尉山為列侯，奉兄票騎將軍去病祀。」事下丞相御史，即日拜光子禹為右將軍。

注釋

1地節：宣帝的第二個年號。

譯文

霍光執掌朝政前後二十年，地節二年（前六十八年）春天病危，皇帝親自登門探視，為之難過得流淚。霍光上書謝恩說：「希望從我的封邑中分出三千戶，用來封我哥哥的孫子車騎都尉霍山為列侯，以供奉哥哥驃騎將軍霍去病的享祀。」皇帝把這事交丞相、御史辦理，當天就封霍光的兒子霍禹為右將軍。

光薨，上及皇太后親臨光喪。太中大夫任宣與侍御史五人持節護喪事。中二千石治莫府冢上。賜金錢、繒絮，繡被百領，衣五十篋，璧珠璣玉衣[1]，梓宮、便房、黃腸題湊各一具[2]，樅木外臧椁[3]十五具。東園溫明[4]，皆如乘輿制度。載光尸柩以轀輬車[5]，黃屋左纛[6]，發材官輕車北軍五校士軍陳至茂陵，以送其葬。諡曰宣成侯。發三河卒穿復土，起冢祠堂。置園邑三百家，長丞奉守如舊法。

注釋

1玉衣：衣以金絲連綴玉片而成，用以包裹屍體，又稱玉匣。2梓宮：用梓木做成的棺材。便房：用楩木做成的槨（套在棺材外面的大棺材）。便，通「楩」。黃腸題湊：用木累在棺上，好像四面有簷的屋子，木的頭都向內，所以叫題湊，因用黃心柏木，所以叫黃腸題湊。3樅：松杉科常綠喬木。外臧椁：廚廄之屬。臧，同「藏」。4東園：官署名，掌置辦喪葬器物。溫明：即「溫明秘器」，形如方漆桶，一面開啓，置鏡其中，懸於屍上，封入棺內。因藏棺內，故稱秘器。5 **轀輬車**：供人臥息的車，有窗可供開閉以調節溫涼，故稱轀輬車，後用作葬車。6 **黃屋**：帝王專用的黃繒車蓋。**左纛**（粵：道；普：dào）：古代皇帝乘輿上的飾物，以犛牛尾或雉尾製成，設在車衡左轅上。

譯文

霍光去世，皇帝和皇太后親臨弔喪。太中大夫任宣和五名侍御史持節符護理喪事。中二千石的官在墓地設置幕府辦事。皇上賜以金錢、絲綢、絮綿，一百領繡被，衣服五十箱，金縷玉衣，內棺、外槨、黃腸題湊各一副，隨葬樅木外臧槨十五副。東園製作的溫明秘器，都與皇帝葬禮同樣規格。用轀輬車裝載霍光的遺體，車上用黃繒覆蓋，左車轅插着羽飾大旗，派材官、輕車、北軍五校士兵列隊直到茂陵，為霍光送葬。賜霍光諡號為宣成侯。徵調河東、河內、河南三郡的士卒為霍光掘土修墓，建造祠堂，設置三百戶人家的園邑守護陵墓，長丞按照舊例守護陵墓。

賞析與點評

霍光在武帝時期「出入禁闥二十餘年」，在昭、宣帝時期「秉政前後二十年」。如果說前二十年可以用「小心謹慎，未嘗有過」一筆帶過的話，他在後一個「二十年」中對漢帝國的貢獻是絕對不可低估的。霍光所接受的託孤，哪裏只是平常一段賢臣輔幼主的故事可以了卻的：

漢帝國新拓廣的巨大疆土如何維持，連武帝自己也後悔不該的勞民傷財局面如何收拾，還有如何控制皇族荒淫腐敗的日益蔓延等等。無論如何史稱的「昭宣中興」或「西漢中興」，如果沒有了霍光是不可想像的！

趙廣漢傳

本篇導讀——

趙廣漢是西漢宣帝時期名望頗高的京兆尹。史稱他為京官不畏豪強，瓦解朋黨，政績顯著。本傳從趙廣漢在地方為吏以「廉潔」出名，到做京官政績顯著「吏民稱之不容口」，記載到最後以「催辱大臣」罪名被處以「腰斬」的結局。文中所描述京兆尹趙廣漢侵犯貴戚、善待下屬、辦案如神、眼綫密佈、栽培死黨，雷厲風行、官場失足等情節環環相扣，歷歷在目。本傳的結尾處，「吏民守闕號泣者數萬人」的請願場面的推出，更是烘托了趙京兆以精明強幹深得京城民心的一幕！

趙廣漢字子都，涿郡蠡吾人也，故屬河間。少為郡吏、州從事，以廉潔通敏下士為名。舉茂材，平準令。察廉為陽翟令。以治行尤異，遷京輔都尉，守京兆尹。會昭帝崩，而新豐杜建為京兆掾[1]，護作平陵方上[2]。建素豪俠，賓客為姦利，廣漢聞之，先風[3]告。建不改，於是收案致法。中貴人豪長者為請無不至，終無所聽。宗族賓客謀欲篡取，廣漢盡知其計議主名起居，使吏告曰：「若計如此，且併滅家。」令數吏將建棄市[4]，莫敢近者。京師稱之。

是時，昌邑王徵即位，行淫亂，大將軍霍光與群臣共廢王，尊立宣帝。廣漢以與議定策，賜爵關內侯[5]。

遷潁川太守。郡大姓原、褚宗族橫恣，賓客犯為盜賊，前二千石莫能禽制。廣漢既至數月，誅原、褚首惡，郡中震栗。

注釋

1掾：屬官。2方上：墓壙。3風：通「諷」，含蓄地勸告。4棄市：在鬧市執行死刑並將犯人暴屍街頭的刑罰。5關內侯：爵位名。秦漢爵位二十等，關內侯為十九級，位於列侯之次。

譯文

趙廣漢字子都，涿郡（今河北涿州）蠡吾縣（今河北博野西南）人，蠡吾縣原屬歸河間國（今河北獻縣東南）。他年輕時做過郡吏、州從事，因廉潔奉公、通達聰慧、禮賢下士而聞名。被舉薦為茂材，擔任平準令掌管物價。被察舉為孝廉，經過考核做了陽翟縣縣令。因政績優異，提升為京輔都尉，代理京兆尹職。恰逢漢昭帝駕崩，而新豐人杜建擔任京兆尹掾，負責修造昭帝陵墓。杜建向來豪俠，他的門客趁此非法謀利，趙廣漢聽說後，先婉言規勸。杜建不改，於是將其拘捕歸案，依法治罪。許多朝中近臣、宦官都來為杜建求情，趙廣漢始終沒有聽從。宗族和門客謀劃要劫獄，趙廣漢獲知了他們全部計劃和主謀者的名字、動態，派手下告誡說：「如果按計行事，將會招致滿門抄斬。」下令讓幾名小吏將杜建處以棄市極刑，沒有人敢近前鬧事的。京城人都交口稱讚。

這時，昌邑王劉賀受召即帝位，行淫亂之事，大將軍霍光和群臣共同廢黜昌邑王，擁立宣帝。趙廣漢因參與商議定立決策，被賜爵關內侯。

後來，趙廣漢調任穎川（今河南禹州）太守一職。穎川郡的世家大族原、褚兩家橫行放肆，其門客多犯法為盜賊，前任郡守不能擒拿壓制，廣漢到任幾個月後，便殺掉原、褚兩家中的首惡分子，震驚全郡。

先是，潁川豪桀大姓相與為婚姻，吏俗朋黨[1]。廣漢患之，厲使其中可用者受

記[2]，出有案問[3]，既得罪名，行法罰之，廣漢故漏泄其語，令相怨咎。又教吏為缿筩[4]，及得投書，削其主名，而託以為豪桀大姓子弟所言。其後彊宗大族家家結為仇讎，姦黨散落，風俗大改。吏民相告訐[5]，廣漢得以為耳目，盜賊以故不發，發又輒得。壹切治理，威名流聞，及匈奴降者言匈奴中皆聞廣漢。

注釋

1朋黨：同類人以惡相濟勾結形成集團。2厲：同「勵」，獎勵，鼓勵。受記：得知公文內容。3案問：審問，審訊。4缿筩：官府接受告密的信筒。5告訐：告發。

譯文

此前，潁川豪傑大姓互相通婚結成姻親，官府與民間勾結成黨。趙廣漢對此很是憂慮，便選出部下中精幹者，獎勵他們，讓其預先得知訴訟公文的內容，出去調查；一旦發現與訴訟相合的犯罪行為，就判定其罪行，依法進行懲處。廣漢還故意洩露告密者的名字，使他們互相埋怨責備。又讓手下官吏設置告密箱，收到告密信後，便削去告密者的姓名，而假託是豪族大姓子弟的告發。此後豪族大姓互相結為仇家，朋黨瓦解，風俗大為改觀。官吏和庶民互相告發指責，廣漢以此為耳目，因此盜賊不敢再作案，即使作案也會被捕。一切得以整治，廣漢威名遠揚，以至投降漢朝的匈奴說在匈奴部落中也久仰趙廣漢的大名。

本始二年，漢發五將軍[1]擊匈奴，徵廣漢以太守將兵，屬蒲類將軍趙充國。從軍還，復用守京兆尹，滿歲為真。

注釋

1五將軍：漢宣帝時的祁連將軍田廣明、蒲類（因蒲類澤而得名）將軍趙充國、虎牙將軍田順、度遼將軍范明友和前將軍韓增。

譯文

本始二年（前七十二年），漢宣帝派田廣明、趙充國、田順、范明友、韓增五位將軍出擊匈奴。徵召趙廣漢以太守身份率兵隨從，隸屬蒲類將軍趙充國。從軍返回後，再次起用為代理京兆尹，滿一年後正式任職。

廣漢為二千石，以和顏接士，其尉薦[1]待遇吏，殷勤甚備。事推功善，歸之於下，曰：「某掾卿所為，非二千石所及。」行之發於至誠。吏見者皆輸寫心腹，無所隱匿，咸願為用，僵仆[2]無所避。廣漢聰明，皆知其能之所宜，盡力與否。其或負者，輒先聞知，風諭不改，乃收捕之，無所逃，按之罪立具[3]，即時伏辜。

注釋

1尉薦：即「慰藉」，安慰，慰勞。2僵仆：僵硬而倒斃。3立具：立即定案。

譯文

廣漢身為二千石高官，待人處事和顏悦色，安慰推薦下屬，凡事周全細緻。事成推辭功勞，歸功下屬，說：「是某掾吏做的，不是我這個二千石力所能及的。」行為發自誠意。拜見他的屬吏們都能傾吐真心，無所隱藏，願意為他效勞，即使赴死也在所不惜。廣漢聰穎，對屬下能知人善任，並察其是否竭盡全力。其中有背棄他的，就先使其知道，勸說仍不改過的，才收監拘捕，逃脱不掉，按所犯罪行立案判處，即刻伏法。

廣漢為人彊力，天性精於吏職。見吏民，或夜不寢至旦。尤善為鉤距[1]，以得事情。鉤距者，設預知馬賈[2]，則先問狗，已問羊，又問牛，然後及馬，參伍其賈[3]，以類相準，則知馬之貴賤不失實矣。唯廣漢至精能行之，它人效者莫能及也。郡中盜賊，閭里輕俠，其根株窟穴所在，及吏受取請求銖兩[4]之姦，皆知之。長安少年數人會窮里空舍謀共劫人，坐語未訖，廣漢使吏捕治具服。富人蘇回為郎，二人劫之。有頃，廣漢將吏到家，自立庭下，使長安丞龔奢叩堂戶曉賊，曰：「京兆尹趙君謝兩卿，無得殺質，此宿衛臣也。釋質，束手，得善相遇，幸逢赦令，或時解脱。」二人驚愕，又素聞廣漢名，即開戶出，下堂叩頭，廣漢跪謝曰：「幸全活郎，甚厚！」送獄，敕吏謹遇，給酒肉。至冬當出死，豫為調棺，給斂葬具，告語之，皆曰：「死無所恨！」

注釋

1鉤距：輾轉推問，得出實情。2賈：同「價」，價錢。3參伍其賈：反覆比較其價錢。參，同「三」。4銖：一兩的二十四分之一。

譯文

趙廣漢為人強悍有力，天性擅長處理吏政。接見屬吏和百姓，可以通宵達旦。尤其擅長「鉤距法」，以此查明事實真相。鉤距之法就是如果想得知馬的價格，就先問狗的價格，然後問羊價，再問牛價，最後問馬，將各種價格進行比較，相互參照，那麼就會知道馬價的貴賤而不會失真了。只有廣漢精通此法並行之有效，其他模仿的人沒有一個能趕得上他。廣漢對郡中盜賊和閭里輕俠的活動場所都明了於心，屬吏受取貪污之事即便銖兩之微的奸情也了如指掌。長安幾個少年在里中隱蔽處的屋裏策劃一起劫人，坐在一起還沒商量完，廣漢就派人把他們拘捕歸案，全都俯首認罪。富人蘇回任官為郎，被兩個人劫持了。過了一會兒，廣漢帶領捕吏來到他們家，站在院子裏，讓長安丞龔奢敲門傳話說：「京兆尹趙君拜謝二位，不要殺害人質，此人是宮中的護衛。釋放人質，束手就擒的話，會好好對待你們，有幸遇到赦令，或許可以免罪。」那兩人很驚鄂，又一向聽聞廣漢威名，當即開門自首，到廳堂階下叩頭，廣漢跪拜答謝說：「很高興保全了郎官性命，你們待人厚道。」收監至獄中，下令獄吏給以厚待，供給酒肉。到冬天要出獄處以死刑時，廣漢預先為他們準備棺材，並通知了他們，二人都說：「這樣死了也沒有怨恨！」

賞析與點評

這裏評價趙廣漢「為人強力，天性精於吏職」一句耐人尋味。班固並未像後世那樣簡單地將趙廣漢譽為廉潔奉公的模範、京官難當的典型，而是將趙廣漢嫻熟的官場手腕歸因於其超乎尋常的「天性」，而這一「天性」又是以他強悍的「為人」作前提的。如此為讀者揭示了非有非常之人難治非常之地的古代官場現形記。

廣漢嘗記召湖都亭長，湖都亭長西至界上，界上亭長戲曰：「至府，為我多謝問趙君。」亭長既至，廣漢與語，問事畢，謂曰：「界上亭長寄聲謝我，何以不為致問？」亭長叩頭服：「實有之。」廣漢因曰：「還為吾謝界上亭長，勉思職事，

有以自效，京兆不忘卿厚意。」其發姦擿伏[1]如神，皆此類也。

注釋

1 擿伏：揭發隱情。擿，揭露，揭發。

譯文

趙廣漢曾發文召見湖縣（京兆尹屬地，今河南靈寶縣西）的都亭長，湖縣都亭長到了界上（京兆尹屬地），界上亭長開玩笑說：「到京兆府後，代我多多問候趙京兆尹。」都亭長到了之後，廣漢接見他談話，詢問政事已畢，對他說：「界上亭長託你傳話問候我，你為甚麼不轉達他的致意呢？」亭長叩頭謝罪說確實有這事。廣漢說：「回去替我多謝界上亭長，希望他勤勉本職、盡心盡力，京兆不會忘記他的美意。」他揭發私情隱弊的能力如神，多像這樣明察。

廣漢奏請，令長安游徼[1]獄吏秩百石，其後百石吏皆差自重，不敢枉法妄繫留人。京兆政清，吏民稱之不容口。長老傳以為自漢興以來治京兆者莫能及。左馮翊、右扶風皆治長安中，犯法者從跡喜過京兆界。廣漢歎曰：「亂吾治者，常二輔[2]也！誠令廣漢得兼治之，直差易耳。」

注釋　1游徼（粵：叫；普：jiào）：負責巡察盜賊，兼管獄事的鄉官。2二輔：指前面的左馮翊、右扶風。漢代關中分為三區，京兆、左馮翊、右扶風合稱「三輔」。

譯文　廣漢上奏請求將長安遊徼和獄吏的俸祿增加到一百石，此後食俸百石的屬吏都比較自重，不敢枉法隨意拘捕了。京兆政治清明，官吏百姓對他讚不絕口。據一些年長者說，自有漢以來治理京兆的官員沒有一個能比得上趙廣漢的。左馮翊、右扶風的官署都設在長安，兩地的違法亂紀者常常流竄到京兆作案。廣漢感歎說：「擾亂我治安的人，往往是二輔呀！假如讓我一併治理，誠然是容易得多了。」

初，大將軍霍光秉政，廣漢事光。及光薨後，廣漢心知微指[1]，發長安吏自將，與俱至光子博陸侯禹第，直突入其門，廋索私屠酤[2]，椎破盧罌[3]，斧斬其門關而去。時光女為皇后，聞之，對帝涕泣。帝心善之，以召問廣漢。廣漢由是侵犯貴戚大臣。所居好用世吏子孫新進年少者，專厲彊壯蜂氣[4]，見事風生，無所回避，率多果敢之計，莫為持難。廣漢終以此敗。

注釋　1微指：尚未明顯的意圖。指宣帝因許皇后突然死去而疑忌霍家。2廋：通「搜」。屠酤：宰殺牲畜，買賣酒水。[3]盧：通「壚」，盛酒器的灶形土臺。罌：一種腹大口小的酒器。[4]蜂氣：「蜂」通「鋒」，鋒芒意氣。

譯文

當初，大將軍霍光執政，趙廣漢奉事霍光。至霍光死後，廣漢心知宣帝的心思，就親自率領長安吏，來到霍光兒子博陸侯霍禹的府第，徑直衝入府門，搜查私自屠宰、釀酒的人，錘砸酒器、土墩，用斧砍斷門閂而去。當時霍光的女兒是皇后，聽説後，對宣帝哭訴此事。宣帝心中稱許此事，就召見詢問了廣漢。廣漢由此觸犯了貴戚、大臣。廣漢平日喜歡任用那些舊吏的後世子孫中初入仕途的年輕人，一味張揚鋒芒鋭氣，遇事雷厲風行，毫無顧忌，大多行事當機立斷，沒有遇困難持之以恆的。廣漢最終以此招致禍患。

初，廣漢客私酤酒長安市，丞相吏逐去。客疑男子蘇賢言之，以語廣漢。廣漢使長安丞按賢，尉史禹故劾賢為騎士屯霸上，不詣屯所，乏軍興[1]。賢父上書訟罪，告廣漢，事下有司覆治。禹坐要斬，請逮捕廣漢。有詔即訊，辭服[2]，會赦，貶秩一等。廣漢疑其邑子榮畜教令，後以它法論殺畜。人上書言之，事下丞相御史，案驗[3]甚急。廣漢使所親信長安人為丞相府門卒，令微司[4]丞相門內不法事。

地節三年七月中，丞相傅婢[5]有過，自絞死。廣漢聞之，疑丞相夫人妒殺之府舍。而丞相奉齋酎[6]入廟祠，廣漢得此，使中郎趙奉壽風曉丞相，欲以脅之，毋令窮正[7]己事。丞相不聽，按驗愈急。廣漢欲告之，先問太史知星氣[8]者，言今年當有戮死大臣，廣漢即上書告丞相罪。制曰：「下京兆尹治。」廣漢知事迫切，遂自將吏卒突入丞相府，召其夫人跪庭下受辭[9]，收奴婢十餘人去，責以殺婢事。丞相魏相上書自陳：「妻實不殺婢。廣漢數犯罪法不伏辜，以詐巧迫脅臣相，幸臣相寬不奏。願下明使者治廣漢所驗臣相家事。」事下廷尉治，實丞相自以過譴笞傅婢，出至外弟[10]乃死，不如廣漢言。司直蕭望之劾奏：「廣漢摧辱大臣，欲以劫持奉公，逆節傷化[11]，不道。」宣帝惡之，下廣漢廷尉獄，又坐賊殺不辜，鞠獄[12]故不以實，擅斥除騎士乏軍興數罪。天子可其奏。吏民守闕號泣者數萬人，或言「臣生無益縣官[13]，願代趙京兆死，使得牧養小民」。廣漢竟坐要斬。

廣漢雖坐法誅，為京兆尹廉明，威制豪彊，小民得職。百姓追思，歌之至今。

注釋

1軍興：徵集財物以供軍用。2辭服：服罪，認罪。3案驗：驗證實情，以定罪名。4司：同「伺」，偵察。5傅婢：侍婢。6齋酎：古代祭祀用的醇酒。7窮正：徹底查清，究治。8太史：官名，屬太常，掌天文曆法。星氣：占星望氣之術，以預先占卜吉凶。9受辭：受審，聽取供詞。10外弟：外宅，「弟」同「第」。11逆節傷化：違背禮節，損害教化。12鞠獄：審理案件。「鞠」，通「鞫」，審問、究問。13縣官：這裏代指朝廷。

譯文

當初，廣漢的門客私自在長安市場上賣酒，丞相的屬吏趕走了他。門客懷疑是一個叫蘇賢的男子告發的，便告訴了廣漢。廣漢派長安丞追查蘇賢，讓尉史禹故意揭發蘇賢作為騎兵應該駐紮在霸上，卻不到駐軍之地到任，而且缺乏軍需供應。蘇賢的父親上書申辯，控訴廣漢誣告，此案便交給朝廷官吏覆審。結果，尉史禹被判腰斬，並奏請逮捕趙廣漢。詔令立即審訊廣漢，廣漢認罪，恰好遇上大赦，僅僅被貶職一級。廣漢懷疑是蘇賢的同鄉榮畜教唆賢父上書訴訟的，後來藉別的罪名將榮畜判處死刑。有人上書揭發此事，案子交由丞相御史審理，追查得很急。廣漢便指使心腹長安人作丞相府的門卒，讓他暗中偵察丞相家中不法之事。地節三年七月中，丞相家中侍婢有過錯，自縊而死。廣漢知道後，懷疑是丞相夫人因嫉妒在府邸中把她殺死。而丞相齋戒以入宗廟酎酒，廣漢得知這件事後，派中郎趙奉壽暗示丞相，想以此為要挾，使丞相不要再追查自己的案子。丞相不聽，追查得愈緊。廣漢想要告發丞相，先向占星望氣的太史詢問，太史說今年當有大臣受戮而死，廣漢便上書控告丞相的罪狀。皇帝批示：「交由京兆尹處理。」

廣漢知道事情緊迫，於是自己領吏卒直闖丞相府，召丞相夫人跪在庭下受審訊，押走十多個奴婢，審問丞相夫人殺死奴婢之事。丞相魏相上書陳述：「臣妻確實沒有殺奴婢。廣漢多次犯罪，不僅未伏法反而以欺詐手段脅迫威脅微臣，幸賴臣下寬容他沒有上奏。希望皇上派遣公正賢明的使臣審理廣漢誣告臣妻之事。」皇帝把這個案子交給廷尉審理。確實是丞相自己因婢女有過錯而責備鞭打她，她被趕出丞相府後在外宅自縊而死，並不像廣漢所說的那樣。司直蕭望之上奏彈劾趙廣漢說：「廣漢侮辱丞相，想威脅奉公執法之臣，違背禮節，傷害教化，為不道之罪。」宣帝厭惡他，將其交給廷尉下獄治罪，又犯有濫殺無辜、故意不據實辦案、擅自斥責騎士、妨害軍需徵發等幾項罪名。宣帝准奏。長安的官吏和百姓聞訊後有數萬人跪在宮門口號啕大哭，有的說：「臣活着對朝廷也沒有益處，願意替趙京兆去死，使他能夠繼續撫養百姓。」廣漢終究被處以腰斬。

廣漢雖因犯法被殺，但他任京兆尹廉潔清明，抑制豪強，使小民各得其所。百姓至今追念、歌頌他。

張禹傳

本篇導讀——

張禹是以精通《論語》的經學家身份當上天子老師，從而晉升為丞相的。他不愧為西漢後期讀書人中的佼佼者。班固將他與匡衡、孔光、馬宮等儒官合為同一列傳，由此反映了自漢武帝興儒學以來，諸儒生因通經文而居權位的現象。正如當時社會上所流傳「遺子黃金滿籯，不如教子一經」（《漢書．韋賢傳》）的諺語所表現的，讀書做官已成為一種時尚。讀者從這一傳記中可以很具體地品味西漢末年的儒官形象。

張禹字子文，河內軹人也，至禹父徙家蓮勺。禹為兒，數隨家至市，喜觀於卜相者前。久之，頗曉其別著布卦意，時從旁言。卜者愛之，又奇其面貌，謂禹父：「是兒多知，可令學經。」及禹壯，至長安學，從沛郡施讎受《易》，琅邪王陽、膠東庸生問《論語》，既皆明習，有徒眾，舉為郡文學[1]。甘露中，諸儒薦禹，有詔太子太傅[2]蕭望之問。禹對《易》及《論語》大義，望之善焉，奏禹經學精習，有師法[3]，可試事。奏寢[4]，罷歸故官。久之，試為博士[5]。初元中，立皇太子，而博士鄭寬中以《尚書》授太子，薦言禹善《論語》。詔令禹授太子《論語》，由是遷光祿大夫。數歲，出為東平內史。

注釋

1文學：漢代選官科目之一，指精通儒家經典的人才。2太子太傅：官名，太子的師傅，負責輔導太子。3師法：老師傳授的學藝方法。4奏寢：奏書被擱置。寢，睡，止。5博士：本義為博通古今之人。戰國開始成為學官名。漢武帝設五經博士，專門傳授儒家經學。

譯文

張禹，字子文，河內郡軹縣（今河南濟源東南）人，到他父親時，遷到蓮勺縣（今陝西渭南東北）。張禹在兒童時，經常隨家人到市上去，喜歡觀看占卜、看相的人。時間長了，很是懂得識別著草佈卦的含義，不時從旁說出他的見解。占卜的人很喜歡他，驚奇他的相貌不凡，對他父親說：「這個小孩很聰明，可以讓他學習經學。」張禹長大後，就到長安求學，跟沛郡人施讎學習《易經》，又向琅邪郡人王陽、膠東人庸生請教《論語》，全部都學有所成後，他就收徒講學，後被舉薦為郡文學。漢宣帝甘露年間（前五十三至前四十九年），諸儒生向朝廷舉薦張禹，皇上詔令太子太傅蕭望之考察張禹的學識。張禹回答有關《易經》和《論語》的大義，蕭望之非常讚賞，上書說張禹精通經學，有師法，可以試用為官。但這奏書被擱置了，張禹只得作罷，而回到原職。很久以後，皇上才使用張禹為博士。漢元帝初元年間（前四十八至前四十四年），冊立皇太子，博士鄭寬中教授太子學習《尚書》，推薦說張禹精於《論語》。於是皇帝下詔令張禹教太子學習《論語》，因此提升張禹為光祿大夫。幾年後，又受命擔任東平國（今山東東平東）內史。

元帝崩，成帝即位，徵禹、寬中，皆以師賜爵關內侯，寬中食邑八百戶，禹六百戶。拜為諸吏光祿大夫，秩中二千石，給事中[1]**，領尚書事**[2]**。是時，帝舅陽平侯王鳳為大將軍輔政專權，而上富於春秋，謙讓，方鄉經學，敬重師傅。而禹與鳳並領尚書，內不自安，數病上書乞骸骨**[3]**，欲退避鳳。上報曰：「朕以幼**

年執政，萬機懼失其中，君以道德為師，故委國政。君何疑而數乞骸骨，忽忘雅素[4]，欲避流言？朕無聞焉。君其固心致思，總秉諸事，推以孳孳，無違朕意。」加賜黃金百斤、養牛、上尊酒，太官致餐，侍醫視疾，使者臨問。禹惶恐，復起視事，河平四年代王商為丞相，封安昌侯。

注釋

1給事中：官名，因給事殿中而得名。西漢為大夫、博士、議郎的加官，掌顧問應對。2領尚書事：兼管尚書意。3乞骸骨：古代官吏因年老請求辭官的一種說法，意為使骸骨得以歸葬故鄉。4雅素：指師徒故舊之恩義。

譯文

元帝駕崩，成帝即位，徵召張禹、鄭寬中入朝，二人都因是皇帝的師傅而賜爵關內侯，鄭寬中封食邑八百戶，張禹封六百戶。張禹任諸吏光祿大夫，官秩中二千石，加給事中，領尚書事。這時，成帝的舅舅陽平侯王鳳以大將軍身份輔佐政事而獨攬朝權，成帝年輕，謙虛禮讓，愛好經學，敬重老師。張禹與王鳳一起兼任尚書，內心很是不安，多次託病上書請求辭職歸鄉，想迴避與王鳳共事。成帝下詔說：「我年幼即位，擔心有過錯，閣下因道德高尚成為我的老師，因此才委以國政。您還有甚麼疑慮，以致多次要辭官，難道您忘記了我們的師徒情誼？還是想要迴避甚麼流言蜚語呢？我並沒有聽到甚麼傳言。您還是堅定信念、集中心思，拿出孜孜不倦的精神，不要違背我的心意。」又另賜黃金百斤、御廄的養牛及上等貴酒，令太官為張禹供應飲食，御醫為他診病，並派使者過府慰問。張禹誠惶誠恐，又開始上朝。漢成帝河平四年（前二十五年），接替王商充任丞相，封為安昌侯。

為相六歲，鴻嘉元年以老病乞骸骨，上加優再三，乃聽許。賜安車駟馬，黃金百斤，罷就第，以列侯朝朔望，位特進[1]，見禮如丞相，置從事史五人，益封四百戶。天子數加賞賜，前後數千萬。

注釋

1 特進：官名，西漢末設，授予列侯中有特殊地位的人，位在三公下。

譯文

張禹擔任丞相六年，在成帝鴻嘉元年（前二十年）因年老多病請求辭官，皇帝對他稱讚再三，才准許他辭官。賜予他安車駟馬，黃金百斤，張禹辭官回府第後，仍以列侯身份在每月的初一和十五參加朝見，加封特進的官銜，朝見之禮如同丞相時一樣，允許他配置從事史五人，加封四百戶食邑。成帝對他的賞賜，先後達數千萬錢。

禹為人謹厚，內殖貨財，家以田為業。及富貴，多買田至四百頃，皆涇、渭溉灌，極膏腴上賈。它財物稱是。禹性習知音聲，內奢淫，身居大第，後堂理絲竹筦弦[1]。

注釋

1 理：演奏。絲竹筦弦：管弦樂器及其音樂。

譯文

張禹為人謹慎厚道，家裏以農田為業，內生貨財。張禹顯貴後，置田產多達四百頃，都是涇水、渭水流域灌溉方便的肥沃高價良田。其他資財也與此相當。張禹天生熟知音樂，生活奢侈淫逸，身處大宅府第，後堂演奏絲竹管弦音樂。

禹成就[1]弟子尤著者，淮陽彭宣至大司空，沛郡戴崇至少府九卿。宣為人恭儉有法度，而崇愷弟[2]多智，二人異行。禹心親愛崇，敬宣而疏之。崇每候禹，常責師宜置酒設樂與弟子相娛。禹將崇入後堂飲食，婦女相對，優人[3]筦弦鏗鏘極樂，昏夜乃罷。而宣之來也，禹見之於便坐[4]，講論經義，日晏賜食，不過一肉卮酒[5]相對。宣未嘗得至後堂。及兩人皆聞知，各自得也。

注釋

1就：造就，使成就。2愷弟：同「愷悌」，和樂平易。3優人：古代以樂舞戲謔為業的藝人。4便坐：別室，廂房。5一肉：一樣肉食，指食不重味。卮酒：一杯酒。卮，古代盛酒的器皿。

譯文

張禹培養的弟子中，優秀著名的有淮陽的彭宣，官至大司空，沛郡的戴崇，官至少府，位列九卿。彭宣為人恭敬簡約，講究規矩，而戴崇性格和樂平易，聰明多才，二人品行各異。張禹內心比較喜歡戴崇，對彭宣則敬而遠之。戴崇每次去看望張禹，常常要求老師置酒設樂，與弟子同樂。張禹常請戴崇到後堂共同進餐，與婦女對坐而飲，優人吹管弄弦作樂助興，極盡歡樂之情，直到黑夜才散席。每當彭宣來訪，張禹就在廂房接見他，議論經籍義理，日暮時分賜與飲食，也不過是一種肉食，一卮行酒。未曾請張禹到過後堂。待到兩人得知老師以不同方式接待自己時，都認為是適宜自己的方式。

禹年老，自治冢塋，起祠室，好平陵[1]肥牛亭部處地，又近延陵[2]，奏請求之，上以賜禹，詔令平陵徙亭它所。曲陽侯根聞而爭之：「此地當平陵寢廟衣冠所出游道[3]，禹為師傅，不遵謙讓，至求衣冠所游之道，又徙壞舊亭，重非所宜。

孔子稱『賜愛其羊，我愛其禮』，宜更賜禹它地。」根雖為舅，上敬重之不如禹，根言雖切，猶不見從，卒以肥牛亭地賜禹。根由是害禹寵，數毀惡之。天子愈益敬厚禹。禹每病，輒以起居聞，車駕自臨問之。上親拜禹牀下，禹頓首謝恩，〔因〕歸誠[4]，言：「老臣有四男一女，愛女甚於男，遠嫁為張掖太守蕭咸妻，不勝父子私情，思與相近。」上即時徙咸為弘農太守。又禹小子未有官，上臨候禹，禹數視其小子，上即禹牀下拜為黃門郎，給事中。

注釋

1平陵：漢昭帝劉弗陵之墓，今陝西咸陽西北。2延陵：漢成帝劉驁墓，位於今陝西咸陽渭城區。3寢廟：宗廟正殿稱廟，後殿稱寢，合稱寢廟。此處謂後殿藏先人衣冠之處。衣冠：漢昭帝的衣冠。漢制，帝死，其衣冠每月出遊一次。4歸誠：對人寄以誠心。

譯文

張禹年老時，為自己建冢塋，修祠堂，他看中平陵肥牛亭這處地，又接近延陵，上書請賜該地，皇上便把它賜予張禹，詔令平陵郡將肥牛亭遷到別處。曲陽侯王根聽說後向皇帝進諫說：「肥牛亭正當昭帝陵墓衣冠出遊所經之地，張禹身為師傅，不顧謙讓之禮，乃至於求賜先帝衣冠出遊之地，又要遷移毀壞舊亭，太不合適了。孔子曾對子貢說『你愛惜羊，我愛惜禮』，應當賜張禹另一處地方。」王根雖是成帝的舅舅，但皇帝對他不如對張禹敬重，其所說雖是懇切，而皇帝未能聽從，最終還是將肥牛亭賜給了張禹。王根由此事而嫉恨張禹得寵，多次詆毀張禹。而成帝卻更加敬重張禹。張禹每次生病，皇帝都要慰問他的飲食起居情況，甚至親自屈駕探視。成帝親身到張禹牀前看望，張禹叩首謝恩，因而坦誠相告：「老臣有四兒一女，比起兒子來我更疼愛女兒，可她遠嫁張掖郡（位於今甘肅河西走廊中部）太守蕭咸為妻，我看重父女情感，希望與她離得近一點。」皇帝便即刻調任蕭咸為弘農郡（位於今河南靈寶黃河沿岸）太守。另外張禹的小兒子沒有做官，皇帝去看望張禹時，張禹多次顧視他的小兒子，皇帝領會其意，在張禹牀前任命他的小兒子為黃門郎，加給事中。

禹雖家居，以特進為天子師，國家每有大政，必與定議。永始、元延之間，日蝕地震尤數，吏民多上書言災異之應，譏切王氏專政所致。上懼變異數見，意頗然之，未有以明見，乃車駕至禹弟辟左右，親問禹以天變，因用吏民所言王氏事示禹。禹自見年老，子孫弱，又與曲陽侯不平，恐為所怨。禹則謂上曰：「春秋二百四十二年間，日蝕三十餘，地震五，或為諸侯相殺，或夷狄侵中國。災變之異深遠難見，故聖人罕言命，不語怪神。性與天道，自子贛之屬不得聞，何況淺見鄙儒之所言！陛下宜修政事以善應之，與下同其福喜，此經義意也。新學小生，亂道誤人，宜無信用，以經術斷之。」上雅信愛禹，由此不疑王氏。後曲陽侯根及諸王子弟聞知禹言，皆喜說，遂親就禹。禹見時有變異，若上體不安，擇日潔齋露蓍[1]，正衣冠立筮，得吉卦則獻其占，如有不吉，禹為感動憂色。

成帝崩，禹及事哀帝，建平二年薨，謚曰節侯。禹四子，長子宏嗣侯，官至太常，列於九卿。三弟皆為校尉散騎諸曹。

注釋

1 露蓍：夜晚將蓍草露於星宿下，明日乃用。言得上天之靈氣也。

譯文

張禹雖然辭官，但仍以特進官為皇帝的師傅，每當有重大的國家決策，皇帝都要向他諮詢。永始（前十六至前十三年）、元延（前十二至前九年）之際，多次發生日食、地震，官吏和百姓紛紛上書說這是災異感應，譏諷說是外戚王氏專權所造成的。成帝害怕災異會多次出現，心中頗以為然，但沒有明確表態，於是乘車到張禹府第，屏退左右，詢問張禹有關天變之事，並把官吏和百姓上書所說王氏之事對張禹說了一遍。張禹考慮自己年事已高，後代勢力單薄，又與曲陽侯王根不和，恐怕被他怨恨。就對皇帝說：「春秋二百四十二年間，出現三十多次日食，五次地震，有時是各諸侯國之間相互殘殺，有時是夷狄侵擾中原。災異之變的感應難以預見，因此孔聖人很少談及天命，也不談論怪力亂神之事。從子貢之輩起就不再論及人性與天道的關係了，何況是見識淺薄的儒生所說的話！陛下應當整治國政來應對災異，與百姓同甘共苦，這才是經學大義所在。那些後學小生妄言胡說，貽害他人，陛下不要信用其說，應當用經學大義來判斷是非曲直。」成帝向來信任倚重張禹，因此對王氏不再疑慮。事後，曲陽侯王根及各諸侯王的子弟聽說張禹的言論，都很高興，開始親近張禹。張禹見常常出現異常現象，有時皇帝身體又欠佳，於是他選擇吉日沐浴齋戒，露著草於星宿下，端正衣冠立筮占卜，得到吉卦就稟告皇帝，如果不吉利，張禹就深感憂慮。

漢成帝駕崩，張禹又侍奉漢哀帝，於建平二年（前五年）去世，謚號節侯。張禹有四個兒子，長子張宏繼承爵位，官至太常，位列九卿。其餘三個兒子都在校尉散騎各部任職。

初，禹為師，以上難數對己問經，為《論語章句》獻之。始魯扶卿及夏侯勝、王陽、蕭望之、韋玄成皆說《論語》[1]，篇第或異。禹先事王陽，後從庸生，采獲所安，最後出而尊貴。諸儒為之語曰：「欲為《論》，念張文。」由是學者多從張氏，餘家浸微。

注釋 1扶卿：魯人，治《論語》名儒。夏侯勝：魯人，字長公，著名今文尚書學「大夏侯學」的開創者。韋玄成：魯國鄒人，字少翁，宣帝時以明經授為諫大夫，元帝時官至丞相。

譯文 當初張禹為帝師時，因為皇上難以經常向自己學習經典，就作了《論語章句》獻給皇上。當時魯人扶卿、夏侯勝、王陽、蕭望之、韋玄成都傳授《論語》，觀點各異。張禹先師從王陽，後又從師庸生，採取穩妥之說，雖出書於最後，但其著述最受世人尊重。眾儒生因此說：「要學《論》，讀張文。」此後，學者多學習張氏之學，其餘各家學說漸衰。

贊曰：自孝武興學，公孫弘以儒相，其後蔡義、韋賢、玄成、匡衡、張禹、翟方進、孔光、平當、馬宮及當子晏咸以儒宗居宰相位，服儒衣冠，傳先王語，其醞藉可也，然皆持祿保位，被阿諛之譏。彼以古人之跡見繩[1]，烏[2]能勝其任乎！

注釋 1繩：校正，彈劾。2烏：何，哪裏。

譯文

贊曰：自漢武帝興建太學，公孫弘以儒者成為宰相，其後有蔡義、韋賢、玄成、匡衡、張禹、翟方進、孔光、平當、馬宮以及平當的兒子平晏等人，都是以儒者所尊仰的名儒身份居於宰相地位的，身披儒生衣冠，傳授先王哲語，雖然寬博厚重值得肯定，然而都被認為是為了保持俸祿和地位而不惜阿諛奉承之輩。他們若以古人正直奉公為準繩的話，哪裏能勝其任呢！

賞析與點評

自漢武帝開闢明經取士之途，公卿中儒者的比例大幅度上升。元帝開始的西漢各代皇帝更是崇儒有加。漢成帝以後的十八位丞相中竟有儒者十四人。班固稱他們「以儒宗居宰相位，服儒衣冠，傳先王語，其醞藉可也，然皆持祿保位，被阿諛之譏。」「居宰相位」是儒者通經入仕的光輝頂點；「持祿保位」則是儒者因官致富以後的新貴族立場。

龔遂傳

本篇導讀——

宣帝時循吏龔遂是《漢書·循吏傳》所載六位傳主之一。所謂循吏是指那些守法循理的清官。龔遂通過明經取士之途為官，先事昌邑王，以直言進諫、面刺王過而知名；渤海地區饑荒造成人民造反，他臨危受宣帝之命，擔任渤海郡太守，以靈活政策平息叛逆，安定民心，一改齊地奢侈習俗，鼓勵農業生產，全郡大治。可謂漢代優秀地方官的代表人物。

龔遂字少卿，山陽南平陽人也。以明經[1]為官至昌邑郎中令，事王賀。賀動作多不正，遂為人忠厚，剛毅有大節，內諫爭於王，外責傅相[2]，引經義，陳禍福，至於涕泣，蹇蹇[3]亡已。面刺王過，王至掩耳起走，曰「郎中令善媿[4]人」。及國中皆畏憚焉。王嘗久與騶奴宰人[5]游戲飲食，賞賜亡度，遂入見王，涕泣膝行，左右侍御皆出涕。王曰：「郎中令何為哭？」遂曰：「臣痛社稷危也！願賜清閒竭愚[6]。」王辟左右，遂曰：「大王知膠西王所以為無道亡乎？」王曰：「不知也。」曰：「臣聞膠西王有諛臣侯得，王所為擬於桀紂也[7]，得以為堯舜也。王說其諂諛，嘗與寢處，唯得所言，以至於是。今大王親近群小，漸漬邪惡所習，存亡之機，不可不慎也。臣請選郎通經術有行義者與王起居，坐則誦《詩》《書》，立則習禮容，宜有益。」王許之。遂乃選郎中張安等十人侍王。居數日，王皆逐去安等。久之，宮中數有妖怪，王以問遂，遂以為有大憂，宮室將空，語在《昌邑王傳》。會昭帝崩，亡子，昌邑王賀嗣立，官屬皆徵入。王相安樂遷長樂衛尉。遂見安樂，流涕謂曰：「王立為天子，日益驕溢，諫之不復聽，今哀痛未盡，日與近臣飲食作樂，鬥虎豹，召皮軒[8]，車九流[9]，驅馳東西，所為悖道。古制寬，大臣有隱退，今去不得，陽[10]狂恐知，身死為世戮，奈何？君，陛下故相，宜極諫爭。」王即位二十七日，卒以淫亂廢。昌邑群臣坐陷王於惡不道，皆誅，死者二百餘人，唯遂與中尉王陽以數諫爭得減死，髡為城旦[11]。

注釋

1明經：漢代選官科目。始於漢武帝，由郡國或公卿推薦，被推舉者須明習經學，後通過射策確定等級而得官。2**傅相**：諸侯國的太傅、相。3**蹇蹇**：忠直的樣子。4**媿**：古「愧」字，羞辱。5**騶奴**：駕駛車馬的奴僕。**宰人**：掌管膳食之官。6**竭愚**：自謙之詞，謂盡抒己之愚見。7**儗**：同「擬」，比擬。8**皮軒**：漢皇帝所乘用虎皮裝飾的車子。9**九流**：即九旒，天子之旗，上有九條飄帶的大旗。10**陽**：佯裝。11**髡**（粵：坤；普：kūn）：剃去罪人鬚髮的刑罰。**城旦**：築城的勞役。

譯文

龔遂，字少卿，山陽郡（今山東金鄉西北）南平陽縣（今山東鄒縣）人。通過明經考試做官，官至昌邑國郎中令，奉侍昌邑王劉賀。劉賀言行舉止多不正派，龔遂為人忠厚剛毅，在大節上認真，對內向昌邑王直言勸諫，對外責求太傅、國相，引經據典，陳訴利弊禍福，甚至淚流滿面，忠言直諫無止。曾當面指責昌邑王的過錯，以至於昌邑王捂着耳朵起身便走，說：「郎中令很能讓人感到羞愧。」王國之中都敬畏龔遂。昌邑王曾與奴僕和膳食人吃喝玩樂，恩賞賜予毫無節制，龔遂入宮勸諫，淚流滿面，跪地前行，侍奉昌邑王的侍從都感動得落淚。昌邑王問：「郎中令為何哭？」龔遂說：「臣悲痛國家將衰危啊！希望大王能恩准我單獨進言以述愚見。」昌邑王屏退左右侍從，龔遂問：「大王知道膠西王劉卬是怎樣因暴虐而滅亡的嗎？」昌邑王說：「不知道。」龔遂便說：「臣聽說膠西王身邊有個諂媚之臣叫侯得，膠西王所作所為都近於暴君桀紂，但侯得卻奉承他為堯舜。膠西王喜歡侯得的阿諛諂媚，常常與他一同起居，專聽他的佞言謬論，導致了滅亡的下場。如今大王信任親近小人，漸漸沾染他們的惡習，這關係國家的安危存亡，不可不慎重！請允許臣挑選些通曉經學、躬行仁義的侍從與大王一同起居作息，坐臥時便誦讀《詩》《書》，行動時便學習禮儀制度，應該是大有裨益的。」昌邑王同意了。龔遂便選拔張安等十人服侍昌邑王。可是，過了幾天，昌邑王就把他們都趕走了。不久以後，宮中多次出現怪異反常的事情，昌邑王便詢問龔遂，龔遂認為這是將有大災禍的預兆，是宮殿將要空廢的先兆，這事詳見《昌邑王傳》。恰逢漢昭帝駕崩，沒有子嗣繼位，昌邑王劉賀繼承君位，舊時官員屬吏都徵召入宮。昌邑王的國相安樂調任長樂宮衛尉，龔遂去拜見安樂，淚流滿面地說：「大王繼立為天子，一天比一天驕傲自滿，不再聽從進諫了。如今服喪未滿，天天與近臣飲酒吃喝、尋歡取樂，不是鬥虎豹，就是聚集皮車，豎九旒大旗，策馬疾馳，所作所為違背正道。古時的制度寬容，大臣可以隱退，如今不得離開，想假裝瘋狂，去官避禍，又怕被人知道，身死還要為世人羞辱，如何是好？您是陛下從前的國相，應當極力直言勸諫。」昌邑王即位二十七天，因驕奢放縱被廢。昌邑王以前的臣子因陷君王於奸惡而犯大逆不道之罪，全都被處死，死了有二百多人，只有龔遂與中尉王陽因多次進諫而得以倖免，受髡刑服城旦勞役四年。

宣帝即位，久之，渤海左右郡歲饑，盜賊並起，二千石不能禽制。上選能治者，丞相御史舉遂可用，上以為渤海太守。時遂年七十餘，召見，形貌短小，宣帝望見，不副所聞，心內輕焉，謂遂曰：「渤海廢亂，朕甚憂之。君欲何以息其盜賊，以稱朕意？」遂對曰：「海瀕遐遠，不霑聖化，其民困於飢寒而吏不恤，故使陛下赤子盜弄陛下之兵於潢池[1]中耳。今欲使臣勝之邪，將安之也？」上聞遂對，甚說，答曰：「選用賢良，固欲安之也。」遂曰：「臣聞治亂民猶治亂繩，不可急也；唯緩之，然後可治。臣願丞相御史且無拘臣以文法，得一切便宜從事。」上許焉，加賜黃金，贈遣乘傳[2]。至渤海界，郡聞新太守至，發兵以迎，遂皆遣還，移書敕屬縣悉罷逐捕盜賊吏。諸持鉏鉤[3]田器者皆為良民，吏無得問，持兵者乃為盜賊。遂單車獨行至府，郡中翕然，盜賊亦皆罷。渤海又多劫略相隨，聞遂教令，即時解散，棄其兵弩而持鉤鉏。盜賊於是悉平，民安土樂業。遂乃開倉廩假貧民，選用良吏，尉安牧養焉。

注釋 1兵：兵器。潢池：積水的池塘。2傳：驛站裏的馬車。3鉏鉤：種田的農具。鉏，通「鋤」。鉤，鐮刀。

譯文 漢宣帝即位，許久後，渤海郡（今河北、遼寧的渤海海灣一帶）附近郡縣鬧饑荒，饑民紛紛起來作亂，太守制服不了他們。宣帝要選派有能力處理這件事的人，丞相和御史大夫都推薦龔遂，宣帝任命他為渤海郡太守。當時龔遂已有七十多歲，宣帝召見他，見他身材矮小、相貌平平，覺得與所聞不符，內心有所輕視，對龔遂説道：「渤海郡荒廢混亂，朕很擔憂。您打算如何平息盜賊禍亂來使朕放心呢？」龔遂答道：「渤海郡瀕臨海邊、地處遙遠，沐浴不到帝王的教化，那裏的百姓困於飢寒，而官吏不加體恤，所以使陛下的臣民盜用兵器在水池子裏胡鬧。如今陛下是想讓臣用武力鎮壓他們呢，還是用德政去安撫呢？」宣帝聽到龔遂的對答，非常高興，就説：「選任才德兼備的人，本來就是想要安撫穩定局勢的。」龔遂説：「臣聽聞治理反叛的百姓就像解開纏繞的繩子一樣，不可着急；只有緩慢行事方可安治。臣希望丞相和御史暫且不要用常規的法令條文拘束臣，允許臣根據客觀情況酌情自行處理。」宣帝同意了，另外賞賜黃金，派他上任。龔遂乘驛車來到渤海郡界，郡府聽聞新太守到了，派兵出外迎接，龔遂讓軍隊都回去，接着發佈公文命令所屬各地縣衙追捕盜賊的官吏一律撤回。凡是拿着鋤頭、鐮刀農具的人都算良民，官吏不得追究，只有手持兵器的人才是強盜和竊賊。龔遂不帶隨從，獨自驅車來到郡府，全郡安定下來，盜賊也都作罷。渤海郡的不少結伙搶劫和攔路掠奪者，聽聞龔遂的法令，當下便分散離開，扔掉了他們的兵刃和弓弩，轉而拿起農具。於是盜賊便都平息，百姓安居樂業、生活安定。龔遂於是開倉賑災，救濟窮人，選任賢能的官吏，慰問百姓安定生產。

遂見齊俗奢侈，好末技[1]，不田作，乃躬率以儉約，勸民務農桑，令口種一樹榆、百本薤[2]、五十本蔥、一畦韭，家二母彘、五雞。民有帶持刀劍者，使賣劍買牛，賣刀買犢，曰：「何為帶牛佩犢！」春夏不得不趨田畝，秋冬課[3]收斂，益蓄果實菱芡[4]。勞來循行[5]，郡中皆有畜積，吏民皆富實。獄訟止息。

注釋

1末技：即末業，指工商業。2口：每一口人。本：量詞。用於草木，猶棵、叢、撮等。薤（粵：械；普：xiè）：多年生草本植物，地下有鱗莖，鱗莖和嫩葉都可入藥。3 課：考核。4 菱：菱角。芡：一年生水草，莖葉有刺，亦稱「雞頭」。5 勞來：亦作「勞徠」，以恩德招之使來。循行：巡視各地。

譯文

龔遂見齊地風俗奢侈，喜好工商業，不喜耕作，於是以身作則厲行節儉，鼓勵百姓務農植桑，讓每人種一棵榆樹、百棵薤、五十根蔥，一畦韭菜，每家養兩頭母豬、五隻雞。如果百姓有攜刀佩劍的，讓他們賣劍買牛，賣刀買犢，說：「為何把牛和犢帶在身上呢！」春夏兩季勸百姓到田地耕作，秋冬時考核收成、賦斂，增加果實和菱角雞頭的儲存。一方面招致外來人員，一方面親自巡視各地，郡中積聚儲存頗豐，官吏和百姓都富裕殷實。不再有案件訴訟之事。

數年，上遣使者徵遂，議曹王生願從。功曹以為王生素嗜酒，亡節度，不可使。遂不忍逆，從至京師。王生日飲酒，不視太守。會遂引入宮，王生醉，從後呼，曰：「明府[1]且止，願有所白。」遂還問其故，王生曰：「天子即問君何以治渤海，君不可有所陳對，宜曰『皆聖主之德，非小臣之力也』。」遂受其言。既至前，上果問以治狀，遂對如王生言。天子說其有讓，笑曰：「君安得長者之言而稱之？」遂因前曰：「臣非知此，乃臣議曹教戒臣也。」上以遂年老不任公卿，拜為水衡

都尉[2]，議曹王生為水衡丞，以褒顯遂云。水衡典上林禁苑，共張宮館[3]，為宗廟取牲，官職親近，上甚重之，以官壽卒。

注釋

1明府：對郡守的尊稱。2水衡都尉：官名，掌上林苑及鑄錢等事。兼管皇室財物、造船、治水等。3共張：供應、置辦各種器物。共，通「供」。宮館：離宮別館，供皇帝休息遊玩的地方。

譯文

過了幾年，宣帝派使者召回龔遂，議曹王生請求同往。功曹認為王生一向飲酒成癖，沒有節制，不宜同行。龔遂不忍拒絕王生，便讓他隨從到了京師。王生日日喝酒，也不見龔遂。等到龔遂入宮時，王生醉酒，從後呼喚龔遂說：「太守請留步，下官有所稟告。」龔遂便回來詢問緣故，王生說：「天子如果要問您是如何治理渤海郡的，您不能正面回答皇上的問題，應當說『全賴皇上威德，並非小臣之力』。」龔遂接受他的意見。到了皇帝跟前，皇帝果然詢問起治理的情況，龔遂就按照王生的話對答。天子很喜歡他如此謙虛，笑着說：「您從哪兒學來的這種忠厚長者的話？」龔遂就上前回答：「不是下臣知道這樣說，這是我的屬官議曹王生告誡我的。」宣帝因龔遂年老不能充任公卿之職，就任他為水衡都尉，議曹王生任水衡都尉屬官，以褒揚彰顯龔遂的政績。水衡都尉掌管上林苑，供應、置辦離宮別館的各種器物，為皇帝宗廟提供祭祀牲品，任此職者為皇帝信任親近之人，宣帝很器重他，最後龔遂在官任上以壽終。

原涉傳

本篇導讀——

本文節選自《漢書・游俠傳》，記述了西漢末豪俠原涉的事跡。原涉本是官宦世家之子，性溫仁而內忍，因父死辭讓賻送而聞名，棄官報殺叔父之仇，親自為閭巷貧民殯殮，大修墓冢，自建「原氏仟」神道，以劍貫耳向縣官謝罪等等。讀者可從原涉身上看到漢代活躍於地方的英雄豪俠們行俠仗義的風範。

原涉字巨先。祖父武帝時以豪桀自陽翟徙茂陵。涉父哀帝時為南陽太守。天下殷富，大郡二千石死官，賦斂送葬皆千萬以上，妻子通共受之，以定產業。時又少行三年喪者。及涉父死，讓還南陽賻送[1]，行喪冢廬三年，繇是顯名京師。禮畢，扶風謁請為議曹，衣冠慕之輻輳[2]。為大司徒史丹舉能治劇[3]，為谷口令，時年二十餘。谷口聞其名，不言而治。

注釋

1 賻（粵：輔；普：fù）送：贈物助喪，也指贈送治喪的財物。2 衣冠：指官紳。輻輳：車輻集中在車轂，指人或物的聚集。3 治劇：指處理繁重難辦的事務。

譯文

原涉，字巨先。其祖父在武帝時因豪桀身份從陽翟縣（今河南禹州）遷居到茂陵縣（在今陝西西安興平城東北）。父親在哀帝時擔任南陽郡（今河南南陽）太守。那時，天下富足，大郡郡守死於任上的，從屬官吏贈送治喪的財物多達千萬錢以上，妻子兒女通通接受，便可以用來穩定家產。當時很少有人服三年喪期的。原涉在父親死時，退還了南陽屬吏所贈喪物，喪事完畢後在父親墓旁守喪三年，從此名揚京師。行喪終服後，右扶風拜謁請他為議曹官，官紳仰慕其名就像輻條向車轂聚集而來。由於受到大司徒史丹舉薦，說他能處理繁重事務，原涉擔任了谷口縣令，年僅二十多歲。谷口人聽到原涉的名聲，因其德政而感化。

先是，涉季父為茂陵秦氏所殺，涉居谷口半歲所，自劾去官，欲報仇。谷口豪桀為殺秦氏，亡命歲餘，逢赦出。郡國諸豪及長安、五陵[1]諸為氣節者皆歸慕之。涉遂傾身與相待，人無賢不肖闐門[2]，在所閭里盡滿客。或譏涉曰：「子本吏二千石之世，結髮自修，以行喪推財禮讓為名，正復讎取仇，猶不失仁義，何故遂自放縱，為輕俠之徒乎？」涉應曰：「子獨不見家人寡婦邪？始自約敕之時，意乃慕宋伯姬及陳孝婦[3]，不幸壹為盜賊所汙，遂行淫失[4]，知其非禮，然不能自還。吾猶此矣！」

注釋

1五陵：指長陵、安陵、陽陵、茂陵、平陵。2闐門：滿門，充塞門庭。3宋伯姬：春秋時守「婦人之義」的典範。陳孝婦：漢文帝賜號的「孝婦」。4淫失：恣縱放蕩。失，通「佚」，放蕩，淫佚。

譯文

此前，原涉的叔父被茂陵秦氏所殺，原涉在谷口大約半年之後，自行彈劾離職，要為叔父報仇。谷口的英勇豪傑替原涉殺了秦氏，逃亡在外一年多，遇赦免機會方才露面。郡國的豪傑之士及長安、五陵各地諸多有氣節的英雄豪俠都傾心仰慕原涉，前來投奔。原涉也與他們坦誠相待，無論賢與不賢都與他結交，賓客盈門。有人譏諷原涉說：「閣下本是郡守官宦世家，少年時期修身養性，因治喪辭讓賻送、守禮謙讓而知名，正所謂有仇報仇，這還尚且不失仁義之道，為甚麼卻自我放縱，甘做輕俠之輩呢？」原涉應答：「你難道沒聽説過平民寡婦之事嗎？從約束誡飭自我的那一刻開始，心中仰慕的就是宋伯姬和陳孝婦，不幸一旦被盜賊所玷污，行為舉止就放縱淫佚了，雖心知違背於禮，卻再無法回頭。我也如此！」

涉自以為前讓南陽賻送，身得其名，而令先人墳墓儉約，非孝也。乃大治起家舍，周閣重門。初，武帝時，京兆尹曹氏葬茂陵，民謂其道為京兆仟。涉慕之，乃買地開道，立表署曰南陽仟，人不肯從，謂之原氏仟。費用皆卬富人長者，然身衣服車馬才具，妻子內困。專以振施貧窮赴人之急為務。人嘗置酒請涉，涉入里門，客有道涉所知母病避疾在里宅者。涉即往候，叩門。家哭，涉因入弔，問以喪事。家無所有，涉曰：「但潔掃除沐浴，待涉。」還至主人，對賓客歎息曰：「人親臥地不收，涉何心鄉此！願徹去酒食。」賓客爭問所當得，涉乃側席而坐[1]，削牘[2]為疏，具記衣被棺木，下至飯含[3]之物，分付諸客。諸客奔走市買，至日昳皆會。涉親閱視已，謂主人：「願受賜矣。」既共飲食，涉獨不飽，乃載棺物，從賓客往至喪家，為棺斂勞徠[4]畢葬。其周急待人如此。後人有毀涉者曰「姦人之雄也」，喪家子即時刺殺言者。

注釋

1側席而坐：古表示憂傷。2削牘：削薄竹木為片用以書寫。3飯含：喪儀之一。古有把珠、玉、穀物或錢放入死者口中的習俗。4勞徠：慰問，勸慰。

譯文

原涉自以為先前辭讓南陽賻送使自己享有聲名，而讓祖先墳墓落得儉樸是不孝。於是大造冢舍，閣樓迴環，門宇重重。當初，武帝時，京兆尹曹氏葬在茂陵，民間把他的墓前神道稱為「京兆仟」。原涉很羨慕，於是買下土地，開拓道路，並立碑署名為「南陽仟」，百姓不肯依從，稱之為「原氏仟」。所需費用都仰仗富有顯貴人家，然而自身衣着車馬僅僅夠用，妻子兒女在家受貧困。原涉專心將賑濟和施捨貧困之人、急人所急作為自己的要務。一次，有人擺酒宴請原涉，原涉剛走進里門，聽賓客說原涉所認識的一個人因母病而遷居此里。原涉於是前往問候，敲門後，見家人都在哭喪，就上前弔唁，詢問後事如何辦理。那家人一無所有，原涉說：「只管打掃清潔、沐浴潔身，等我來。」回到宴請的主人家，對賓客歎息說：「別人的親人死後因貧窮而無法入斂，原涉哪有吃飯心情呢！希望把酒席撤掉。」賓客爭問需要甚麼，原涉於是側席而坐，削木牘撰寫清單，一一記下所需斂服、棺木，乃至飯含之物，吩咐賓客去置辦。眾賓客奔波於市，買辦所需，至下午時匯合。原涉親自檢查後，對宴請的主人家說：「可以開始宴飲了。」一起吃過飯後，單單原涉食不飽腹，於是載着所需棺物，與眾賓客來到喪家，替他收斂死者，慰問弔唁者，完成喪事。其周濟困急的待人之道達到這種程度。後來，有人詆毀原涉是「奸人之雄」，那個喪家的兒子當場就把這人殺了。

賞析與點評

游俠階層在漢代很活躍，所以《史》、《漢》均為之立傳。這些人是民間的特出社會，按照原涉的話說是「知其非禮，然不能自還」。換言之，他們知道自己是「黑社會」，卻又人在江湖身不由己。他們為何能受到民眾的誓死擁戴呢？「專以振施貧窮赴人之急為務」的精神絕對是一個重要原因。要看到在那些國家的法律、制度不能發揮作用的角落和時刻，身邊的那位利他主義精神者才是最可信賴的。日後中國的宗教不就是這樣逐漸形成的嗎！

賓客多犯法，罪過數上聞。王莽數收繫欲殺，輒復赦出之。涉懼，求為卿府[1]掾史，欲以避客。文母太后喪時，守[2]復土校尉。已為中郎，後免官。涉欲上冢，

不欲會賓客，密獨與故人期會。涉單車敺上茂陵，投暮，入其里宅，因自匿不見人。遣奴至市買肉，奴乘涉氣與屠爭言，斫傷屠者，亡。是時，茂陵守令尹公新視事，涉未謁也，聞之大怒。知涉名豪，欲以示眾厲俗，遣兩吏脅守涉。至日中，奴不出，吏欲便殺涉去。涉迫窘不知所為。會涉所與期上冢者車數十乘到，皆諸豪也，共說尹公。尹公不聽，諸豪則曰：「原巨先奴犯法不得，使肉袒自縛，箭貫耳[3]，詣廷門謝罪，於君威亦足矣。」尹公許之。涉如言謝，復服遣去。

注釋

1卿府，指王莽從弟衞將軍王林。2守：代為管理，並非實任。3箭貫耳：古代刑罰之一，以箭貫耳，表示有罪自罰。

譯文

原涉的賓客多有犯法的，罪過屢屢上報朝廷。王莽數次將他們拘禁想殺掉，常常又赦免放出。原涉懼怕，請求擔任卿府屬官，想藉此迴避賓客。適逢文母太后（元帝之后，王莽之姑）舉辦喪事，原涉暫任復土校尉。以後又做了中郎，後被免官。原涉打算去掃墓，又不想與諸賓客會面，就秘密地單獨與舊友約期見面。原涉驅單車到茂陵，至傍晚時，入住到里宅內，遂隱藏不想見人。派奴僕到市集買肉，奴僕仗着原涉的氣勢與買肉的人爭吵，砍傷屠夫就逃跑了。當時，暫任茂陵令的尹公新上任，原涉未曾去拜謁，聽說這件事後勃然大怒。素知原涉是有名的豪士，想以此殺一儆百，樹立威信，派遣兩名官吏看守原涉。到中午時，奴僕還不出現，兩吏便想殺掉原涉去復命。原涉窘迫困急不知如何是好。正當此時，原涉所約一同上墳的數十輛車到齊，都是些豪傑之士，就共同來勸說尹公開恩。尹公不聽，諸多豪士便說：「原涉的奴僕犯法捉不到，那就讓他脫去上衣自縛其身，以箭貫耳，親自上門謝罪吧，也算給足閣下顏面了。」尹公答應了。原涉如前所言上門謝罪，後穿好衣服離開。

初，涉與新豐富人祁太伯為友，太伯同母弟王游公素嫉涉，時為縣門下掾，說尹公曰：「君以守令辱原涉如是，一旦真令至，君復單車歸為府吏，涉剌客如雲，殺人皆不知主名，可為寒心。涉治冢舍，奢僭踰制，罪惡暴著，主上知之。今為君計，莫若墮壞涉冢舍，條奏其舊惡，君必得真令。如此，涉亦不敢怨矣。」尹公如其計，莽果以為真令。涉繇此怨王游公，選賓客，遣長子初從車二十乘劫王游公家。游公母即祁太伯母也，諸客見之皆拜，傳曰[1]「無驚祁夫人」。遂殺游公父及子，斷兩頭去。

注釋

1 傳曰：轉相告知。

譯文

當初，原涉與新豐的富豪祁太伯是朋友，而祁太伯同母的弟弟王游公一向嫉恨原涉，王游公這時任縣令小吏，勸尹公說：「您仗着代行縣令的頭銜就如此羞辱原涉，有朝一日真正的縣令上任，您重新駕單車回去當府吏，原涉門下刺客如雲，殺人都不知道當事者的姓名，我真為您擔心。原涉建墳造舍，奢侈踰禮、不合法度，罪行暴烈、臭名昭著，這是主上所知道的。眼下為您謀劃，不如拆毀原涉所建冢舍，逐條上奏他以前的罪行，閣下肯定會得到正式縣令之職。這樣，原涉也不敢有甚麼怨言了。」尹公依照了王游公的謀策，王莽果真任尹公做了正式的茂陵縣縣令。原涉由此怨恨王游公，精選賓客，派長子原初帶隨從二十乘威逼王游公家。王游公的母親也就是祁太伯的母親，賓客見到祁母都下拜，轉相告知說：「不要驚嚇到祁夫人。」於是殺死王游公和他的兒子，砍下兩顆頭離去。

涉性略似郭解，外溫仁謙遜，而內隱好殺。睚眦[1]於塵中，觸死者甚多。王莽末，東方兵起，諸王子弟多薦涉能得士死，可用。莽乃召見，責以罪惡，赦貰[2]，拜鎮戎大尹。涉至官無幾，長安敗，郡縣諸假號起[3]兵攻殺二千石長吏以應漢。諸假號素聞涉名，爭問原尹何在，拜謁之。時莽州牧[4]使者依附涉者皆得活。傳送致涉長安，更始西屏將軍申屠建請涉與相見，大重之。故茂陵令尹公壞涉冢舍者為建主簿，涉本不怨也。涉從建所出，尹公故遮拜涉，謂曰：「易世矣，宜勿復相怨！」涉曰：「尹君，何壹魚肉涉也！」涉用是怒，使客刺殺主簿。

注釋

1睚眦：瞋目怒視。2貰（粵：世；普：shì）：寬恕，赦免。3假號：自立的名號，亦指起事者。4州牧：一州之長，掌軍政大權。

譯文

原涉性情類似郭解，外表溫厚仁愛、謙虛恭順，而內心隱藏喜好搏殺的性格。受到怒目相視的小怨恨必要報復，死於其手下者甚多。王莽末年，東方起兵反叛，諸侯王眾子弟多舉薦說原涉能得士人效死之心，可以一用。王莽於是召見原涉，斥責其罪惡，又加以寬恕，任他為鎮戎大尹（即天水太守）。王莽改天水為鎮戎，改太守為大尹）之官。原涉上任不多時日，長安兵敗，郡縣的反叛勢力攻伐二千石州郡官和縣級高官以響應漢軍。眾起事者向來聽聞原涉的名聲，紛紛相問原涉所在，前往拜訪謁見。當時王莽的州牧使者凡是依附原涉的都得以活命。原涉被用驛車送到長安，更始（劉玄的年號）帝的西屏將軍申屠建與之會面，非常器重他。以前那個毀壞原涉冢舍的茂陵縣令尹公現為申屠建主簿，原涉本不怨恨他。

原涉從申屠建那裏出來，尹公故意攔路下拜說：「改朝換代了，不應該再互相怨恨！」原涉說：「尹公，為何專把我當作魚肉宰割！」因此非常憤怒，派刺客刺殺了尹公。

涉欲亡去，申屠建內恨恥之，陽言「吾欲與原巨先共鎮三輔，豈以一吏易之哉！」賓客通言，令涉自繫獄謝，建許之。賓客車數十乘共送涉至獄。建遣兵道徼[1]取涉於車上，送車分散馳，遂斬涉，縣之長安市。

注釋

1 道徼：中途攔截。

譯文

原涉打算逃亡，申屠建內心嫉恨原涉，假意說：「我要與原涉共同安定三輔（京兆尹、左馮翊、右扶風），怎會因一名小吏而改變主意！」賓客把這話傳給原涉，並讓原涉自首投獄謝罪，申屠建應允。賓客用數十輛車乘一起送原涉到獄中。申屠建派兵中途攔劫抓獲在車上的原涉，送行的車馬分散疾馳，於是斬殺原涉，懸其首於長安市中。

自哀、平間，郡國處處有豪桀，然莫足數。其名聞州郡者，霸陵杜君敖、池陽韓幼孺、馬領繡君賓、西河漕中叔，皆有謙退之風。王莽居攝，誅鉏豪俠，名捕[1]漕中叔，不能得。素善彊弩將軍孫建，莽疑建藏匿，泛以問建。建曰：「臣名善之，誅臣足以塞責。」莽性果賊，無所容忍，然重建，不竟問，遂不得也。中叔子少游，復以俠聞於世云。

注釋

1 名捕：指名逮捕，即通緝。

譯文

自哀帝、平帝年間，郡國處處有英雄豪傑，但都沒有值得稱道者。聞名於州郡的有霸陵縣（今陝西臨潼）杜君敖，池陽縣（今陝西涇陽）韓幼孺，馬領縣（今甘肅環縣）繡君賓、西河縣（今內蒙古準格爾旗西南）漕中叔，這些人都具有謙虛謹讓的風度。王莽攝政，要剷除豪傑俠士，通緝漕中叔而沒有抓到。漕中叔一向與強弩將軍孫建親善，王莽懷疑孫建窩藏漕中叔。泛泛地詢問孫建這件事。孫建說：「我是與漕中叔親善，責罰我就足以敷衍此事了。」王莽雖然性情果斷狡猾，無所容忍，但是由於器重孫建，而未再追究，終於沒抓到漕中叔。漕中叔的兒子漕少游，也因豪俠而聞名於世。

董賢傳

本篇導讀——

本傳節選自《漢書·佞幸傳》，傳主是西漢哀帝年間年僅二十出頭的美少年董賢。董賢本是一個在殿下傳漏的卑微舍人，因美貌而受寵，竟然封侯拜爵，官至一人之下萬人之上的大司馬。從哀帝見其美貌而傾心、同牀共寢、封侯賜官、賞賜無度、縱容包庇的記述中，讀者不難懂得一個道理，即寧用奴才不用人才之過錯，不在奴才而在用人之人。

董賢字聖卿，雲陽人也。父恭，為御史，任賢為太子舍人。哀帝立，賢隨太子官為郎。二歲餘，賢傳漏[1]在殿下，為人美麗自喜，哀帝望見，說其儀貌，識而問之，曰：「是舍人董賢邪？」因引上與語，拜為黃門郎，繇是始幸。問及其父為雲中侯，即日徵為霸陵令，遷光祿大夫。賢寵愛日甚，為駙馬都尉侍中，出則參乘，入御左右，旬月間賞賜累巨萬，貴震朝廷。常與上臥起。嘗晝寢，偏藉上袖，上欲起，賢未覺，不欲動賢，乃斷袖而起。其恩愛至此。賢亦性柔和便辟[2]，善為媚以自固。每賜洗沐，不肯出，常留中視醫藥。上以賢難歸，詔令賢妻得通引籍殿中，止賢廬，若吏妻子居官寺舍。又召賢女弟以為昭儀[3]，位次皇后，更名其舍為椒風，以配椒房云。昭儀及賢與妻旦夕上下，並侍左右。賞賜昭儀及賢妻亦各千萬數。遷賢父為少府，賜爵關內侯，食邑，復徙為衛尉。又以賢妻父為將作大匠，弟為執金吾。詔將作大匠為賢起大第北闕下，重殿洞門，木土之功窮極技巧，柱檻衣以綈錦。下至賢家僮僕皆受上賜，及武庫禁兵，上方珍寶。其選物上弟盡在董氏，而乘輿所服乃其副也。及至東園秘器[4]，珠襦玉柙[5]，豫以賜賢，無不備具。又令將作為賢起冢塋義陵旁，內為便房，剛柏題湊[6]，外為徼道[7]，周垣數里，門闕罘罳[8]甚盛。

注釋

1傳漏：報知時刻。2便辟：獻媚逢迎。3昭儀：皇帝嬪妃的一種封號。漢元帝始設，在宮中地位僅次於皇后。4東園秘器：皇室、顯貴之人死後用的棺梓。5珠襦玉柙：皇室專用的斂服。珠襦，用珠子綴成的短衣。玉柙，即玉衣。6題湊：古代君王、貴臣的棺之槨。7徼道：巡察的道路。8罘罳（粵：浮思；普：fú sī）：與門闕相連的曲閣。

譯文

董賢，字聖卿，雲陽人。父親名恭，任御史，董賢任太子舍人。哀帝即位，董賢由太子舍人升為郎官。兩年後，董賢在殿下報時刻，長得美貌喜人，哀帝望見，悅其美貌，看着他問道：「你是舍人董賢嗎？」於是召至殿上相談，授官黃門郎，由此始得寵。哀帝得知其父為雲中侯，當日提升為霸陵縣令，又升為光祿大夫。董賢一天比一天受寵，充任了駙馬都尉侍中，皇帝外出則同車陪乘，上殿則侍奉左右，十幾天賞賜累計萬萬，其顯貴震驚朝堂。董賢經常與皇帝同起同臥。有一次白天睡覺，董賢身子壓住了皇帝的袖子，哀帝想起牀，而董賢未醒，又不想驚醒他，於是便割斷袖子起身。其恩寵相愛至此。董賢不僅性情柔和、獻媚逢迎，而且能以此鞏固自身地位。每每賜假都不肯回家，常留於殿中照料皇帝醫藥。哀帝因董賢難得回家，便下令將他的妻子暫搬至殿中，宿在董賢平日休息處，如同官吏們的夫人居住在官署一樣。又召董賢妹為昭儀，地位僅次於皇后，其宮室更名為椒風，以便與皇后的椒房看齊。昭儀及董賢與其妻早晚上下共同侍奉哀帝左右。賞賜昭儀和董賢妻也各以千萬數。又提升董賢父為少府，賜關內侯爵，賞采邑，不久後又升衞尉。隨後又任命董賢的岳父為將作大匠，任其弟為執金吾。下詔令將作大匠在北闕下為董賢修建巨大宅邸，有殿閣重門，土木之功精妙，柱欄裹飾以綈錦。下至董賢家奴皆受皇帝賞賜，連武庫兵器，皇帝珍寶亦在賞賜之列。其選貢上等物品皆在董氏，而皇家所用的倒是次等的。及至東園皇室棺槨，珠飾短衣，金縷玉衣，都預先賜給董賢，一應俱全。又令將作大匠在義陵旁邊為董賢建造墳塋，內側是供休息之用的房室，用堅硬的柏木作題湊；外圍修建巡察道路，四周圍牆綿延數里，門闕曲閣都很講究。

上欲侯賢而未有緣。會待詔孫寵、息夫躬等告東平王雲后謁[1]祠祀祝詛，下有司治，皆伏其辜。上於是令躬、寵為因賢告東平事者，乃以其功下詔封賢為高安侯，躬宜陵侯，寵方陽侯，食邑各千戶。頃之，復益封賢二千戶。丞相王嘉內疑東平事冤，甚惡躬等，數諫爭，以賢為亂國制度，嘉竟坐[2]言事下獄死。

注釋　1謁：東平王劉雲王后之名。2坐：定罪。

譯文

哀帝想封董賢為侯而沒有機會。適逢待詔孫寵、息夫躬等告發東平王劉雲的王后謁在祭祀時詛咒皇上，交有關部門審理，全都認罪。哀帝於是讓息失躬、孫寵二人說是由於董賢的緣故，才得以告發東平王之事的，而後下詔論功將董賢封為高安侯，息夫躬封宜陵侯，孫寵封方陽侯，采邑各千戶。不久，又加封董賢二千戶。丞相王嘉疑心東平王一案有冤情，非常厭惡息夫躬等人，多次進諫力爭，認為董賢擾亂國家制度，王嘉竟然因諫諍言事罪下獄而死。

上初即位，祖母傅太后、母丁太后皆在，兩家先貴。傅太后從弟喜先為大司馬輔政，數諫，失太后指，免官。上舅丁明代為大司馬，亦任職，頗害賢寵，及丞相王嘉死，明甚憐之。上浸重賢，欲極其位，而恨明如此，遂冊免明曰：「前東平王雲貪欲上位，祠祭祝詛，雲后舅伍宏以醫待詔，與校秘書郎楊閎結謀反逆，禍甚迫切。賴宗廟神靈，董賢等以聞，咸伏其辜。將軍從弟侍中奉車都尉吳、族父左曹屯騎校尉宣皆知宏及栩丹諸侯王后親，而宣除用丹為御屬，吳與宏交通厚善，數稱薦宏。宏以附吳得興其惡心，因醫技進，幾危社稷，朕以恭皇后故，不忍有云。將軍位尊任重，既不能明威立義，折消未萌，又不深疾雲、宏之惡，而懷非君上，阿為宣、吳，反痛恨雲等揚言為群下所冤，又親見言伍宏善醫，死可惜也，賢等獲封極幸。嫉妒忠良，非毀有功，於戲傷哉！蓋『君親無將[1]，將而誅之』。是以季友鴆叔牙，《春秋》賢之；趙盾不討賊，謂之弒君。朕閔將軍陷於重刑，故以書飭。將軍遂非不改，復與丞相嘉相比，令嘉有依，得以罔上。有司致法將軍請獄治，朕惟噬膚[2]之恩未忍，其上票騎將軍印綬，罷歸就第。」遂以賢代明為大司馬衞將軍，冊曰：「朕承天序，惟稽古建爾於公，以為漢輔。往悉爾心，統辟元戎[3]，折衝綏遠[4]，匡正庶事，允執其中。天下之眾，受制於朕，以將為命，以兵為威，可不慎與！」是時賢年二十二，雖為三公，常給事中，領尚書，百官因賢奏事。以父恭不宜在卿位，徙為光祿大夫，秩中二千石。弟寬信代賢為駙馬都尉。董氏親屬皆侍中諸曹奉朝請[5]，寵在丁、傅之右[6]矣。

注釋

1將：將要逆亂。2噬膚：言自齧其肌膚。3元戎：大眾。4折衝綏遠：抵禦敵軍，安定邊遠。衝，衝車，戰車的一種，折衝指使敵人的戰車折返。5朝請：古代春季朝見曰「朝」，秋季朝見曰「請」。6右：上也。漢以右為尊。

譯文

哀帝初即位時，祖母傅太后，母親丁太后皆在世，兩家顯貴。傅太后堂弟傅喜原先為大司馬，輔佐朝政，多次勸諫，因違背太后旨意被免官。哀帝的舅舅丁明接任大司馬，執掌政務後，十分忌恨董賢受寵，丞相王嘉死時，丁明甚是同情。哀帝愈發器重董賢，打算給他最高職位，又恨丁明對董賢不滿，故詔冊罷免丁明，說：「先前東平王劉雲貪圖皇位，祭祀時詛咒皇帝，劉雲王后的舅舅伍宏憑醫術待詔，與校秘書郎楊閎勾結謀反，禍害嚴重。幸賴宗廟神靈保佑，董賢等聞訊後加以審治，皆伏其罪。丁將軍的堂弟侍中奉車都尉丁吳、本族伯父左曹屯騎校尉丁宣都知道伍宏及栩丹與諸侯王后相親近，而丁宣仍提拔栩丹為從屬，丁吳與伍宏過從親密，多次稱薦伍宏。伍宏因依附丁吳得以施展其險惡用心，憑醫術被任用，幾乎危害社稷，朕因恭皇后（丁后，即哀帝母）之故，不忍懲治。丁將軍地位高，職責重，既不能揚威立義，防患未然，又不能深責劉雲、伍宏之過，反而非議君上，懷疑在心，極力討好丁宣、丁吳，痛惜劉雲之徒，揚言他們是被群臣所冤枉，更是親自向朕進言說伍宏長於醫藥，處死可惜，董賢等獲封極為不妥。如此嫉妒忠良，誹謗有功之臣，多麼令人痛心啊！俗話說『君主身邊無將反之人，有要謀反者便要誅殺』。所以季友毒死了擁戴慶父的叔牙，《春秋》表彰他；晉大夫趙盾返國不討賊，史書說他弒君。朕憐憫丁將軍將陷於重刑，因此下詔書以告誡。將軍仍執迷不悟，仍與丞相王嘉朋比為奸，使王嘉有恃無恐，敢於欺罔君上。朝廷官員要依法將丁將軍投入監獄治罪，朕顧及親情不忍加法，你應交出驃騎將軍印和綬帶，罷官歸家。」於是讓董賢接替丁明為大司馬衞將軍，下冊書說：「朕仰承天命，依循古制將你提拔到三公之位，成為漢室的輔臣。希望你盡心盡力，統領君主的大軍，抵禦外侮、撫靖邊遠，匡扶眾事，不偏不倚。天下眾民，受朕管轄，以將軍為總領，以兵器顯威武之力，能不謹慎嗎！」當時，董賢僅二十二歲，雖位列三公，常侍從殿中，兼管尚書事務，百官都靠着董賢啟奏政事。由於其父不適宜在卿位，調任為光祿大夫，官秩中二千石。他的弟弟董寬信接替董賢的駙馬都尉職。董氏親屬都擔任侍中諸曹官職並奉朝請，恩寵在丁、傅兩族之上。

明年，匈奴單于[1]來朝，宴見，群臣在前。單于怪賢年少，以問譯[2]，上令譯報曰：「大司馬年少，以大賢居位。」單于乃起拜，賀漢得賢臣。

注釋

1單于：匈奴部落聯盟君主的稱號，意為「廣大之貌」。2譯：傳語之人，相當於翻譯。

譯文

第二年，匈奴單于來朝，設宴相見，群臣皆在。單于奇怪董賢年少而位尊，便問翻譯人員，哀帝讓譯員回答說：「大司馬雖年少，因為賢能而居於高位。」單于於是起身行禮，稱賀漢朝得此賢臣。

賢第新成，功堅[1]，其外大門無故自壞，賢心惡之。後數月，哀帝崩。太皇太后召大司馬賢，引見東廂，問以喪事調度。賢內憂，不能對，免冠謝。太后曰：「新都侯莽前以大司馬奉送先帝大行，曉習故事，吾令莽佐君。」賢頓首幸甚。太后遣使者召莽。既至，以太后指使尚書劾賢帝病不親醫藥，禁止賢不得入出宮殿司馬中。賢不知所為，詣闕免冠徒跣謝。莽使謁者[2]以太后詔即闕下冊賢曰：「間者以來，陰陽不調，災害並臻，元元蒙辜。夫三公[3]，鼎足之輔也，高安侯賢未更事理，為大司馬不合眾心，非所以折衝綏遠也。其收大司馬印綬，罷歸第。」即日賢與妻皆自殺，家惶恐夜葬。莽疑其詐死，有司奏請發賢棺，至獄診視。莽復風大司徒光奏：「賢質性巧佞，翼[4]姦以獲封侯，父子專朝，兄弟並寵，多受賞賜，治第宅，造冢壙，放效無極，不異王制，費以萬萬計，國家為空虛。父子驕蹇[5]，至不為使者禮，受賜不拜，罪惡暴著。賢自殺伏辜，死後父恭等不悔過，乃復以沙畫棺四時之色，左蒼龍，右白虎，上著金銀日月，玉衣珠壁以棺，至尊無以加。恭等幸得免於誅，不宜在中土。臣請收沒入財物縣官。諸以賢為官者皆免。」父恭、弟寬信與家屬徙合浦，母別歸故郡巨鹿。長安中小民讙嘩，鄉其第哭，幾獲盜之。縣官斥賣董氏財凡四十三萬萬。賢既見發，裸診其尸，因埋獄中。

注釋 1功堅：極其堅牢。2謁者：官名，掌傳達、通報的侍從。3三公：西漢末，以大司馬、大司徒、大司空為三公。4翼：進。5驕蹇：傲慢，不順從。

譯文 董賢宅邸新落成，建造得十分堅固，可外大門卻無故自壞，董賢心裏不悅。幾個月後，哀帝駕崩。太皇太后召見大司馬董賢，在東廂接見，詢問喪事的辦理安排。董賢內心憂慮，不能對答，去冠謝罪。太后說：「新都侯王莽曾以大司馬身份奉送先帝大喪，通曉典制，我令王莽助君。」董賢叩頭感恩。太后派使者召王莽。王莽一到，便藉太后之名指使尚書彈劾董賢在哀帝生病時不親奉醫藥，禁止董賢出入宮殿司馬官署中。董賢不知所措，到宮中免冠赤腳謝罪。王莽派謁者以太后名義召董賢至宮下冊書說：「近來，陰陽不調，災害並至，百姓蒙禍。三公之位，是鼎立輔佐之臣，高安侯董賢少不更事，擔任大司馬不合眾心，不足以抵禦外侮、撫靖邊遠。應收回大司馬印綬，罷官歸家。」當天，董賢與妻子都自殺，家人恐慌，連夜埋葬。王莽疑其假死，有關部門奏請發棺，到獄中察看。王莽又暗示大司徒孔光上奏書，說：「董賢本性巧詐諂媚，憑奸邪獲封賞，父子專擅朝政，兄弟同時受寵，多獲賞賜，修建府第，營造墳塋，仿效天子不加收斂，與王制無異，耗費萬萬錢，國庫為之虛空。父子驕橫跋扈，不以禮接待天子的使者，受賞賜不拜謝，罪惡昭著。董賢自殺服罪，死後其父董恭等不知悔過，還用朱砂塗飾棺槨、雕畫四季之色，左畫蒼龍，右畫白虎，上畫金銀日月圖案，以玉衣、珠璧納棺，至尊無以復加。董恭之徒僥倖得免於死，不應再居於中原。臣請沒收其財物盡歸朝廷。那些因董賢而為官者皆罷免。」其父董恭、弟董寬信與家屬遷徙於合浦，母親另行回到故郡巨鹿。長安城中小民譁然騷動，向董賢宅邸去哭，企圖伺機盜竊。官府斥賣董賢財產達四十三萬萬。董賢既已被發棺，裸露驗屍，即埋於獄中。

贊曰：柔曼[1]之傾意，非獨女德，蓋亦有男色焉。觀籍、閎、鄧、韓之徒非一，而董賢之寵尤盛，父子並為公卿，可謂貴重人臣無二矣。然進不繇道，位過其任，莫能有終，所謂愛之適足以害之者也。漢世衰於元、成，壞於哀、平。哀、平之際，國多釁[2]矣。主疾無嗣，弄臣為輔，鼎足不彊，棟幹微撓。一朝帝崩，姦臣擅命，董賢縊死，丁、傅流放，辜及母后，奪位幽廢，咎在親便嬖[3]，所任非仁賢。故仲尼著「損者三友」[4]，王者不私人以官，殆為此也。

注釋

1柔曼：指姿容柔媚豔麗。曼，有光澤。2釁（粵：刃；普：xìn）：間隙，缺失。3便嬖：邪佞之臣。4損者三友：語出《論語．季氏》：「益者三友，損者三友。友直、友亮、友多聞，益矣；友便辟、友善柔、友便佞，損矣。」

譯文

贊曰：柔媚之傾倒人心，不單單是女色，男色亦然。縱觀籍儒、閎儒、鄧通、韓嫣等寵臣雖各不相同，而董賢的受寵尤為豐厚，父子都位列公卿，其尊重程度在人臣中可謂獨一無二。然而其升遷不因道德而進，躍居高位而不能勝任，故不得善終，正所謂寵愛某個人到最後反而卻害了他。漢朝衰落於元帝、成帝之時，崩潰於哀帝、平帝之世。哀、平之際，國家多有缺失。皇帝多病後繼無人，弄臣當權把持朝政，輔國重臣衰弱無力。一旦皇帝駕崩，奸臣專擅朝政，故董賢自縊而死，丁氏、傅氏被流放，罪惡殃及母后，被廢幽居，這一切都錯在親愛諂媚小人，而不任賢近仁。因此孔子曾著「損者三友」之說，君王不以官位恩賜他人，基本就是由於這一原因吧。

賞析與點評

愛美甚至唯美，乃人之常情。然而「人」又是融道德、知識、愛三位一體的生物。如果不以道德、知識掌控愛欲的話，就「個人」而言充其量不過傷害一人、一家而已，若是作為一個國家、一個民族的當權者亦即「法人」的話，「親愛諂媚小人」的結果，必將是「不任賢近仁」，以至禍國殃民。不僅如此，班固還明確指出所謂傾國傾城的禍水，與性別沒有必然聯繫！

王莽傳

本篇導讀——

作為歷史人物，王莽從來就是被否定的對象，甚至連他所創立的新朝也不被學者所承認，而僅僅用「王莽篡漢」一詞一筆帶過。然而，作為史家，《漢書》的作者還是為他長文立傳。後世了解王莽其人其事多賴此文。這裏節選的段落，記述王莽如何謙卑、節儉、勤學、鑽營最終登上皇帝寶座而建國的歷程。

王莽字巨君，孝元皇后[1]之弟子也。元后父及兄弟皆以元、成世封侯，居位輔政，家凡九侯、五大司馬[2]，語在《元后傳》。唯莽父曼蚤死，不侯。莽群兄弟皆將軍五侯子，乘時侈靡，以輿馬聲色佚游相高，莽獨孤貧，因折節為恭儉。受《禮經》，師事沛郡陳參，勤身博學，被[3]服如儒生。事母及寡嫂，養孤兄子，行甚敕備。又外交英俊，內事諸父，曲有禮意。陽朔中，世父大將軍鳳病，莽侍疾，親嘗藥，亂首垢面，不解衣帶連月。鳳且死，以託太后及帝，拜為黃門郎，遷射聲校尉。

注釋

1孝元皇后：漢元帝劉奭的皇后王政君，生成帝劉驁。2九侯：指元帝、成帝時外戚王氏中封侯位的王禁、王譚、王崇、王商、王立、王根、王逢時、王音和王莽。五大司馬：指王鳳、王音、王商、王根和王莽。3被：古代通「披」。

譯文

王莽字巨君，是孝元皇后的侄子。元后的父親及兄弟們都在元帝、成帝時封侯，擔任要職，輔佐朝政。一家共九人封侯，五位大司馬，詳情《元后傳》中都有記載。只有王莽的父親王曼早去世，沒能封侯。王莽的叔伯兄弟們都是將軍、五諸侯之子，便乘機奢侈浪費，車馬、歌伎、姬妾、戲耍等無不爭相攀比，只有王莽為孤兒而貧寒，因此屈己下人，為人處事恭謹儉約。拜沛郡陳參為師，學習《禮經》，勤奮修身，博覽群書，衣着和普通書生一樣。他侍奉母親和守寡的嫂子，撫養喪父的侄兒，行為謹慎周備。又在外面結賢俊英才，在家內侍奉諸位伯父叔父，委婉周到，頗盡禮節。陽朔（前二十四至前二十一年）年間，他伯父大將軍王鳳患病，王莽侍奉病榻，親嘗湯藥，蓬頭垢面，接連數月衣不解帶。王鳳臨終時，將他託付給王太后和漢成帝，被任命為黃門郎，又提升為射聲校尉。

久之，叔父成都侯商上書，願分戶邑以封莽，及長樂少府戴崇、侍中金涉、胡騎校尉箕閎[1]、上谷都尉陽並、中郎陳湯，皆當世名士，咸為莽言，上由是賢莽。永始元年，封莽為新都侯，國南陽新野之都鄉，千五百戶。遷騎都尉光祿大夫侍中，宿衛謹敕，爵位益尊，節操愈謙。散輿馬衣裘，振施賓客，家無所餘。收贍名士，交結將相卿大夫甚眾。故在位更推薦之，游者為之談說，虛譽隆洽，傾其諸父矣。敢為激發之行，處之不慚恧[2]。

注釋

1侍中：加官名，從列侯以下至郎中的加官。加此官者可侍衛皇帝，出入宮廷。胡騎校尉：官名，為管理歸附的胡人騎兵的武官。2恧（粵：忸；普：nǜ）：慚愧。

譯文

那以後很久，王莽的叔父成都侯王商上書皇帝，願分一部分自己的封邑封給王莽，又有長樂少府戴崇、侍中金涉、胡騎校尉箕閎、上谷郡（今河北懷來東南）都尉陽並、中郎陳湯這些當世名士，都上書稱讚王莽，皇帝從此以王莽為賢人。永始元年，成帝賜封王莽為新都侯，立國於南陽郡新野縣的都鄉（今屬河南省、南陽市），食邑一千五百戶。後升遷為騎都尉光祿大夫加侍中，謹慎宿衞，爵位越尊顯，為人越守節謙遜。他散發車馬衣裳，救濟賓客，以致家中所剩無幾。他收納供養知名人士，結交將相卿大夫。因此在位當權者相繼舉薦他，在野的遊士也談論他，虛名隆盛周遍，超過了他的伯父和叔父們。他敢於做出矯揉造作的行為，卻不感到慚愧。

莽兄永為諸曹[1]，蚤死，有子光，莽使學博士門下。莽休沐[2]出，振車騎，奉羊酒，勞遺其師，恩施下竟[3]同學。諸生縱觀，長老歎息。光年小於莽子宇，莽使同日內婦，賓客滿堂。須臾，一人言太夫人[4]苦某痛，當飲某藥，比客罷者數起焉。嘗私買侍婢，昆弟或頗聞知，莽因曰：「後將軍朱子元無子，莽聞此兒種宜子，為買之。」即日以婢奉子元。其匿情求名如此。

注釋

1諸曹：漢成帝時尚書令下設尚書五人，一人為僕射，四人分為四曹，通稱諸曹。2休沐：古代官吏每五日允許其回家休息沐浴，稱為休沐。代指休假。3竟：窮盡，此為全體之意。4太夫人：漢代列侯之母的尊稱。此指王莽的母親。

譯文

王莽的哥哥王永官至諸曹，去世得早，有個兒子叫王光，王莽讓他到博士門下學習。王莽休假外出時，整頓車馬，帶上羊、酒，去慰勞王光的老師，賞賜下至王光的全體同學。學生們都跟來觀看，長老讚歎。王光比王莽的兒子王宇年紀小，王莽讓他倆同一天娶親，賓客滿堂。過了一會兒，有人回報說太夫人（王莽母）哪個地方不舒服，應該服用某種藥，等賓客散盡時，王莽已多次動身去探視母親。有一次，王莽私下裏買了個侍婢，兄弟中有人知道了，王莽便說：「後將軍朱博沒有兒子，我聽說這個婢女的血統宜於生養兒子，便替他買了下來。」當天便把這個婢女送給了朱博。他為求名聲不惜隱瞞真情已達到了如此程度。

是時，太后姊子淳于長[1]以材能為九卿，先進在莽右。莽陰求其罪過，因大司馬曲陽侯根白之，長伏誅，莽以獲忠直，語在《長傳》。根因乞骸骨，薦莽自代，上遂擢為大司馬。是歲，綏和元年也，年三十八矣。莽既拔出同列，繼四父[2]而

輔政，欲令名譽過前人，遂克己不倦，聘諸賢良以為掾史，賞賜邑錢悉以享士，愈為儉約。母病，公卿列侯遣夫人問疾，莽妻迎之，衣不曳地，布蔽膝。見之者以為僮使，問知其夫人，皆驚。

注釋

1淳于長：西漢魏郡元城人，封定陵侯，腐化奢侈。被王莽告發，下獄死。2四父：指王鳳、王商、王音、王根。分別為王莽的伯父或叔父。

譯文

這時，王太后姐姐之子淳于長因有才能而位列九卿，做官在王莽之上。王莽暗中調查了他的罪過，通過大司馬曲陽侯王根告發了他，淳于長伏法被殺，王莽因此獲得了忠誠正直之譽，詳見《淳于長傳》。王根因而請求辭官，推薦王莽接替自己，於是皇帝提拔王莽為大司馬。這一年為綏和（前八年至前九年）元年，王莽年紀三十八歲。王莽在同輩中已是佼佼者，又繼諸位伯父叔父之後輔佐朝政，於是想要自己的名譽超過前人，便嚴格要求自己，不倦地工作。聘請許多賢良之士作為自己的屬官，將所受賞賜和封邑的收入全用來款待士人，為人更加儉省節約。他母親患病，朝中大臣和列侯讓夫人前來探視，王莽的夫人出來迎接，衣服長度不及地面，布裙僅遮住膝蓋而已。見到她的人以為她不過是個侍女，詢問得知是王莽夫人，都很吃驚。

輔政歲餘，成帝崩，哀帝即位，尊皇太后為太皇太后。太后詔莽就第，避帝外家。莽上疏乞骸骨，哀帝遣尚書令詔莽曰：「先帝委政於君而棄群臣，朕得奉宗廟，誠嘉[1]與君同心合意。今君移病求退，以著朕之不能奉順先帝之意，朕甚悲傷焉。已詔尚書待君奏事。」又遣丞相孔光、大司空何武、左將軍師丹、衛尉傅喜白太后曰：「皇帝聞太后詔，甚悲。大司馬即不起，皇帝即不敢聽政。」太后復令莽視事。

注釋

1 嘉：贊許。

譯文

王莽輔政一年多，成帝駕崩，哀帝即位，尊稱皇太后為太皇太后。王太后詔令王莽辭官還家，以便迴避新即位哀帝的外戚。王莽遂上書皇帝請辭，哀帝派尚書令詔令王莽說：「先帝委政務於你才棄群臣而駕崩，朕得以繼承宗廟，雖然誠懇地慶幸能與你齊心合力，如今你卻上書稱病請退，這是昭顯我不能秉承先帝的意願，我實在是很傷心。現已令詔尚書在此隨時恭候你上書言事。」又派丞相孔光、大司空何武、左將軍師丹、衛尉傅喜稟告太后說：「皇帝聽到太后的詔令，非常悲傷。大司馬如果不上朝，皇帝也不敢再處理朝政了。」太后又讓王莽任職。

時哀帝祖母定陶傅太后、母丁姬在[1]，高昌侯董宏上書言：「《春秋》之義，母以子貴，丁姬宜上尊號。」莽與師丹共劾宏誤朝不道，語在《丹傳》。後日，未央宮置酒，內者令為傅太后張幄[2]，坐於太皇太后坐旁。莽案行，責內者令曰：「定陶太后藩妾，何以得與至尊並！」徹去，更設坐。傅太后聞之，大怒，不肯會，重怨恚莽。莽復乞骸骨，哀帝賜莽黃金五百斤，安車駟馬，罷就第。公卿大夫多稱之者，上乃加恩寵，置使家，中黃門[3]十日一賜餐。下詔曰：「新都侯莽憂勞國家，執義堅固，朕庶幾與為治。太皇太后詔莽就第，朕甚閔焉。其以黃郵聚戶三百五十益封莽，位特進，給事中，朝朔望見禮如三公。車駕乘綠車[4]從。」後二歲，傅太后、丁姬皆稱尊號，丞相朱博奏：「莽前不廣尊尊之義，抑貶尊號，虧損孝道，當伏顯戮[5]，幸蒙赦令，不宜有爵土，請免為庶人。」上曰：「以莽與太皇太后有屬，勿免，遣就國。」

注釋

1定陶：西漢所封王國名，位於今山東定陶。傅太后：元帝妃嬪；元帝死後隨兒子定陶恭王劉康歸藩國，稱定陶太后。哀帝即位，上尊號為帝太太后（後改皇太太后）。丁姬：哀帝母親，尊稱為帝太后。2張幄：設帳（於座位四周）。3中黃門：門官，在內廷當值，多為太監。此句謂使黃門在王莽家中為使令。4綠車：皇孫所乘之車。5顯戮：明典正刑，陳屍示衆。

譯文

這時哀帝的祖母定陶傅太后和母親丁姬都在世，高昌侯董宏上書說：「依據《春秋》經義，母以子貴而貴，丁姬應加封尊號。」王莽與師丹一起彈劾董宏誤亂朝綱，離經叛道，事詳《師丹傳》。後來，未央宮設宴，內者令為傅太后設置帷帳，坐在王太后位置旁邊。王莽巡視時，責備內者令說：「定陶太后是來自藩國的先帝妃嬪，怎麼可以與最尊貴的太皇太后並列！」撤去帷帳，另設座位。傅太后聽說後，大怒，不肯參加宴會，對王莽深加怨恨。王莽又請求辭官，哀帝賞賜他黃金五百斤，坐乘一輛和四匹馬，罷免回家。公卿大夫多有稱讚他，皇帝於是對他更加優待和寵信，還在他家安排了專使，有中黃門每十天賞賜一餐。下詔說：「新都侯王莽為國家憂心操勞，奉行公義從不疏忽，我幾乎是與他共同治政。太皇太后詔令王莽辭官歸家，朕對此深感惋惜。將黃郵聚（屬今河南南陽）的三百五十戶加封給他，賜特進位，加給事中，每逢初一、十五上朝，朝見時禮如三公，允許他乘綠車隨從皇帝出行。」兩年後，傅太后、丁姬都得以上封尊號，丞相朱博上書說：「王莽之前不能弘揚尊崇尊貴的道理，壓制貶低太后的尊號，有損孝道，理應伏法受誅，幸蒙皇帝赦免，但不應再有爵位和封土，請予罷免，降為平民。」皇帝說：「因王莽與太皇太后有親屬關係，不宜免為庶民，讓他回封國去。」

莽杜門自守，其中子[1]獲殺奴，莽切責獲，令自殺。在國三歲，吏上書冤訟莽者以百數。元壽元年，日食，賢良[2]周護、宋崇等對策深頌莽功德，上於是徵莽。

注釋　1中子：排行居中的兒子。2賢良：選拔官吏的考試科目之一。

譯文　王莽閉門守己，次子王獲殺死了奴僕，王莽痛斥王獲，要他自殺。在封國三年之間，官吏上書為王莽申冤的數以百計。元壽元年（前二年至前一年），出現日食，賢良周護、宋崇等在回答皇帝策問時深深讚頌王莽的功德，皇帝於是將王莽徵召回朝。

始莽就國，南陽太守以莽貴重，選門下掾宛孔休守新都相。休謁見莽，莽盡禮自納，休亦聞其名，與相答。後莽疾，休候之，莽緣恩意，進其玉具寶劍，欲以為好。休不肯受，莽因曰：「誠見君面有瘢，美玉可以滅瘢，欲獻其瑑[1]耳。」即解其瑑，休復辭讓。莽曰：「君嫌其賈[2]邪？」遂椎[3]碎之，自裹以進休，休乃受。及莽徵去，欲見休，休稱疾不見。

注釋

1 瑑：玉器上凸現的雕紋。2 賈：同「價」。即有價值。3 椎：槌；捶擊。

譯文

當初王莽到達封國時，南陽太守因王莽權顯位重，便選調門下的屬官宛縣人孔休暫代新都侯國的相。孔休拜見王莽，王莽禮節周到地親自迎接他，孔休也聞聽王莽名聲，二人相互酬答。後來王莽患病，孔休問候他，王莽緣此情分，送上鑲玉寶劍，想要交好孔休。孔休不肯接受，王莽便說：「其實我是見你臉上有瘢痕，而美玉可以消瘢，想送你的僅是玉雕紋飾而已。」於是取下玉飾相贈，孔休再次推辭。王莽說：「你是嫌它貴重嗎？」於是將玉搗碎，親自包起來贈給孔休，孔休才收下。待到王莽被徵召離開封國時，想見孔休，孔休藉口生病避而不見。

莽還京師歲餘，哀帝崩，無子，而傅太后、丁太后皆先薨，太皇太后即日駕之未央宮收取璽綬，遣使者馳召莽。詔尚書，諸發兵符節，百官奏事，中黃門、期門[1]兵皆屬莽。莽白：「大司馬高安侯董賢年少，不合眾心，收印綬。」賢即日自殺。太后詔公卿舉可大司馬者，大司徒孔光、大司空彭宣舉莽，前將軍何武、後將軍公孫祿互相舉。太后拜莽為大司馬，與議立嗣。安陽侯王舜，莽之從弟，其人修飭，太后所信愛也，莽白以舜為車騎將軍，使迎中山王奉成帝後，是為孝平皇帝。帝年九歲，太后臨朝稱制，委政於莽。莽白趙氏前害皇子[2]，傅氏驕僭[3]，遂廢孝成趙皇后、孝哀傅皇后，皆令自殺，語在《外戚傳》。

注釋

1 期門：掌管隨從護衛的職官。2 趙氏：成帝寵妃趙飛燕、趙合德。二人曾將成帝宮女曹宮人和許美人所生的兩個男嬰殺死。3 傅氏：哀帝的祖母傅太后。曾尊號為皇太太后，死後，以皇太后的禮儀下葬，墳墓規模與元帝相等。

譯文

王莽回到京城一年多，哀帝駕崩，沒有兒子，傅太后和丁太后也都在先去世了，太皇太后當天駕臨未央宮收取璽綬，派使者飛奔召王莽。詔令尚書，凡派遣軍隊的符節、百官的上奏、中黃門、期門兵都歸王莽管制。王莽說：「大司馬高安侯董賢年輕，不合眾人心意，收其官印。」董賢當天便自殺了。太后詔令大臣舉薦可以擔任大司馬職位的人，大司徒孔光、大司空彭宣舉薦王莽，前將軍何武、後將軍公孫祿互相舉薦。太后任命王莽為大司馬，與他商議皇位繼承人。安陽侯王舜是王莽的堂弟，他為人嚴謹不踰規矩，是太后所寵信的人，王莽建議任命王舜為車騎將軍，讓他迎立中山王劉衎繼承成帝，這就是孝平皇帝。平帝年僅九歲，太后臨朝聽政，將政務委託給王莽。王莽說，趙氏之前殺害皇子，傅氏驕橫僭越，於是廢黜了趙皇后和傅皇后，都令她們自殺了，詳見《外戚傳》。

莽以大司徒孔光名儒，相三主，太后所敬，天下信之，於是盛尊事光，引光女婿甄邯[1]為侍中奉車都尉。諸哀帝外戚及大臣居位素所不說[2]者，莽皆傅致[3]其罪，為請奏，令邯持與光。光素畏慎，不敢不上之，莽白太后，輒可其奏。於是前將軍何武、後將軍公孫祿坐互相舉免，丁、傅及董賢親屬皆免官爵，徙遠方。紅陽侯立太后親弟，雖不居位，莽以諸父內敬憚之，畏立從容[4]言太后，令己不得肆意，乃復令光奏立舊惡：「前知定陵侯淳于長犯大逆罪，多受其賂，為言誤朝；後白以官婢楊寄私子為皇子，眾言曰呂氏、少帝[5]復出，紛紛為天下所疑，難以示來世，成繈褓之功。請遣立就國。」太后不聽。莽曰：「今漢家衰，比世無嗣[6]，太后獨代幼主統政，誠可畏懼，力用公正先天下，尚恐不從，今以私恩逆大臣議如此，群下傾邪，亂從此起！宜可且遣就國，安後復徵召之。」太后不得已，遣立就國。莽之所以脅持上下，皆此類也。

注釋

1甄邯：孔光的女婿，依附王莽。王莽建國後，任大司馬，位居三公。2說：同「悅」，喜歡。3傅致：傅，即附，附益而引致之。羅織罪名。4從容：慫恿。5呂氏、少帝：惠帝時呂后專權，惠帝死後，她取後宮美人子冒稱太子，立為皇帝（即少帝）。6比世無嗣：指成帝、哀帝都沒有子嗣繼位。比，連續、頻頻。

譯文

王莽因大司徒孔光是知名大儒，又輔佐過成、哀、平三帝，為太后所敬重，天下人所信賴，於是非常敬重地對待孔光，推薦孔光的女婿甄邯擔任侍中兼奉車都尉。對那些哀帝的外戚和他素來不喜歡的在位大臣，王莽都羅織他們的罪名，寫成奏章，讓甄邯拿給孔光。孔光一向膽小謹慎，不敢不上奏，王莽又稟告太后，奏章常得以批准。於是前將軍何武、後將軍公孫祿因互相舉薦任大司馬而被免職，丁氏、傅氏和董賢的親屬都被免官奪爵，流放到遠方。紅陽侯王立是王太后的親弟弟，雖然沒有為官，但王莽因他是叔父而心感畏懼，怕王立慫恿鼓動太后，使自己不能肆意妄為，於是又讓孔光上書揭發王立往日的過失說：「以前明知定陵侯淳于長犯了大逆不道之罪，還接受他許多賄賂，替他説情，迷惑朝廷；後來又説要將官婢楊寄的私生子立為皇子，眾人都説這是呂后和少帝復活了，製造混亂，引起天下人的猜疑，難以昭示後世，完成輔助幼主的功業。請讓王立回封國去。」太后未聽從此建議。王莽説：「如今漢室衰微，連續數代無子嗣繼位，太后獨自代幼主統領政權，實在可畏，努力做到公平正義為天下表率，還恐怕有人不服從，如果現在因一己之私而違逆大臣建議，群臣將邪僻不正，禍亂就會由此發生！可以暫時讓他回封國，待國事安穩以後再將其召回。」太后不得已，讓王立回封國了。王莽之對上挾持，對下威脅，都是使用這類的手段。

於是附順者拔擢，忤恨者誅滅。王舜、王邑[1]為腹心，甄豐、甄邯主擊斷，平晏領機事，劉歆[2]典文章，孫建為爪牙。豐子尋、歆子棻、涿郡崔發、南陽陳崇皆以材能幸於莽。莽色厲而言方，欲有所為，微見風采，黨與承其指意而顯奏之，莽稽首涕泣，固推讓焉，上以惑太后，下用示信於眾庶。

注釋

1王邑：王商的兒子，繼承父爵為成都侯。王莽建國後，任大司空，位居三公。2劉歆：西漢沛郡沛縣人，劉向的兒子。父子兩代學問家。

譯文

於是依附順從他的人得到提拔，反對怨恨他的人遭殺害。王舜、王邑是他的心腹，甄豐、甄邯主持決斷，平晏統領樞機，劉歆主管禮法，孫建是得力助手。甄豐的兒子甄尋、劉歆的兒子劉棻、涿郡人崔發、南陽人陳崇都因才能而得到王莽的賞識。王莽外表強硬而言辭正直，想要做甚麼事情，只略現於表情，黨羽便會秉承他的指意而明白地上書奏請，王莽則磕頭泣涕地堅辭推讓，對上以此迷惑王太后，對下用以向廣大百姓顯示誠信。

始，風[1]益州令塞外蠻夷獻白雉，元始元年正月，莽白太后下詔，以白雉薦宗廟。群臣因奏言太后「委任大司馬莽定策安宗廟。故大司馬霍光有安宗廟之功，益封三萬戶，疇其爵邑，比蕭相國。莽宜如光故事。」太后問公卿曰：「誠以大司馬有大功當著之邪？將以骨肉故欲異之也？」於是群臣乃盛陳「莽功德致周成白雉之瑞，千載同符。聖王之法，臣有大功則生有美號，故周公及身在而託號於周。莽有定國安漢家之大功，宜賜號曰安漢公，益戶，疇爵邑，上應古制，下準行事，以順天心。」太后詔尚書具[2]其事。

注釋

1風：通「諷」，暗示。2具：備，辦理。

譯文

當初，王莽含蓄地示意益州（今四川一帶）官員讓塞外蠻夷進獻白雉，元始元年正月，王莽提議皇太后下詔說，用白雉供奉宗廟。群臣藉此上書進言太后說：「太后委任大司馬王莽謀定皇嗣，安定漢室。以前大司馬霍光因有安定漢室之功，加封戶邑三萬戶，特許子孫繼承的爵位、封邑和他在世時同等，可比蕭相國。王莽應遵循霍光舊例。」王太后詢問公卿大臣說：「果真是因為大司馬有功當受表彰呢？還是因為和我有親的緣故才使他與眾不同呢？」於是百官極力陳奏：「王莽的功德招致周成王時出現過的白雉之祥瑞，相隔千年，同樣的符命降臨。聖王的法度在於，臣下有大功勞者生前可享美好稱號，所以周公在世時可以用周的國號作為自己的稱號。王莽有安定漢朝國家之大功勞，應當賜封號為安漢公，加封戶民，規定其子孫繼承他的爵位和封土，與他一樣。遠依循古代體制，近遵照近代事例，以順應天意。」太后下令讓尚書承辦此事。

太后乃下詔曰：「大司馬新都侯莽三世為三公，典周公之職，建萬世策，功德為忠臣宗，化流海內，遠人慕義，越裳氏重譯[1]獻白雉。其以召陵、新息二縣戶二萬八千益封莽，復其後嗣，疇其爵邑，封功如蕭相國。以莽為太傅，幹四輔之事，號曰安漢公。以故蕭相國甲第為安漢公第，定著於令，傳之無窮。」

注釋

1 重譯：輾轉翻譯。意謂路途遙遠，語言不通，極盡輾轉才可呈獻。

譯文

太后於是下詔說：「大司馬新都侯王莽歷任三朝之三公，執掌周公職責，制定了萬世久治的策略，功勞品德為眾忠臣所尊仰，教化行於國內，使偏遠之人也慕義而歸，所以越裳氏輾轉萬里進獻白雉。以召陵縣、新息縣兩處的二萬八千家戶民加封予王莽，規定他的子孫後代可以與他同樣地繼承爵位和封土，如同蕭相國的先例。任命王莽為太傅，總秉四輔之事，封號為安漢公。將以前蕭相國的府邸賜封為安漢公的府邸，並以明文規定下來，以傳之無窮。」

莽既尊重，欲以女配帝為皇后，以固其權，奏言：「皇帝即位三年，長秋宮[1]未建，液廷媵[2]未充。乃者，國家之難，本從亡嗣，配取不正。請考論《五經》，定取禮[3]，正十二女之義，以廣繼嗣。博采二王後及周公孔子世列侯在長安者適子女。」事下有司，上眾女名，王氏女多在選中者。莽恐其與己女爭，即上言：「身亡德，子材下，不宜與眾女並采。」太后以為至誠，乃下詔曰：「王氏女，朕之外家，其勿采。」庶民、諸生、郎吏以上守闕上書者日千餘人，公卿大夫或詣廷中，或伏省戶下，咸言：「明詔聖德巍巍如彼，安漢公盛勳堂堂若此，今當立后，獨奈何廢公女？天下安所歸命！願得公女為天下母。」莽遣長史以下分部曉止公卿及諸生，而上書者愈甚。太后不得已，聽公卿采莽女。莽復自白：「宜博選眾女。」公卿爭曰：「不宜采諸女以貳正統[4]。」莽白：「願見女。」太后遣長樂少府、宗正、尚書令納采見女，還奏言：「公女漸漬德化，有窈窕之容，宜承天序，奉祭祀。」有詔遣大司徒、大司空策告宗廟，雜加卜筮，皆曰：「兆遇金水王相，卦遇父母得位，所謂『康强』之占，『逢吉』之符也。」……太后許之。

注釋

1長秋宮：西漢皇后所居宮殿名，代指皇后。2液：通「掖」，宮掖，宮廷。媵（粵：認；普：ying）：古代有隨嫁制度，隨嫁的人稱為媵妾。3取禮：嫁娶之禮。取，同「娶」。4貳正統：干擾王莽女兒當選皇后的地位。

譯文

王莽的地位既已尊顯貴重，希望立女兒為皇后，以鞏固自身權力，就上書說：「皇帝即位三年了，尚未立皇后，嬪妃亦未足數。從前國家之危難，本在於沒有繼承人。請參考《五經》論證，議定皇帝的嫁娶婚禮，遵循古代帝王娶十二女的原則，以便擴大子嗣的人數。廣泛選取商朝、周朝的後代及周公、孔子世家列侯的嫡長女進宮為秀女。」此事交給相關官吏辦理，上報的秀女名字中，王姓的女兒多在候選之列。王莽擔心她們與自己的女兒競爭，於是上書說：「我自身沒甚麼才德，女兒才分也不足，不適合與其他秀女一起被選入宮。」太后誤以為這是他真摯誠懇之辭，於是下詔書說：「王姓的女兒，和我有親屬關係，還是不要選入宮了。」結果百姓、眾儒生、侍從官以上官員守在宮門口上書進諫的每天達一千多人，公卿大臣、士大夫有的上朝覲見，有的在各地方官府，都說道：「詔令聖明，賢德寬廣，安漢公的功勳如此繁盛堂正，如今要選立皇后，為何單單遺棄他的女兒呢？這樣天下人要到哪裏去立身呢！希望能立安漢公的女兒為國母。」王莽派長史以下屬官分批勸告公卿大臣及眾儒生不要再上書進諫了，但上書的人反而越來越多。

太后迫不得已，聽從了大臣的意見選王莽的女兒入宮。王莽又自己要求說：「還應該廣泛選取其他女子進宮。」公卿大臣爭辯道：「不應選進其他女子而干擾皇后的正統。」王莽說：「願意讓女兒出來。」太后派長樂少府、宗正、尚書令備禮前往相看，回報說：「安漢公的女兒長期受到良好的品德教育，容貌美麗，適合繼承皇家世系，奉行祭祀。」另外下詔派大司徒、大司空策文祭告祖先，又用多種占卜、預測吉凶，都說：「卜得金水相生的吉兆，卦象天下於地，是得以配享之卦，預示父母得位，正所謂『康强』之占，『逢吉』之天命啊。」……太后應允。

四月丁未[1]，莽女立為皇后，大赦天下。遣大司徒司直陳崇等八人分行天下，覽觀風俗。

注釋

[1] 四月丁未：接上文「四年春」，為元始四年（公元四年）。四月，《平帝紀》中記作「二月」。

譯文

元始四年四月丁未，王莽的女兒被立為皇后，大赦天下。派大司徒、司直陳崇等八人巡視天下，視察民風。

莽乃起視事，上書言：「……據元始三年，天下歲已復，官屬宜皆置。《穀梁傳》曰：『天子之宰，通於四海。』臣愚以為，宰衡官以正百僚平海內為職，而無印信，名實不副。臣莽無兼官之材，今聖朝既過誤而用之，臣請御史刻宰衡[1]印章曰『宰衡太傅大司馬印』，成，授臣莽，上太傅與大司馬之印。」太后詔曰：「可。韍[2]如相國，朕親臨授焉。」

注釋

1宰衡：阿衡和太宰，皆官名。商朝有阿衡，周代有太宰，掌輔導帝王，為百官之長。2韍：古代繫玉璽的絲帶。

譯文

王莽於是出來主事，上書說：「……根據元始三年的調查，全國的農業收穫已經恢復正常，官職理應恢復。《穀梁傳》上說：『天子的大臣，權力通達天下。』臣認為宰衡應該把匡正百官、平定天下為己任，但沒有官印憑證，名不副實。臣沒有做官的才能，如今聖朝不嫌棄我而任命以官職，我請求能讓御史刻宰衡印章，曰『宰衡太傅大司馬印』，刻成後，授予臣，臣就上交太傅與大司馬的官印。」太后下詔說：「可以。印綬可以跟相國一樣，朕親自賜予你。」

風俗使者八人還，言天下風俗齊同，詐為郡國造歌謠，頌功德，凡三萬言。莽奏定著令。又奏為市無二賈[1]，官無獄訟，邑無盜賊，野無飢民，道不拾遺，男女異路之制，犯者象刑[2]。劉歆、陳崇等十二人皆以治明堂，宣教化，封為列侯。

注釋

1市無二賈：市場統一定價。賈，同「價」。2象刑：象徵性的懲罰。

譯文

八個視察民風的使者回來，說天下風俗整齊劃一，還僞造各郡、各封國歌謠，歌功頌德，總計達三萬字。王莽將其上奏，明著於令。又上奏說市無二價，官府沒有訴訟案，城中沒有盜徒，郊外沒有飢民，百姓路不拾遺，男女分道行走，對犯法者僅使用象徵性的處罰。劉歆、陳崇等十二人也因治化清明，宣揚教化，而被封為列侯。

莽既致太平，北化匈奴，東致海外，南懷黃支[1]，唯西方未有加。乃遣中郎將平憲等多持金幣誘塞外羌，使獻地，願內屬。憲等奏言：「羌豪良願等種，人口可萬二千人，願為內臣，獻鮮水海、允谷[2]鹽池，平地美草皆予漢民，自居險阻處為藩蔽。問良願降意，對曰：『太皇太后聖明，安漢公至仁，天下太平，五穀成孰，或禾長丈餘，或一粟三米，或不種自生，或繭不蠶自成，甘露從天下，醴泉自地出，鳳皇來儀，神爵降集。從四歲以來，羌人無所疾苦，故思樂內屬。』宜以時處業，置屬國領護。」事下莽，莽復奏曰：「太后秉統數年，恩澤洋溢，和氣四塞，絕域殊俗，靡不慕義。越裳氏重譯獻白雉，黃支自三萬里貢生犀，東夷王度大海奉國珍，匈奴單于順制作，去二名，今西域良願等復舉地為臣妾，昔唐堯橫被四表，亦亡以加之。今謹案已有東海、南海、北海郡，未有西海郡，請受良願等所獻地為西海郡。臣又聞聖王序天文，定地理，因山川民俗以制州界。漢家地廣二帝三王[3]，凡十二州，州名及界多不應經。《堯典》十有二州，後定為九州。漢家廓地遼遠，州牧行部，遠者三萬餘里，不可為九。謹以經義正十二州名分界，以應正始。」奏可。又增法五十條，犯者徙之西海。徙者以千萬數，民始怨矣。

注釋

1黃支：亦作「黃枝」。古國名，一般以為在今印度馬德拉斯邦；一說在今印尼蘇門答臘島。2鮮水海：湖名，即今青海湖。允谷：地名，在今青海湖東南。3二帝：指上古的唐堯、虞舜兩位帝王。三王：指夏禹、商湯、周文武王三代君王。

譯文

王莽既已實現了太平，北方感化了匈奴，東方擴張到海外，南方懷柔了黃支，只剩西方未施加影響。於是派遣中郎將平憲等人攜帶金銀財寶去誘降塞外羌人，讓他們獻出土地，自願歸屬漢朝。平憲等人奏報說：「羌族首領良願各部落，人口約一萬二千人，願意對漢稱臣，進獻鮮水海、允谷鹽池，將平坦的土地、豐美的水草都給予漢人，自己住到險峻阻塞的地方作為漢的屏障。詢問良願之所以歸降的理由，回答說是：『太皇太后聖明，安漢公至仁至義，天下太平，五穀豐登，有的禾苗長到一丈多長，有的穀子一粒有三顆穀粒，有的甚至並未播種便可生長，有的不用養蠶便可生繭，甘露從天而降，甜美的泉水自動湧出，鳳凰慕義而來，神雀聚集棲息。四年以來，羌人沒有遭遇過艱難困苦，因此心內歡喜願意歸屬朝廷。』應當及時安排其生產，設置附屬國予以管理。」此事交王莽辦理，王莽又上奏說：「太后執掌政權數年，恩惠廣佈，祥和瑞氣充盈天下，絕地偏遠之處，不同風俗的人們，沒有不仰慕您的德義的。越裳氏輾轉進獻白雉，黃支從三萬里外進貢活犀牛，東夷王漂洋過海奉獻國寶，匈奴單于順應漢代禮制，去掉兩個字的名字，如今西域良願等部落又獻出土地願為臣僕，從前唐堯的聲威遍及四方，也不過如此。現在想想已有東海郡、南海郡、北海郡，還沒有西海郡，所以請接受良願等的獻地作為西海郡。臣又聽說聖明的君王序列天文，劃定地理，根據高山大川、民風習俗來劃定州界。漢朝的領土比堯、舜和夏、商、周時期還要寬廣，共有十二州，但州名及邊界的劃定大多不合經書所記。《堯典》上記載有十二州，後來刪定為九州。漢朝地域遼闊，州刺史巡行最遠可到達三萬里外，不可只分為九州。謹請按照經書記載分為十二個州名和分界，以對應而今這正確的開端。」奏章獲准。又增訂了法規五十條，觸犯的人便要被流放到西海郡去。被流放的人數以千萬計，人民開始有怨聲了。

泉陵侯劉慶上書言：「周成王幼少，稱孺子，周公居攝[1]。今帝富於春秋，宜令安漢公行天子事，如周公。」群臣皆曰：「宜如慶言。」

注釋

1居攝：因皇帝年幼不能親政，由大臣代居其位處理政務。

譯文

泉陵侯劉慶上書說：「周成王年幼時，稱為孺子，周公代行朝政。當今皇帝年輕，應當讓安漢公代行天子之事，如同周公一樣。」群臣都說：「應當按劉慶說的辦。」

平帝疾，莽作策[1]，請命於泰畤[2]，戴璧秉圭，願以身代。藏策金縢[3]，置於

前殿，敕諸公勿敢言。十二月平帝崩，大赦天下。莽徵明禮者宗伯鳳等與定天下吏六百石以上皆服喪三年。奏尊孝成廟曰統宗，孝平廟曰元宗。時元帝世絕，而宣帝曾孫有見王五人，列侯廣戚侯顯等四十八人，莽惡其長大，曰：「兄弟不得相為後。」乃選玄孫中最幼廣戚侯子嬰，年二歲，託以為卜相最吉。

注釋

1作策：在簡冊上寫禱告文辭。2泰畤：漢代時祭祀天地的地方，在今陝西淳化甘泉山。3金縢：置放冊書的金匱。

譯文

平帝患重病，王莽寫了策書，到泰畤為平帝祈求祓除疾病，保全性命，他佩戴玉璧，手持玉圭，願意以自身代替平帝。又將策書藏於金匱之中，放於前殿，告誡大臣們不能洩露此事。十二月，平帝駕崩，大赦天下。王莽徵召通曉禮儀的宗伯鳳等人議定讓全國俸祿在六百石以上的官吏都為平帝服喪三年。上奏言尊奉孝成皇帝廟為統宗，孝平皇帝廟號為元宗。當時元帝後代已斷絕，而宣帝的曾孫現有五人為王，列侯有廣戚侯劉顯等四十八人，王莽忌憚他們已長大成人，便說：「兄弟之間不能繼承帝位。」於是挑選玄孫中年齡最小的廣戚侯的兒子劉嬰作為繼承人，年僅兩歲，藉口他占卜、看相最吉利。

是月，前輝光[1]謝囂奏武功長孟通浚井得白石，上圓下方，有丹書著石，文曰「告安漢公莽為皇帝」。符命之起，自此始矣。莽使群公以白太后，太后曰：「此誣罔天下，不可施行！」太保舜謂太后：「事已如此，無可奈何，沮之力不能止。又莽非敢有它，但欲稱攝以重其權，填服天下耳。」太后聽許。舜等即共令太后下詔曰：「……今前輝光囂、武功長通上言丹石之符，朕深思厥意，云『為皇帝』者，乃攝行皇帝之事也。夫有法成易，非聖人者亡法。其令安漢公居攝踐祚，如周公故事，以武功縣為安漢公采地，名曰漢光邑。具禮儀奏。」

注釋

1 前輝光：官名。王莽把京城附近地區劃分為前輝光和後丞烈兩個郡，管理郡的官吏也稱為前輝光。

譯文

這個月，前輝光謝囂上奏説武功縣（縣名，今陝西眉縣內）令孟通疏導水井時挖出一塊白石，形狀上圓下方，有丹砂書寫的文字：「告知安漢公王莽為皇帝」。符命的流傳從此開始興起。王莽讓王公們把這件事稟告太后，太后説：「這是欺騙天下人的，不可當真！」太保王舜對太后説：「事已至此，別無他法，想要阻止是不可能的了。而且王莽也沒有別的想法，不過是想公開宣稱他是代行皇帝職權，以加重他的權力，好讓天下人服從罷了。」太后聽從了他的建議。於是王舜等人一起讓太后下詔說：「……如今前輝光謝囂、武功縣令孟通上書說發現了寫有丹書的白石符命，朕仔細思考其義，所說『為皇帝』的意思，是指代行皇帝職權。事情有了法制就容易獲得成功，如果不是聖人也不能創立法制。應當讓安漢公登上皇位，代行天子職權，仿照周公先例，以武功縣作為安漢公的封邑，稱之為漢光邑。一應禮儀齊備之後，呈報上來。」

於是群臣奏言：「……臣請安漢公居攝踐祚，服天子韍[1]冕，背斧依於戶牖之間[2]，南面朝群臣，聽政事。車服出入警蹕[3]，民臣稱臣妾，皆如天子之制。郊祀天地，宗祀明堂[4]，共祀宗廟，享祭群神，贊曰『假皇帝』[5]，民臣謂之『攝皇帝』，自稱曰『予』。平決朝事，常以皇帝之詔稱『制』，以奉順皇天之心，輔翼漢室，保安孝平皇帝之幼嗣，遂寄託之義，隆治平之化。其朝見太皇太后、帝皇后，皆復臣節。自施政教於其宮家國采，如諸侯禮儀故事。臣昧死請。」太后詔曰：「可。」明年，改元曰居攝。

注釋　1 韍：古代衣裳前的蔽膝，用熟皮製成。形制、圖案、顏色按身份、等級不同而有區別。2斧依：古代帝王朝堂所用屏風狀器具，以絳為質，高八尺，置於東西戶牖之間。其上有斧形圖案，故名。戶牖：門窗。3警蹕：古代帝王出入時，於所經路途侍衛警戒，清道止行。4明堂：古代帝王宣明政教的地方。凡朝會、祭祀、慶賞、選士、養老、教學等大典，都在此舉行。5假皇帝：即代理皇帝，與「攝皇帝」同義。

譯文

於是群臣上奏說：「……我們請求安漢公登位代行皇帝職權，着天子服飾，戴皇冠，背後置斧形圖案屏風於門窗之間，面向南方接受群臣朝拜，處理政事。他出入時要嚴加戒備，平民和臣下面對他都自稱臣妾，一切都跟天子禮制一樣。在郊外祭祀天地，在明堂祭祀列宗，在宗廟與皇帝一起祭祀祖先，祭祀各種神靈，贊辭稱『假皇帝』，平民和臣下都稱他為『攝皇帝』，自稱『予』。公平處理朝廷政務，日常使用的皇帝詔書形式稱為『制』，從而順應上天之意，輔佐保衛漢室，保護孝平皇帝年幼子嗣的安全，成就受命居位攝政之大義，振興治國平天下的教化。若是朝見太皇太后和王皇后時，他要回復到為人臣子的身份。他在自己的官署、宅第、封國、采邑自行施行政令，按照諸侯禮儀的成例辦事。臣等冒死請求。」太后下詔說：「可以。」第二年，改年號為居攝。

期門郎張充等六人謀共劫莽，立楚王[1]。發覺，誅死。

注釋 1楚王：楚王劉紆，漢宣帝曾孫。

譯文 期門郎張充等六人策動一起劫持王莽，擁立楚王為皇帝。被發覺，處死。

梓潼人哀章學問長安[1]，素無行，好為大言。見莽居攝，即作銅匱[2]，為兩檢[3]，署其一曰「天帝行璽金匱圖」，其一署曰「赤帝行璽某傳予黃帝金策書」。某者，高皇帝名也。書言王莽為真天子，皇太后如天命。圖書[4]皆書莽大臣八人，又取令名王興、王盛，章因自竄姓名，凡為十一人，皆署官爵，為輔佐。章聞齊井、石牛事下，即日昏時，衣黃衣，持匱至高廟，以付僕射。僕射以聞。戊辰，莽至高廟拜受金匱神嬗[5]。御王冠，謁太后，還坐未央宮前殿，下書曰：「予以不德，託於皇初祖考黃帝之後，皇始祖考虞帝之苗裔，而太皇太后之末屬。皇天上帝隆顯大佑，成命統序，符契[6]圖文，金匱策書，神明詔告，屬予以天下兆民。赤帝漢氏高皇帝之靈，承天命，傳國金策之書，予甚祗畏，敢不欽受！以戊辰直定[7]，御王冠，即真天子位，定有天下之號曰新。其改正朔[8]，易服色，變犧牲，

殊徵幟，異器制。以十二月朔癸酉為建國元年正月之朔，以雞鳴為時。服色配德上黃，犧牲應正用白，使節之旄幡皆純黃，其署曰『新使五威節』，以承皇天上帝威命也。」

注釋

1梓潼：縣名，今四川梓潼。哀章：廣漢梓潼人。王莽建國後，位居上公。2銅匱：銅製的櫃子。匱，同「櫃」。3檢：封檢。4圖書：指上文的金匱圖和金策書。5神嬗：神靈讓高皇帝禪讓皇位。嬗，通「禪」，禪讓。6符契：符命。指上天預示帝王受命的徵兆。7定：星名。即營室星。亦稱室宿。象徵着營造宮室。8正：一年的第一天。朔：一月的第一天。

譯文

梓潼人哀章在長安求學，一向品行不端，喜歡説大話。他見王莽代行皇帝職權，於是便做了個銅櫃，寫上兩張題籤，一張寫「天帝行璽金匱圖」，另一張寫「赤帝行璽某傳予黃帝金策書」。所謂「某」，是漢高祖的名字。策書上説王莽是真命天子，皇太后應遵循天意行事。圖和書上都寫明了王莽的八位大臣，又取了兩個好名字叫王興和王盛，哀章也把自己的名字改頭換面摻雜在裏面，總共十一人，都標明了官職和爵位，作為輔佐之臣。哀章聽説出現了新井和巴郡的石牛事件，於是在當天的黃昏，身穿黃衣服，持銅櫃到高帝祠廟，把它交給了僕射。僕射將它上報。戊辰日，王莽到高皇帝廟接受天命禪位的銅櫃子。他戴上王冠，拜見太后，回來坐在未央宮前殿，頒詔說：「我德行不足，幸賴是皇初祖考黃帝的後代，皇始祖考虞帝的後裔，又是太皇太后旁支親屬。皇天上帝顯示極大的保佑，既定天命讓我繼承大統，符命、圖文，金櫃之策書，都是神明的指示，將天下萬民託付於我。赤帝漢高皇帝顯靈，秉承上天的命令，傳下讓皇位的金櫃策書給我，我非常敬畏，不敢不恭恭敬敬地接受！因為戊辰日適值營室星出現，這一天戴上皇帝王冠，登上真天子之位，享有天下，定國號為新。應當修訂曆法，變更車馬、服飾的顏色，改變祭祀用的牲畜的毛色，改換旗幟上的標誌，重新定立標準器具的形制。以十二月初十為建國元年正月初一，以雞鳴時刻作為一天的開始。車馬、服飾應與國家的土德相配而崇尚黃色，祭祀用的牲畜對應正月建丑使用白色，使者節符的旗幟採用純黃色，上寫『新使五威節』，以秉承皇天上帝的威嚴。」

始建國元年正月朔，莽帥公侯卿士奉皇太后璽韍，上太皇太后，順符命，去漢號焉。

注釋

1 **太后璽韍**：新製的太后御璽，號曰「新室文母太皇太后」。

譯文

始建國元年正月初一，王莽率領公侯卿士捧着新製的皇太后的御璽，獻給太皇太后，順應符命所說，去掉了漢朝的名號。

名句索引

二至三畫

四畫

五至六畫

七畫

八畫

武既至海上，廩食不至，掘野鼠去屮實而食之。杖漢節牧羊，臥起操持，節旄盡落。　一四三

治亂民猶治亂繩，不可急也；唯緩之，然後可治。　三〇七

初太公治齊，修道術，尊賢智，賞有功，故至今其土多好經術，矜功名，舒緩闊達而足智。　一一五

九畫

春秋大一統者，天地之常經，古今之通誼也。　一七六

為人君者，正心以正朝廷，正朝廷以正百官，正百官以正萬民，正萬民以正四方。　一五六

十一至十二畫

常玉不瑑，不成文章；君子不學，不成其德。　一六四

尊其所聞，則高明矣；行其所知，則光大矣。　一六六

琴瑟不調，甚者必解而更張之，乃可鼓也；為政而不行，甚者必變而更化之，乃可理也。　一五八

進不繇道，位過其任，莫能有終，所謂愛之適足以害之者也。　三三五

十三畫

當斷不斷，反受其亂。　二六八